중국어의 모음

이 저서는 2019학년도 대구대학교 학술연구비 지원에 의한 연구결과물임

중국어의 모음

이 미 경

역락

머리말

1992년 8월 24일 한국과 중국이 수교한 이후 약 30년이 지난 지금 한중 교류가 갈수록 활발해짐에 따라 한국인들의 중국어에 대한 관심도 자연스럽게 높아지게 되었다. 한국인들이 중국어를 배우고자 하는 열기가 점점 높아지고 있다는 것은 중국어의 소리를 연구하는 학자의 관점에서 볼 때 매우 고무적인 일이다. 사실 이미 많은 사람들이 중국어를 배우고 있고 또 사용하고 있지만, 다른 외국어 교육에서도 흔히 나타나는 발음의 어려움이 중국어 교육에서도 확인된다. 실제 교육 현장에서 중국어 교육자나 학습자들이 중국어의 발음에 대한 어려움을 호소하는 경우가 많이 있다. 한국어와 중국어는 발음에 있어 어떠한 차이가 있는지, 그러한 차이를 어떠한 방식을 통해서 극복할 수 있는지 등에 대해 고민하는 사람들을 주변에서 종종 만날 수 있다. 이 책은 중국어 교육 현장에서 실질적인 도움이 될 수 있고, 중국어 학습자들의 발음 수준을 향상시킬 수 있는 연구는 어떠한 것이 있을까라고 하는 매우 실용적인 문제의식에서 비롯되었다. 이러한 필자의 문제의식에 대해 함께 논의하고 연구 주제를 정해주신 분은 서울대학교 중어중문학과 허성도 교수님이시다. 허성도 교수님은 한국어와 중국어의 발음을 연구하기 위해서는 우선 초분절음이 아닌 분절음부터 시작하는 것이 좋고 분절음 중에서도 특히 두 언어의 발음에서 비교적 차이가 크게 나타나는 모음에 대한 연구를 진행하는 것이 좋겠다는 말씀을 해주셨다.

이 책은 중국어 모음에 관한 내용, 특히 단모음에 대해 서술한 것으로 실험음성학적 방법을 이용하였다. 이 책은 『중국어 단모음에 대한 실험음성학적 연구』(2006)를 바탕으로 중국어 단모음을 학술적으로 더욱 심화 발전시켰다. 지금까지 중국어의 모음에 대한 연구는 있었지만 한국인과 중국인의 모음의 차이, 성별에 따른 차이, 학습 기간에 따른 차이를 함께 연구한 것은 이 책이 처음인 듯하다.

이 책의 구성은 다음과 같다. 제1부는 중국어 모음에 대한 논의를 시작하기 전 모어와 외국어의 관계, 중국어 모음과 한국어 모음에 대해 간단히 소개하였다. 제2부는 음향 실험, 제3부는 청취 실험에 대한 결과를 고찰하였다. 제4부는 두 실험에 대한 통계 분석을 통해 그것이 의미하는 바에 대해 논의하였고 제5부는 전체 내용을 요약하였다.

현재 실험음성학적인 방법을 이용하여 중국어의 소리를 연구한 책이나 논문이 조금씩 늘어나고 있지만 다른 분야와 비교하면 그다지 많지 않다. 이 책이 시발점이 되어 중국어 소리에 대한 학술적 가치가 뛰어난 연구 성과들이 앞으로 많이 나오기를 기대한다. 이 책의 오류는 필자의 학술적 역량 부족으로 인한 것이므로 모두 필자의 책임이다. 이 책의 부족한 부분에 대한 독자들의 많은 지도를 바란다.

이 책이 출간되기까지 많은 분들의 도움이 있었다. 항상 많은 학술적인 조언을 아끼지 않으시는 허성도 선생님, 박정구 선생님, 오문의 선생님, 이강재 선생님, 그리고 언어학과 이호영 선생님께 감사드린다. 또 항상 가족처럼 세심하게 도와주는 문준혜 선생님, 정향채 선생님, 손남호 선생님께 감사드린다. 그리고 비교적 시간이 많이 걸렸음에도 불구하고 이 책이 출간될 수 있도록 기다려주신 역락출판사 이대현 사장님, 편집부 담당자인 권분옥 님께도 감사드린다. 마지막으로 항상 믿어주고 묵묵히 지지해주는 우리 가족들에게도 감사드린다.

2019년 겨울 경산 연구실에서 이 미 경

차례

표 차례

제1부 중국어 소리

제2부 음향실험

제3부 청취실험

제4부 중국어 단모음에 대한 논의

제5부 중국어 모음에 대한 새로운 시각

그림 차례

제1부 중국어 소리

제2부 음향실험

제3부 청취실험

제1부 중국어 소리

1. 외국어 소리 구별

외국인이 한국어를 말할 때, 그 말을 듣는 한국인은 그가 한국어를 모어로 사용하는 사람이 아니라는 것을 쉽게 구별해낸다. 또, 한국인이 다른 외국어를 말할 때에도 그가 해당 외국어를 모어로 하는 사람이 아니라는 것을 해당 언어의 모어 화자는 쉽게 알아채곤 한다. 이러한 판단은 무엇을 근거로 하는 것인가. Flege(1987)는 모어의 음성 체계와 외국어의 음성 체계는 일반적으로 서로 다른데 모어의 음성 체계가 외국어의 학습과정에 간섭하여 해당 외국어의 음성 체계를 오해하게 함으로써 해당 외국어의 음성 체계를 잘못 구성하도록 만들기 때문에 대화의 과정에서 외국인 화자의 발음은 모어 화자와 쉽게 구별된다고 주장한다. 이러한 간섭현상은 한국어 모어 화자의 중국어 학습 과정에서도 확인할 수 있는데, 한국인이 중국어를 말할 때 그가 중국어를 모어로 하는 사람이 아니라는 것을 중국어 모어 화자나 중국어를 할 줄 아는 한국어 모어 화자, 심지어는 중국어를 할 줄 모르는 한국어 모어 화자들도 쉽게 판별한다.

한국인이 중국어를 학습할 때, 실제적인 중국어 음성 체계 자체를 정확하게 파악하지 못하는 것인가, 아니면 파악하고 있지만 구체적인 개선 방향을 알지 못하는 것인가. 중국어 학습에서는 이 두 가지 측면이 모두 문제가 되는 것 같다. 즉, 한국어 음성 체계가 중국어의 음성 체계에도 그대로 적용될 수 있을 것이라는 막연한 추측을 함으로써 중국어를 정확하게 발음하지 못하는 경우도 있고, 두 언어 사이의 음성 체계의 차이점은 알고 있지만 한국어 음성 체계의 간섭이 워낙 강하기 때문에 중국어를 완벽하게 발음하지 못하는 경우도 있다. 심지어 한국어의 음성 체계를 기반으로 하여 중국어를 발음하고 있으면서도 중국어 음성을 제대로 발음하고 있다고 생각하는 경우도 있다. 이런 잘못된 판단들을 바로잡기 위해서는 우선 두 언어 간의 음성 체계 차이점을 직접 눈으로 확인할 수 있는 계량적인 통계자료가 필수적으로 제시되어야 한다고 생각한다.

이 글에서는 중국어의 음절 구성 요소 중 단모음(單韻母)만을 고찰할 것이다. 그것은 모음이 음절 구성에서 필수 불가결한 요소이고, 그 중 단모음은 음성 체계에서 중요한 기본 요소라고 판단하였기 때문이다. 중국어 단모음을 음향실험을 통해 분석하고, 중국인의 중국어 단모음과 한국인의 한국어 단모음을 상호 대조함으로써 중국어 학습과정에서 나타나는 한국인의 중국어 음성에 대한 인식태도를 계량적으로 보여주고자 한다. 이렇게 산출된 분석결과는 중국어 단모음을 체계적이고 과학적으로 교육하는 데 도움이 될 것이다. 즉, 중국인이 발화한 중국어 단모음과 한국인이 발화한 중국어 단모음 간의 여러 가지 차이점을 가시적인 통계수치로 명시함으로써 그동안 심리 이면에 추상적으로만 구성되어 있던 중국어 음운 체계를 구체적이고 실제적인 중국어 단모음 음성 체계로 바꿀 수 있다고 생각한다. 사실 외국어 학습에서 좋은 발음, 즉, 해당 외국어를 모어로 하는 원어민의 발음에 근접한 발음을 구사하는 것은 매우 기본적이면서도 중요한 일이다. 원어민의 발음에 가깝고 표준 발음에 가까워지기 위한 이러한 노력은 학습대상이 되는 외국어의 음성 체계를 정확하게 파악한 후, 외국어 학습에 있어 모어의 간섭현상을 제거하고, 해당 외국어를 모방해갈 때 가능하다.

2. 중국어 단모음의 종류

중국어 단모음의 수와 종류에 대해 여러 학자들은 몇 가지 서로 다른 견해를 제시한다.

Edward Pulleyblank(1984)처럼 중국어는 단모음이 없다고 중국어 단모음의 존재를 부정하는 학자도 있기는 하지만, 다른 학자들은 일반적으로 중국어가 적게는 5개에서 많게는 10개의 단모음이 있다고 주장하며 각각의 음가를 제시한다.

Duanmu San(2000)은 중국어 단모음이 [i], [y], [u], [ə], [ɑ] 등 5개, 허성도・박종한・오문의(1995), 劉广徽・石佩雯(1988), 宋欣橋(2004)는 [ɑ], [ɤ], [o], [i], [u], [y] 등 6개, 엄익상(2005)은 [ɑ], [ê], [o], [i], [u], [y]

등 6개, 王洪君(1999)는 [ɑ], [ə], [Ï], [i], [u], [y] 등 6개, 林焘·王理嘉(1992)는 [ɑ], [ɤ], [o], [u], [i], [ɿ], [ʅ], [y] 등 8개, 변지원(1996)은 [ɑ], [ɤ], [ê], [ɚ], [o], [i], [u], [y] 등 8개, 엽보규·김종찬(2001), 학미(2006)은 [ɑ], [ɤ], [ɚ], [o], [u], [i], [ɿ], [ʅ], [y] 등 9개, 吳宗濟·林茂燦(1989), 吳宗濟(1986), 曹文(2000), 郭錦桴(1993)는 [ɑ], [ɤ], [ê], [ɚ], [o], [u], [i], [ɿ], [ʅ], [y] 등 10개를 제시한다. 위에 제시된 단모음의 수와 종류는 다시 각 학자들의 학문분야에 따라 두 부분으로 나눌 수 있다. 대체적으로 중국어 단모음의 수를 8개, 9개, 10개 등으로 파악하는 것은 주로 음성학적인 관점이며, 5개나 6개 등으로 주장하는 것은 주로 음운론적인 관점이다. 이 글은 음향실험을 통해 중국어 단모음에 대한 고찰 및 연구를 주로 하고 있으므로 일단 음운론적인 분류방법은 제외하고자 한다. 음성학적인 관점에서 단모음의 수를 8개로 보는 관점은 대체적으로 [ɑ], [ɤ], [o], [u], [i], [ɿ], [ʅ], [y]를 단모음으로 설정하고 있으며, 9개로 보는 관점은 [ɑ], [ɤ], [ɚ], [o], [u], [i], [ɿ], [ʅ], [y]를 단모음으로 설정하는데, 그 차이는 권설모음인 [ɚ]의 유무에 있다. 10개로 보는 관점은 [ɑ], [ɤ], [ê], [ɚ], [o], [u], [i], [ɿ], [ʅ], [y]를 단모음으로 파악한 것인데, 9개로 보는 견해와의 차이는 [ê]의 유무에 있다. 이 책에서는 감탄사로만 실현되며, 이중모음의 구성요소로만 사용되고, 단음절로 발음할 경우 정확하게 발음하기 어려워 그 음가의 정확성을 판단할 수 없는 [ê]를 분석에서 제외하고 중국어의 단모음을 [ɑ], [ɤ], [ɚ], [o], [u], [i], [ɿ], [ʅ], [y] 등 9개로 파악한 엽보규·김종찬(2001), 학미(2006)의 견해를 따르도록 하겠다.[1)]

---

1) 이 글은 중국어 단모음을 9개로 설정을 하였다. 그 중 [ɤ]와 [o]의 경우, 학자들 대부분 단모음의 부류에 귀속시키고 있지만 실제 스펙트로그램에서는 다른 7개의 단

이번 실험은 중국어 모어 화자와 중국어를 학습하는 한국어 모어 화자를 모집단(population)[2]으로 설정하였고, 또 그 속에서 성별의 차이와 중국어 학습 기간의 차이를 기준으로 두 종류의 표본 집단[3]을 무작위로 설정하여 연구를 진행하였다. 성철재(2004)에서도 주장하고 있듯이 성별의 차이에 따라 표본 집단을 선정하는 것은 남성과 여성이 성도(vocal tract)의 길이나 모양의 차이로 인해 포먼트(formant) 차이를 보이기 때문이다. 만약 이 두 집단의 데이터를 성별의 구분 없이 일괄적으로 처리하여 모집단(한국인이나 중국인 전체)의 현상으로 확대 해석한다면 통계량의 신뢰도가 떨어져서 유의(有意)[4]한 결과를 기대할 수 없다. 본 음향실험은 중국어 학습 기간이 1년 미만인 집단과 중국어 학습 기간이 5년 이상인 집단, 이렇게 두 개의 표본 집단으로 나누어 진행한다. 학습 기간의 차이(길고 짧음)에 따라 표본 집단을 나누어 실험

모음과 조금 다른 양상을 보인다. 이호영(1996)의 정의에 따르면, 단순모음은 하나의 모음 요소로 이루어져 있어서 시작 부분과 끝부분이 같은 음가로 발음되고, 이중모음은 두 가지 모음 요소로 이루어져 있어서 시작 부분과 끝 부분이 다른 음가로 발음된다. 이 주장에 근거하여 보면, 스펙트로그램에 나타난 [ɤ]와 [o]의 양상은 이 모음들을 단모음보다는 이중모음으로 분류하는 것이 타당하다. 하지만 [ɤ]와 [o]의 스펙트로그램 양상은 다른 이중모음의 그것과도 차이를 보인다. 포먼트의 변화의 모습(transition, 動程)이 다른 이중모음의 그것과 어느 정도 다른 모습으로 나타난다. 이 글은 [ɤ]와 [o]의 이중모음성 판단에 관한 문제는 논의에서 제외하고 우선 단모음의 영역에 포함시켜 연구를 진행하면서 포먼트의 변화 양상에 대해 살펴볼 것이다.

2) 모집단(population)이란 연구대상이 되는 요소들의 전체를 말한다(김태웅 2003 : 13).

3) 표본 집단(sample group)이란 모집단에서 추출한 모집단의 일부를 의미한다. 모집단이 그리 크지 않은 경우 모집단 전체를 조사하여(전수조사) 분석함으로써 오류를 배제할 수 있다. 그러나 모집단 전체를 조사대상으로 삼기에는 시간과 비용이 너무 많이 소요되거나 실질적으로 불가능할 경우 표본 집단을 통해 조사한 자료를 토대로 전체에 대한 특성을 추정할 수밖에 없다(김태웅 2003 : 13).

4) 유의(有意)하다는 것은 유의미(有意味)하다는 뜻의 통계용어로서, 통계적으로 일정범위에 속하면 그 차이가 의미가 있고, 일정 범위에 속하지 않으면 의미가 없다는 뜻이다. 그러므로 유의하다는 것은 통계적으로 큰 차이가 난다는 것이다.

을 하는 것은 중국어 학습 기간의 차이가 중국어 모음 발음의 정확도에 영향을 미치는지를 통계적으로 살펴보기 위한 것이다. 만약 중국어를 배운 기간이 1년 미만인 한국인 피실험자의 발음이 중국어를 모어로 하는 중국인과 통계량에서 유의한 차이가 나고, 중국어를 5년 이상 학습한 피실험자의 통계량이 유의하지 않은 결과가 나온다면, 중국어 학습 기간이 중국어 모음 발음의 정확도에 영향을 미치며, 학습 시간이 길어질수록 중국어 모음 발음이 좋아진다고 추론할 수 있다. 이러한 추론은 한국어 음성 체계의 간섭 때문에 중국어 학습의 초기단계에서 나타나는 부정확한 발음도 장기간의 노력으로 극복할 수 있다는 것을 의미한다. 반면에 중국어를 배운 기간이 1년 미만인 한국인 피실험자의 발음이 중국인 피실험자와 통계량에서 유의한 차이를 보이지 않는다면 이것은 한국어와 중국어의 음성 체계가 비슷하거나 혹은 음성 체계는 다르지만 한국인에 대한 중국어 교육과 학습이 초기단계부터 완벽하게 이루어져 그 간섭의 현상이 쉽게 중화될 수 있다는 것을 의미한다. 그러므로 이러한 것에 대해 살펴보기 위해 중국인 남성과 중국어 학습 기간이 1년 미만인 한국인 남성(CM-KM1), 중국인 남성과 중국어 학습 기간이 5년 이상인 한국인 남성(CM-KM5), 이 두 부분으로 나누어 각각의 표본 집단에 대한 f1과 f2[5]의 기술통계량을 통해 각 집단 간의 유의성 여부를 고찰한다. 또한 중국인 여성과 중국어 학습 기간이 1년 미만인 한국인 여성(CF-KF1), 중국인 여성과 중국어 학습 기간이 5년 이상인 한국인 여성(CF-KF5), 이 두 부분으로

---

5) 모음을 스펙트로그램으로 분석했을 때, 첫 번째 포먼트를 제1포먼트(formant), 두 번째 포먼트를 제2포먼트, 세 번째를 제3포먼트, 네 번째를 제4포먼트…라고 하는데, 그것을 약호로 f1, f2, f3, f4 …로 표기한다. f1은 모음의 높낮이를, f2는 모음의 전후 위치를 구별하는데 주로 사용된다.

나누어 각각의 표본 집단에 대한 f1과 f2의 기술통계량을 통해 각 집단 간의 유의성 여부를 고찰한다. 마지막으로 중국인 남성 집단과 한국인 남성 집단, 그리고 중국인 여성 집단과 한국인 여성 집단 각각에 대한 f1과 f2의 기술통계량을 통해 각 집단 간의 중국어 단모음을 통계적으로 대조한다.

상술한 내용은 다음과 같은 방법으로 진행한다.

첫째, 우선 중국어 단모음 체계에 대한 선행 연구를 정리하여 이를 체계적으로 기술한다. 중국어 단모음체계에 대해 어떤 연구가 진행되었는지, 즉 음운론적 혹은 음성학적으로 어떤 연구가 어떻게 진행되었는지를 살펴보고 이를 기술한다.

둘째, 음향음성학적 분석을 통해 중국어 단모음의 조음기관 위치를 계량적으로 분석한다. 이 과정에서 각 단모음에 대한 성조의 영향을 살펴보기 위해 성조 차이에 따른 각 단모음의 실현 양상에 대한 계량적 분석도 포함한다. 실험은 다음과 같은 과정으로 진행된다. 먼저, 중국인 남녀 각 세 사람의 중국어 단모음 소리를 녹음한다. 다음은 이 녹음된 소리에서 포먼트[6]를 추출하여 혀의 전후 위치, 혀의 높낮이를

---

6) 포먼트(formant)에 대한 설명은 다음과 같은 것들이 있다. ① 구희산・오연진(2001) : Fant는 음원－여과기 모델을 이용하여 모음을 연구하였고, Stevens－House는 혀의 협착 위치, 입술의 돌출 정도, 성도(聲道)의 횡단 면적 등과 같은 세 가지의 매개 변수를 기초로 모음 연구를 하였는데 이러한 조음적 매개변수가 음향적 특성으로 나타나는 것이 스펙트로그램이다. Pickett(1987)은 포먼트를 성도의 공명(共鳴)이라고 정의하고 모음의 포먼트 주파수에 영향을 주는 요소는 인두－구강 성도의 크기, 성도의 협착 위치 및 협착의 근접 정도라고 한다. 구강의 다양한 공간을 통과하여 나오는 음파를 분석한 것이 스펙트로그램이다. 각 개인은 고유의 지문을 가지고 있는 것처럼 개인만의 독특한 음성을 만들어내는 성문을 가지고 있다. 성도에서 공명으로 음을 생성할 때 일정한 간격의 수직선들이 스펙트로그램에 나타나는데 이중에서 공명이 가장 강하게 일어나 에너지가 집중되는 곳을 포먼트라고 한다. 주로 3~4개의 짙은 띠로 나타나며 최대 진폭을 나타내는 곳의 대표 수치를 포먼트

파악한다. 다시 이것을 근거로 중국어 단모음의 포먼트 도표(Formant Plot)[7]를 작성하고, 기존의 연구에서 제시한 포먼트 도표와의 차이를 대조 분석한다. 또한 모음 중 가장 기본이 되고 포먼트 도표에서 분포대역이 가장 넓은 [ɑ], [i], [u] 세 가지 기본 모음의 위치를 파악하고 이 세 점을 연결하는 삼각형을 만들어 이것을 단모음 조음에 있어 남녀간의 차이 등을 가시적으로 파악하는 기준으로 삼는다. 다음으로, 한국인과 중국인이 발음한 동일 중국어 모음 소리를 각각 녹음한다. 이 녹음 자료를 디지털화하여 얻게 되는 스펙트로그램(Spectrogram)[8]에는 다양한 포먼트 모습이 나타나는데 이 포먼트 양상을 프라트(Praat)[9]를 통해 분석함으로써 각 모음의 특징을 관찰한다. 이 특징을 기초로 통계

주파수라고 한다. 이것은 모음 간의 특성을 구별하는데 주된 실마리를 제공해준다. 모음을 음향학적으로 분석한다는 것은 결국 모음의 소리 분절의 포먼트 주파수를 측정하는 것이라고 볼 수 있다. ② Ladefoged(2001) : 포먼트는 모음의 특징을 결정짓는데 이것은 성도의 모양에 따른 결과이다. ③ 신지영(2000) : 광역 스펙트로그램에서 성도 여과기(filter)가 갖는 공명주파수로 인하여 음향에너지가 집중된 주파수 대역은 까만 띠 모양으로 나타나게 되는데 이것을 포먼트(formant)라고 한다. ④ 郭錦桴(1993) : 공명강의 형태가 고유의 공명 특성을 가지므로 모음을 발음하면 일정한 포먼트를 생성하게 된다.

7) 포먼트 도표(Formant Plot)는 모음의 f1과 f2를 모음사각도에 표시해주는 프로그램이다. http://www.linguistics.ucla.edu/faciliti/facilities/acoustic/acoustic.html에서 무료로 다운로드할 수 있다. UCLA Phonetics Lab.

8) 말소리에 사용되는 음파는 일반적으로 복합파이다. 이 복합파는 여러 개의 단순파로 구성되어 있는데 이 단순파들의 성격을 알아내기 위해 스펙트럼 분석을 한다. 스펙트럼은 각 주파수와 그 주파수의 진폭이라는 두 가지 차원에서 분석되기 때문에 음파를 구성하는 내용물(단순파)들의 질과 양을 동시에 보여줄 수 있다. 반면 스펙트로그램은 스펙트럼에 '시간'이라는 차원을 하나 더 보탠 것이다. 스펙트로그램은 주파수와 진폭이 시간에 따라 어떻게 변화하는지를 보여주는 삼차원 그림이다. 스펙트로그램에서 가로로 보이는 진한 띠는 주파수 대역의 강도가 크다는 사실을 의미한다(신지영 · 차재은, 2003 : 55).

9) 프라트(Praat)는 암스테르담 대학의 Paul Boersma와 David Weenink가 만든 음성분석 및 변형프로그램 패키지로 http://www.fon.hum.uva.nl/praat/에서 무료로 다운로드할 수 있다(양병곤, 2002 : 21).

데이터를 작성하여 평균과 표준편차를 계산한 뒤에 얻어진 데이터의 평균 수치를 기초로 포먼트 도표를 작성한다. 그 작성된 포먼트 도표에 따라 중국어 단모음 및 한국어 단모음의 분포 범위와 분포 공간 등을 도식화함으로써 두 언어의 음성 체계를 가시적으로 볼 수 있다. 통계 데이터 및 도식화된 각종 그림을 통해 각 모음별, 각 집단별 차이에 대한 통계량을 대조 분석한다. 이러한 분석을 통해 중국인의 단모음을 기준으로 학습 기간이 다른 한국인의 중국어 단모음을 계량적으로 살펴보고 한국인 화자와 중국인 화자의 단모음 차이의 통계적 유의성을 찾는다. 음성 체계가 서로 다른 집단(한국인 피실험자, 중국인 피실험자)이 동일한 실험 자료(중국어 단모음)를 사용하여 녹음한 데이터로 성별의 차이, 학습 기간의 차이에 따른 통계량을 대조 분석함으로써 두 집단(한국인 피실험자, 중국인 피실험자) 간의 음성 및 음성 체계의 차이를 규명해 볼 수 있고, 이를 통해 모집단(한국인, 중국인)의 차이를 추론할 수도 있다. 그 다음은, 통계 데이터 및 도식화된 각종 그림을 통해 각 모음이나 각 집단 사이에 존재하는 차이를 대조 분석한다. 이 과정은 특히 중국어 교육을 염두에 두고 주로 학습 기간에 따른 차이를 집중적으로 분석할 것이다. 중국인의 단모음을 기준으로 학습 기간이 다른 한국인의 중국어 단모음을 계량적으로 분석함으로써 한국인 화자와 중국인 화자의 단모음의 차이에서 학습 기간에 따른 통계적 유의성을 찾는다. 구체적으로 중국인 남성과 중국어 학습 기간이 1년 미만인 한국인 남성(CM-KM1), 중국인 남성과 중국어 학습 기간이 5년 이상인 한국인 남성(CM-KM5) 등의 두 부분으로 나누어 각각의 표본 집단에 대한 f1과 f2의 기술통계량을 통해 각 집단 간의 유의성 여부를 고찰한다. 또한 중국인 여성과 중국어 학습 기간이 1년 미만인 한국인 여성(CF-KF1), 중국인 여성과 중국어 학습 기간이 5년 이상인 한국인 여성(CF-KF5) 등의 두 부분으로 나누어 각각의 표본 집단에 대한 f1과 f2의 기술통계량을 통해 각 집단 간의 유의성 여부를 고찰한다. 마지막으로 중국인 남성 집단과 한국인 남성 집단(CM-KM), 그리고 중국인 여성 집단과 한국인 여성 집단(CF-KF) 각각에 대한 f1과 f2의 기술통계량을 중국어 단모음별로 대조한다. 음성 체계가 서로 다른 한국인과 중국인 집단을 표본으로 하여 중국어 단모음이라는 동일한 실험 자료를 녹음한 데이터로 성별의 차이나 학습 기간의 차이에 따른 통계 수치를 기준으로 대조 분석한다면 두 모집단 간의 음성 및 음성 체계의 차이를 규명하는 데 도움이 될 것이다.

셋째, 중국어 단모음에 대한 청취실험(Perception Test)을 실시한다. 청취실험은 인지실험 혹은 지각실험이라고도 말하는데 여기에서는 한국인의 중국어 단모음 발음과 중국인의 중국어 단모음 발음을 녹음한 소리를 자료로 하여, 중국어를 학습한 적이 있는 한국인과 중국어를 모어로 하는 중국인을 대상으로 이루어진다. 한국인과 중국인 피실험자의 단모음에 대한 기존의 데이터를 재조합하고 그 순서를 무작위로 배열하여 중국인이나 한국인 피실험자들에게 들려주면 피실험자들은 쌍으로 구성된 음성 자료를 청취하면서 정해진 순서에 따라 다음과 같은 사항에 대해 판단한다. 먼저, 한 쌍의 단모음 소리를 청취한 후 그것이 동일한 것인지 다른 것인지를 판단하고, 다음은, 동일한 것으로 판단한 경우 자료의 제공자가 한국인인지 중국인인지를 판단하고, 만약 다른 것으로 판단한 경우 첫 번째가 중국인인지 두 번째가 중국인인지를 판단한다. 이 실험은 동일한 피실험자에게 두 차례 실시하며, 만약 1차와 2차의 통계량 차이가 지나치게 크다면 해당 피실험자의 데이터는 분석 자료로 사용하지 않는다. 실험이 끝난 후 통계자료를 정리하여 분석하는데, 우선 중국인이 발음한 단모음과 한국인이 발음한 단모음에 대해 피실험자들이 어떻게 인지 판단하는지를 수치로 확인한다. 마지막으로 이 청취 실험의 결과를 음향 실험의 결과와 비교하여 분석함으로써 청취 실험 통계량의 의미를 해석한다. 구체적으로 음향실험의 포먼트 도표를 활용하여 해당 단모음의 청취 가능 분포와 발화 가능 분포를 대조함으로써 한국인 음향실험에서 통계적으로 유의한 중국어 단모음이 청취실험에서도 동일한 양상을 보이는지, 그렇지 않다면 청취실험에서는 어떻게 달라지는지에 대해 고찰한다. 이 글은 이상의 과정을 통해 한국인이 발음하는 중국어 단모음소리는 중국인이 발음하는 중국어 단모음처럼 발화하기 위해서 조음 위치 및 조음 방법을 어떻게 변화시켜야 하는가에 대한 초보적인 해답을 제시할 수 있기를 기대한다.

3. 중국어 단모음에 대한 음성학적 견해

중국어 단모음에 대한 연구는 일찍부터 있어왔지만 일반적으로 청각에 의존하여 청취한 소리를 조음기관의 위치에 따라 모음사각도를 그려왔으며 실제 실험을 통한 음향음성학적인 관점의 단모음 연구의 역사는 그리 오래되지 않았다. 성철재(2004)는 청각 기준에 의존하여 모음사각도 안에 표기되는 모음의 조음위치는 청각적 상대성을 반영하여 주기는 하지만 정확한 조음위치를 반영하지 못한다고 말한다.

Fant(1960), 김영송(1981)은 실제로 X선을 활용한 연구에서도 청각 인상과 실제 조음 사이에는 큰 상관관계가 없음을 말하고 있다.

林燾・王理嘉(1985)는 중국인 남성 1인을 피실험자로 하여 모음사각도를 작성하였는데 모음사각도 외에 구체적인 포먼트 데이터를 제공하지는 않았다. 그 대략적인 포먼트의 위치를 살펴보면 [a]의 f1-1050Hz, f2-1400Hz, [i]의 f1-250Hz, f2-2550Hz, [u]의 f1-370Hz, f2-600Hz이다. 이 연구는 피실험자에 대한 녹음 횟수를 명시하지 않았고, 피실험자 수도 한 명이므로 데이터의 정확성을 신뢰하기에 어려움이 있다.

吳宗濟(1986)의 『漢語普通話單音節語圖冊』는 중국어 단모음 10개에 대한 포먼트 도표와 각 모음에 대한 스펙트로그램 사진을 제시하고 있는데 이는 중국어 단음절에 대한 음향음성학적 연구로 중국 음성학계에서 매우 높게 평가되고 있다.

吳宗濟・林茂燦(1989), 吳宗濟(1992)는 중국어 단모음에 대해 상세히 기술하고 있는데, 각 단모음의 남성, 여성, 그리고 아동에 대한 f1과 f2를 제시하면서 각 모음의 특징을 다음과 같이 밝히고 있다. 첫째, 모음 [u]와 [o]는 f1과 f2가 비슷한 곳에 위치하고 있어서 포먼트 도표에서의 위치가 섞이는 경향이 있다. 둘째, 모음 [ɿ]와 [ʅ]는 모두 전설 설첨전음(舌尖前音)으로 스펙트로그램에서 f1, f2, f3, f4가 분명한 차이를 보이고 있기 때문에 측정이 매우 용이하다. 이 두 모음 모두 f1이 400Hz정도에 위치하고, [ɿ]의 f1이 [ʅ]의 f1보다 약간 낮고 [ʅ]의 f2는 [ɿ]의 f2보다 300~400Hz정도 높다. 모음 [ɿ]와 [ʅ]의 f2 높이 차이는 혀 뒷부분의 좁힘점[10] 차이를 반영하는데 [ʅ]의 좁힘점이 [ɿ]의 앞에

10) 모음을 조음할 때 구강이나 인두강에서 가장 많이 좁혀지는 부분을 좁힘점이라고 하는데, 혀의 최고점보다는 좁힘점의 위치와 간극이 모음의 음가를 결정하는데 있

있기 때문에 포먼트 도표에서 [ʅ]이 [ɿ]의 앞에 위치하고 있으며, f3은 [ɿ]가 [ʅ]보다 높다고 밝히고 있다.

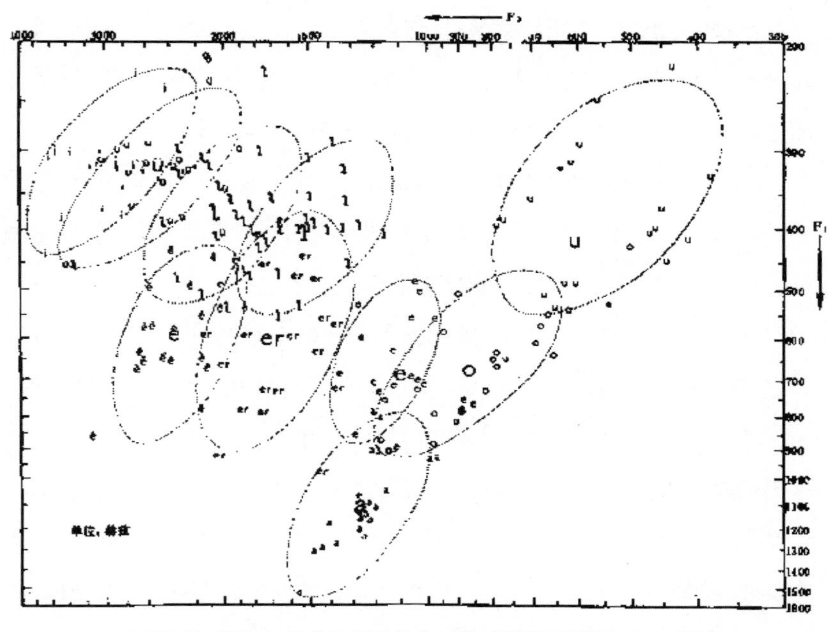

〈그림 1〉 중국어 10개의 단모음에 대한 포먼트 도표(吳宗濟 : 1986)

조걸 · 이현복(1996)은 한국인의 중국어 발음 오류에 대해 연구하였다. 한국인은 모음 [ɿ]와 [ʅ]를 한국어의 후설 평순모음 [ɯ]로 대신하고,[11] 중국어의 [ɤ]를 한국어의 중앙모음 [ə]로 대신하고,[12] [y]를 한

어 더 중요하게 작용한다. 그러나 혀의 최고점이란 개념은 모음을 분류하고, 모음을 발음할 때의 혀의 상대적인 위치를 기술하고, 모음의 발음을 훈련시키는데 효과적으로 사용된다(이호영, 1999 : 55).

11) "文字"의 "字"/tʃɯ/, "老師"의 "師"/ʃɯ/, "事情"의 "事"/ʃɯ/를 예로 들고 있다.

12) "哥"를 /kə/ 또는 /kʌ/, "河"를 /xə/ 또는 /xʌ/, "課"를 /k'ə/ 또는 /k'ʌ/로 발음하는 오류를 예로 들고 있다.

국어의 이중모음 [wi]나 [ɰi]로 대신하고,[13] [u]를 [ɰ]로 대신하는 등의[14] 오류를 범한다고 주장하였다. 하지만 구체적인 실험 자료를 제시하지 않고 조음적인 관점만 제시한 점이 아쉽다.

林汎鐘(1998)은 중국인 남성과 중국인 여성의 중국어 모음에 대한 f1, f2, f3을 추출하였고, 포먼트, 모음의 길이, 진폭 등을 주로 연구하였는데 중국인 남성은 혀의 이동 범위가 여성보다 좁고 각 모음의 길이는 /i/와 /u/를 제외하고 대부분 달랐다. 林汎鐘(1998)에 의하면 중국인 남성의 단모음 중 f1이 가장 불안정한 것은 저모음 [ɑ]으로, [ɑ]는 f2도 단모음 중 두 번째로 불안정하였는데 일반적으로 f1은 고모음이 저모음보다 안정적이고 f2는 후설모음 [u]가 안정적이다. 중국인 여성들은 단모음 중 혀의 위치가 높을수록 안정적이며, 혀의 위치가 낮은 저모음 [ɑ]는 불안정하고, 혀의 좁힘점 위치가 앞쪽에 위치할수록 안정적이다. 전체적으로 볼 때 중국인 남성의 발음이 중국인 여성보다 더욱 안정적이라고 기술하고 있다. 하지만 林汎鐘(1998)은 서로 다른 모음에 대한 정규화 과정을 거치지 않고, 포먼트를 측정한 후 각각의 모음 길이를 비교하였기 때문에 통계의 정확성에 아쉬운 점이 있다.

추이진단(2002)은 중국어의 단모음을 설면원음 단모음(舌面元音單母音) a[A], o[ọ], e[ɤ], ê[E], i[i], u[u], ü[y], 설첨모음 단모음(舌尖元音單母音) ï[ɿ], ï[ʅ], 권설모음 단모음(卷舌元音單母音) er[ər] 10개로 보고 있는데 이상의 모음에서 한국어와 중국어의 단모음 중 서로 비슷한 모음끼리 대조하였다. 한국어 /ㅣ/[i]와 중국어 /i/[i]는 모두 전설 평순 고모음이므로 두 모음이 같다고 본다. 한국어 /ㅏ/는 혀끝이 아랫니 뒤쪽에 위

13) “雨”를 /yi/로, “取”를 /ʧ‘yi/로 발음하는 오류를 예로 들고 있다.
14) “五”를 “/ɰ/”로 발음하는 오류를 예로 들고 있다.

치하지만 아랫니에 닿지는 않으며, 중국어 /a/[A]는 한국어보다 입을 더 크게 벌리고 혀의 위치를 낮추어야 한다고 설명하였다. 한국어의 /ㅜ/는 아랫어금니와 윗어금니가 거의 맞닿을 정도이지만, 중국어 /u/[u]는 후설을 연구개에 바짝 접근시켜 조음해야 하는데 이 두 모음이 서로 비슷하지만 중국어는 한국어보다 혀의 좁힘점이 뒤에 위치한다고 말한다. 한국어의 /ㅓ/([ə] 혹은 [ʌ])는 중국어에 없는 모음이지만 중국어의 모음 /e/에서 /으/를 약화시켜 혀뿌리와 연구개의 접촉시간을 되도록 짧게 한 후, 뒷부분의 /ㅓ/를 강조하여 입을 약간 더 벌리면 비슷한 발음이 된다고 설명하였다. 한국어 /ㅗ/는 연구개에 접근시켜 조음하지만 어금니에 닿지 않고 턱을 조금만 벌리는데 비해 중국어 o[o̜]는 혀뿌리가 위로 솟아올라 연구개를 향하며 원순모음이 아니라고 주장하였다. 중국어의 o[o̜]는 국제음성기호(IPA) [o]보다 혀의 위치가 약간 낮은 편이며 파열음 /b/[p], /p/[p‘], 비음 /m/[m], 마찰음 /f/[f]의 뒤에만 제한적으로 붙는 모음이다. 현대 중국인들의 o[o̜]와 uo[uo]의 발음은 구분이 거의 되지 않을 정도로 근접해 있어서 두 모음은 거의 비슷하지만 한국어 /ㅗ/의 원순성이 중국어의 o[o̜]보다 강하다는 차이점이 있다고 설명하고 있다. 추이진단(2002)은 전체적으로 한국어와 중국어 단모음에 대해 자세하게 기술하고 있지만, 일부 모음, 예를 들어 후설모음 [ɤ]의 음가 변동 여부나 현대 중국인들의 o[o̜]와 uo[uo]의 발음의 근접 정도 등에 대한 견해는 실험을 통해 검증해볼 필요가 있다.

〈표 1〉 한국어 단모음 체계도(추이진단 : 2002)

	전설모음		중설모음		후설모음	
	평순	원순	평순	원순	평순	원순
고 모 음	이[i]		으[ɨ]			우[u]
반고모음	에[e]		어[ə]			오[o]
반저모음	애[ɛ]				(어[ʌ])	
저 모 음			아[a]			

〈표 2〉 중국어 단모음 체계도(추이진단 : 2002)

	開口呼	齊齒呼	合口呼	撮口呼
단모음	ï[ɿ], ï[ʅ]	i[i]	u[u]	ü[y]
	a[A]	ia[iA]	ua[uA]	
	o[o̜]		uo[uo]	
	e[ɤ]			
	ê[E]	ie[iE]		üe[yE]
	er[ɘr]			

王理嘉(2003)는 간략전사와 정밀전사15)를 대조하며 중국어 모음에 대해 비교적 자세히 기술하였는데 그 중 단모음에 대한 간략전사와 정밀전사만을 따로 분리해서 나타내면 다음과 같다.

15) 음성문자를 이용해 언어의 말소리를 표기하는 것을 전사(transcription)라고 한다. 전사는 말소리를 얼마나 정밀하게 전사하느냐에 따라 간략전사(broad transcription)와 정밀전사(narrow transcription)로 나뉜다. 간략전사는 음소전사(phonemic transcription)라고도 하며 하나의 음소를 하나의 음성 문자로 표기하는 것을 말한다. 간략전사를 할 때는 음성문자를 두 개의 빗금 '/ /' 안에 넣어 표기한다. 정밀전사는 음성전사(phonetic transcription)라고도 하며 하나의 변이음을 하나의 음성 문자로 표기하는 것을 말한다. 정밀전사를 할 때에는 음성문자를 두 개의 직각 괄호 '[ ]' 안에 넣어 표기한다. 정밀전사는 말소리의 미세한 자질까지도 표기할 수 있는 구별 부호(diacritics)가 이용되는데, 구별 부호는 음성 문자의 위나 아래, 또는 옆에 붙여 사용된다(이호영, 1996 : 20).

〈표 3〉 중국어 운모에 대한 간략전사와 정밀전사 대조표(王理嘉 : 2003)[16]

四呼		开尾韵母 -∅						
开	例　字	-資	-之	啊	喔	鵝	欸	二
	拼音字母	-i	-i	a	o	e	ê	er
	宽式标音	[ɿ]	[ʅ]	[a]	[o]	[ɤ]	[ɛ]	[ər]
	严式标音	[ɿ]	[ʅ]	[A]	[o] [c̹]	[ɤ̂]	[ɛ]	[ᵄər]
	注音符号	ㄗ	ㄓ	ㄚ	ㄛ	ㄜ	ㄝ	ㄦ
齐	例　字	一						
	拼音字母	i						
	宽式标音	[i]						
	严式标音	[i]						
	注音符号	一						
合	例　字	烏						
	拼音字母	u						
	宽式标音	[u]						
	严式标音	[u]						
	注音符号	ㄨ						
撮	例　字	淤						
	拼音字母	ü						
	宽式标音	[y]						
	严式标音	[y]						
	注音符号	ㄩ						

<표 3>은 정밀전사한 모든 중국어 모음을 정밀전사 하였고, <그림 2>는 이를 모음사각도로 나타내었다. 王理嘉(2003)는 <그림 2>에서

16) 王理嘉(2003)는 이호영(1996)과는 달리 간략전사와 정밀전사에 모두 '[ ]'를 사용하였다. 'c'는 IPA(corrected 1996)에는 없는 기호이고 'ɔ'는 IPA에 있다. 王理嘉는 'ɔ'는 원순모음이고, 'c'는 비원순모음(평순모음)이라고 설명하였다.

[ɿ], [ʅ], [i], [u], [ʊ], [y]는 고모음에 속하고, [e], [E], [ə], [ɤ], [o], [ɚ(er)]는 중모음에 속하고, [ɛ], [æ], [a], [A], [ɑ]는 저모음에 속한다고 주장한다. 그 중 모음 /a/를 [A]로 표기한 것이나, 모음 /o/를 [o]나 [ç]로 표기한 것은 주의해서 볼만한 점이다. 하지만 모음 /o/의 음가 변동에 대한 자세한 언급이 없고, 모음 [i]보다 모음 [ɿ]와 [ʅ]의 혀의 위치가 더 앞쪽이라고 설명한 것은 검증이 필요한 부분이다.

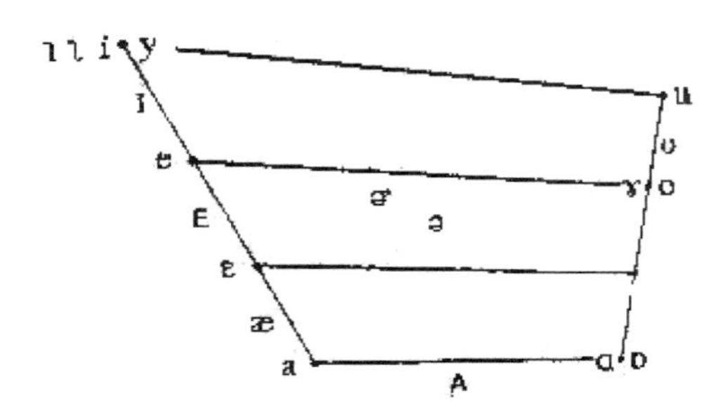

〈그림 2〉 정밀전사한 모음사각도(王理嘉 : 2003)

엄익상(2005)은 중국어 단모음을 /a/, /e/, /i/, /o/, /u/, /ü/ 여섯 개로 규정하였다. 혀의 전후 위치에 따라, /i/, /u/, /y/를 고모음, /e/와 /o/를 중모음, /a/를 저모음으로 나누고, /i/, /y/, /e/를 전설모음, /o/와 /u/를 후설모음으로 나누며, 중설모음 /a/는 인접한 음에 따라 전후 위치의 차이가 있는데, 단모음일 경우 학자에 따라 중설모음 [A]로 보기도 하고, 전설모음 [a], 후설 모음 [ɑ]로 보기도 한다. 모음 /i/와 /y/는 모두 전설고모음이지만 이 두 소리는 입술 모양에서만 차이가 나기 때문에 /i/는 비원순모음(평순모음)이고 /y/는 원순모음이라고 기술하였다. 그 밖에 단모음으로 설첨전음과만 결합하는 설첨전모음 [ɿ]와 설첨후모음

[ʅ]이 있는데, 이 두 모음은 단독으로 출현하지 않고 다른 자음과 결합하지도 않고 설첨전음과 설첨후음 뒤에서만 발음되므로 활용이 매우 제한적인 모음으로 기술하고 있다. 단모음 가운데 가장 문제가 되는 것은 모음 /o/로, 실제음이 [uo], [ʊɔ], [ɔ], [o] 등 다양하며, 모음 /o/가 순음 성모와 결합하면 중간에 활음(glide) [u]가 삽입될 수도 있다고 하였다. 엄익상(2005)은 특히 모음 /o/에 대해 주의하면서17) 吳宗濟(1991)와 林燾・王理嘉(1992)를 인용하여 모음 [o]의 실제 발음 근거를 찾고 있다. 吳宗濟(1991)는 모음 /o/의 실제 음가가 후설중모음 [o]보다 약간 낮다고 보고 [o]로 표기하고 있지만 실제로는 이완모음인 [ɔ]로 표기할 수도 있다고 보았다. 林燾・王理嘉(1992)는 [o]를 정밀전사하면 [ʊo]가 맞지만 [ʊ]는 순음자음과 원순모음을 연결하는 활음에 지나지 않고 혀의 위치가 비교적 낮아서 순음도도 비교적 낮기 때문에 정밀전사로 [o]로 표기할 수 있다고 밝히고 있다. 엄익상(2005)은 모음 /o/의 실제 음가에 대해서는 음성학적인 연구를 통해 분명히 밝힐 필요가 있다고 기술하였다.

학미(2006)는 9개의 중국어 단모음과 9개의 한국어 단모음을 실험음성학적 방법으로 비교 분석하여 중국어 모음과 한국어 모음의 대응을 시도하였는데 이것은 林汎鐘(1998)과 동일한 방법이다. 음향실험에서 주로 f1과 f2를 대조하고 있는데, 실험 결과를 보면 한국어 모음 /위/와 중국어의 [y], 한국어 단모음 /어/와 [ɤ]를 같은 소리로 보고 있다. 한국어 모음 /우/와 중국어 모음 [u]의 경우 f1의 값은 거의 같고 f2값은 비교적 큰 차이를 보이고 있다. 한국어 모음 /이/와 중국어 모음 [i]

17) 엄익상(2005)은 東 dōng [tuŋ][toŋ], 龍 lóng [luŋ][loŋ], 通 tōng [t^huŋ][t^hoŋ], 用 yòng [yuŋ][yoŋ]으로 표기하였다.

는 f1이 거의 같고 f2는 /이/가 훨씬 낮으며, 나머지 /아/와 [ɑ], /오/와 [o]는 f1과 f2에서 모두 차이를 보이고 있다. 중국어의 [ɑ]는 조음할 때 한국어 /아/보다 개구도가 더 크고 조음점이 조금 뒤로 옮겨지며, 중국어의 [o]는 한국어의 /오/보다 개구도가 더 크고 조음점이 앞으로 옮겨진다고 보았다. 하지만 한국어 모음 /위/는 이중모음에 포함되고 중국어 [y]는 단모음인데 같은 음가를 가진 모음으로 보는 것은 검증이 필요하고, /어/와 [ɤ]를 서로 동일한 음가라고 판단한 근거도 부족하다. 그 밖에 변지원(1996) 등의 연구가 있다.

제2부 음향실험

1. 실험 방법

여기에서는 연구목적에 맞는 실험 자료의 선정 및 그 사용에 있어서의 각종 절차, 그리고 각 실험 단계의 목적과 방법을 기술한다.

음향실험은 중국어 단모음을 실험대상으로 한다. 단모음에 대한 연구는 문장의 형태를 빌어 실험 자료를 녹음한 林泛鐘(1998) 등의 방법과 각각의 음절을 단독으로 녹음하여 진행한 성철재(2004), 고현주・이숙향(2003), 안나 파라돕스카(2002), 양병곤(1993, 1998) 등의 방법이 있는데, 본 연구는 녹음할 음절의 수를 고려하여 각각의 음절을 단독으로 녹음하는 후자의 방법을 채택하였다. 녹음한 중국어 단모음은 [ɑ], [ɤ], [ɚ], [o], [u], [i], [ɿ], [ʅ], [y] 등 9개이며, 그 중 단모음 [ɑ], [i], [u]는 모음과 성조의 상관관계를 살펴보기 위해 1, 2, 3, 4성을 모두 녹음하였다. 중국어 글자와 한어병음을 병기한 1음절 단어를 카드 18

장을 제시하여 피실험자가 한 번 호흡할 때마다 한 음절씩만 읽고 녹음할 수 있도록 하였다.

중국어는 한 음절이 자음, 모음, 성조[1]로 구성되어 있는 성조언어[2]이므로 각 단모음을 발음하기 위해서는 성조가 필수적이다. 본 실험은 포먼트 측정이 가장 용이한 1성을 기본으로 녹음하였지만, [ɚ]는 1성으로 실현되는 음절이 없어 4성을 녹음하였다. 그러나 성조가 각 모음의 포먼트 분포에 변수로 작용할 가능성을 배제할 수 없으므로 성조에 따른 각 포먼트 분포 범위의 차이를 파악하기 위해 모음사각도에서 가장 큰 공간을 구성하는 기본 모음 [ɑ], [i], [u]는 4개의 성조를 모두 실험대상으로 하였고 나머지 단모음의 성조별 음가 변화는 본 실험에서 제외하였다.

녹음의 절차와 방법은 다음과 같다.

피실험자들은 실험자가 준비한 카드에 적혀있는 18개의 중국어 단모음을 각각 5회씩 읽고 실험자는 피실험자들이 읽은 각각의 단모음 소리를 녹음하였는데 녹음할 때 실험자는 다음과 같은 통제된 환경을 마련하였다. 단모음이 표기된 18장의 카드는 무작위 순서로 배열하였고, 한 장씩 넘길 수 있도록 만들어 한 번의 호흡에 하나의 음절만을

---

1) 중국어의 음절은 성모, 운모, 성조로 구성되어 있다. 성모는 자음과 비슷한 개념이지만 운모의 경우는 모음과 완전히 일치하는 개념은 아니다. 운모는 운두, 운복, 운미로 구성되는데 그 중 운미에는 /n/, /ng/ 두 개의 자음 운미가 포함되어 있다. 하지만 본 연구에서는 편의상 음절을 자음, 모음, 성조로 말하고 있다.

2) 성조는 어휘 의미의 변별 기능을 수행하는 높이를 말한다. 언어는 운율 유형에 따라 강세 언어(stress language), 성조 언어(tone language), 고저 악센트어(pitch-accent language), 강세 고저어(stress-pitch language) 등으로 분류된다. 성조 언어는 높이가 어휘 의미의 변별기능을 수행하며, 높이가 음운론의 층위에서 낱말의 각 음절에 부과되는 언어이다. 중국어에는 네 개의 변별적인 성조가 있어서 각 성조에 따라 네 가지의 다른 의미를 전달하고 있기 때문에 성조언어로 분류된다(이호영, 1997).

발음할 수 있도록 함으로써 일정한 호흡, 일정한 속도를 유지할 수 있게 하였다. 이렇게 설계한 이유는 피실험자가 발화를 할 때 각 음절이 생리적으로 동일한 환경에서 발음할 수 있도록 설계한 것이다. 대부분 피실험자들이 18장의 카드를 스스로 넘기면서 녹음하였지만 필요한 경우 실험자가 카드를 넘겨주었다. 카드를 넘길 때 나는 잡음이 각 단모음 음절 녹음에 영향을 주지 않게 하기 위해 약간의 간격을 두고 다음 장으로 넘어갈 수 있도록 하였다. 피실험자는 무작위로 나열된 각 음절을 1에서 18의 순서로 매 회 한 번씩 읽었는데, 녹음 과정 중 피실험자가 스스로 잘못 발음했다고 판단하거나 실험자가 피실험자의 발음이 잘못 되었다고 판단될 경우에는 실험자의 요청이나 피실험자의 요청으로 다시 읽을 수 있도록 하였다. 1번 음절에서 18번 음절까지 모두 읽고 난 후 처음부터 다시 읽는 방법으로 총 5회를 반복하였으며 필요할 경우 피실험자가 휴식을 취한 후 나머지 부분을 읽을 수 있게 하였다.

이 글에서는 중국어 단모음 발음의 양상을 연구하기 위하여 녹음한 모음에서 각각의 f1과 f2를 추출하였다. 이를 위해서 쿨에디트<cool edit Pro 2.0>으로 18개의 음절을 각 5회씩 녹음하였고, 이렇게 녹음한 총 90개의 음절을 다시 쿨에디트를 이용하여 한 음절씩 나누었으며, 나누어진 모든 소리파일을 다시 레이블링(labling)하였다. 프라트의 스펙트로그램을 통해 총 18명의 피실험자의 소리로 만들어진 총 1,620개 음절의 포먼트를 측정하였다. 포먼트 세팅(setting)은 포먼트 최고치 5500.0Hz, 포먼트 수 5.0개, 윈도우 길이 0.025sec, dynamic range 30db, dot size 1.0mm를 표준값으로 설정하였다. 스펙트로그램에서 포먼트를 추출할 때는 성대의 진동이 시작된 지점, 즉 규칙적인 파형이 시작된 부분의 제로 포인트를 시작점(start point : SP)으로 하고, 규칙적인 파형이 끝나는 마지막 부분의 제로 포인트를 끝점(ending point : EP)으로 하였다. SP와 EP를 포함하여 총 11개의 포인트를 측정하였고, 그 중 SP와 EP의 첫 번째 포인트와 마지막 포인트를 제외하고 사이 9개의 포인트를 분석에 활용하였다.

2. 실험 자료

이 실험은 단모음 [ɑ], [ɤ], [ɚ], [o], [i], [ɿ], [ʅ], [u], [y] 총 9개를 실험 자료로 이용하였다. 중국어는 성조언어이기 때문에 성조에 따른 모음의 양상 변화의 가능성을 배제할 수 없으므로, 우선 모음사각도에서 모음의 조음 공간을 파악할 때 가장 중요한 기본 모음인 [ɑ], [i], [u]로 한정하여 각 성조별로 즉, 1성, 2성, 3성, 4성에 따라 통계적으로 유의미한 차이가 있는지를 살펴보았다. 본 실험에 쓰인 녹음된 음절의 총 개수는 모두 18개이며, 모든 음절은 중국어를 표기하고 한어병음과 성조를 괄호로 처리하여 병기하였다. 각 단모음에 해당하는 중국어 음절은 吳宗濟(1992)의 『現代漢語(北京話)聲韻調配合總表』를 참고하였다.

〈표 1〉 실험에 사용된 음절

1. 迂(yū)	2. 意(yì)	3. 二(èr)	4. 阿(ā)	5. 啊(á)
6. 屋(wū)	7. 衣(yī)	8. 以(yǐ)	9. 无(wú)	10. 啊(ǎ)
11. 物(wù)	12. 五(wǔ)	13. 啊(à)	14. 資(zī)	15. 波(bō)
16. 疑(yí)	17. 婀(ē)	18. 之(zhī)		

중국어 모음 [ɑ]의 경우, 성조변화에 따른 모음의 포먼트 변화를 살펴보기 위해서 阿(ā), 啊(á), 啊(ǎ), 啊(à) 등의 네 성조를 모두 녹음하였다. 阿(ā)는 누군가를 부를 때 주로 호칭의 뒤에 붙어 사용하고,[3] 啊(á)는 감탄사나 어기조사로 사용하며,[4] 啊(ǎ)[5]와 啊(à)[6]는 감탄사로만 사용된다. 이 중국어 모음 [ɑ]의 2, 3, 4성 모두 동일한 자형의 한자 '啊'를 사용하여 피실험자가 발음을 잘못할 가능성도 우려되었지만 한어병음을 병기하였기 때문에 실제 실험에서 그런 예는 나타나지 않았다.

중국어 모음 [i]도 衣(yī), 疑(yí), 以(yǐ), 意(yì) 등 네 가지 성조를 모두 실험 자료로 사용하였다.

중국어 모음 [u]도 屋(wū), 无(wú), 五(wǔ), 物(wù) 등 네 가지 성조를 모

3) 阿 ā 호칭 아－① 접두사, 항렬(行列)이나 아명(兒名), 혹은 성(姓) 앞에 쓰여 친밀한 뜻을 나타냄. 친족관계의 칭호 앞에 쓰임. ② 조사, 의문문에 사용되어 어기를 강하게 함. ③ 음역어에 주로 쓰임. ④ 원곡에서 부인 호칭에 쓰임. 남편의 성과 아버지의 성 사이에 '阿'를 넣어 '李阿陳'으로 부르는 따위. 중한사전(2002 : 1)

4) 啊 á 어조사 아－감탄사 ① 캐묻거나 다시 말해주기를 요청할 때 쓰임. ② 놀라거나 의외라고 여기는 경우에 그것을 확실히 하는 의문의 어기를 나타냄. ③ 네. 예. [하인이 대답하는 소리] ④조사 소주어(蘇州語)에서 조사 '呢', '嗎'와 같은 용법으로 쓰임. 중한사전(2002 : 3)

5) 啊 ǎ 어조사 아－감탄사, 허어. 저런. 어머나, 이런. [의아함을 나타냄] 중한사전(2002 : 3)

6) 啊 à 어조사 아－감탄사 ① (비교적 짧게 발음하여) 승낙의 뜻을 나타냄. ② (길게 발음하여) 명백하게 알았다는 뜻을 나타냄. ③ (길게 발음하여) 놀람이나 찬탄의 느낌을 나타냄. 중한사전(2002 : 3)

두 녹음하였다.

중국어 모음 [ɤ]의 경우, 사전상의 수록 어휘 수는 阿(ē)가 많았지만 阿(ā)와의 혼동을 피하기 위해서 婀(ē)[7]를 선택하였다.

중국어 모음 [o]의 경우, 자음 없이 모음만으로 이루어지는 음절이 감탄사밖에 없어서[8] /bo/, /po/, /mo/, /fo/ 중 스펙트로그램에서 자음과 모음의 경계가 분명하여 포먼트 측정이 용이한 양순파열음(bilabial, plosive) 波(bō)와 음절을 이루는 [o]를 선택하였다.

중국어 모음 [ɚ]은 /ēr/에 해당하는 중국어 음절이 없다. 그래서 2성, 3성, 4성에 해당하는 /er/ 중 하나를 선택해야 했는데, 그 중 스펙트로그램에서 포먼트 및 파형의 시작점과 끝점이 가장 명확하게 드러나는 4성 二(èr)을 선택하였다.

중국어 모음 [ɿ]와 [ʅ]는 자음 없이 모음만으로 음절을 구성하지 못하므로 자음과 모음이 결합된 음절 중에서 실험에 이용할 음절을 선택해야만 했다. 중국어 모음 [ɿ]나 [ʅ]와 자음이 연결된 음절로는 /zi/, /ci/, /si/, /zhi/, /chi/, /shi/, /ri/가 있는데, 그 중 마찰음인 /si/와 /shi/는 자음의 마찰부분과 모음이 시작되는 부분이 분명하게 나누어지지 않아서 포먼트의 시작점을 측정하기 쉽지 않으므로 제외하였다. 그 외 나머지 네 개의 음절은 모두 파찰음으로 동일한 조건이지만 /ci/와 /chi/은 자음이 유기음이므로 마찰부분에서 포먼트와 비슷한 모양의 검은

7) [婀] ē 머뭇거릴 아－[婀娜] ēnuó「楊柳～; 수양버들이 하늘거려 아름답다」 중한사전(2002 : 527)

8) [喔] ō 울 악－감탄사 ① 아! 오! [말이나 행동 따위를 이해하였음을 나타냄] ② 아니! 아이쿠! 아차! [놀람이나 고통 따위의 어기를 나타냄]
[噢] ō 앓는 소리 오－감탄사 ① 아! 오! [이미 이해했거나 납득했음을 나타냄] 중한사전(2002 : 1431)

띠가 나타나는 특징이 있어 혼동을 초래할 가능성이 생기므로 제외시키기로 하였다. 또, /ri/의 /ɾ/는 중국어에 존재하는 유일한 유성자음으로 분석의 과정에서 포먼트가 나타나게 되므로 모음의 포먼트와 혼동이 될 수 있어서 실험 자료에서 제외하였다. 이상의 이유로 모음 [ɿ]와 [ʅ]를 추출할 음절로 資/zi/와 之/zhi/를 선택하였다.

중국어 모음 [y]는 1성 중 출현 빈도가 높은 음절 중 하나인 迂(yū)[9]를 선택하였다.

음향실험에서는 첫째, 중국인 피실험자가 발음하는 모음 [ɑ]의 혀의 위치가 한국인이 발음하는 모음 [ɑ]의 혀의 위치보다 낮은가, 둘째, 모음 [ɤ]는 포먼트값의 변화가 생기는가, 셋째, 모음 [o]도 포먼트의 변화가 생기는가, 넷째 중국인 피실험자가 발음하는 모음 [i]는 한국인의 모음 [i]와 동일한 것으로 보아도 되는가, 다섯째, 중국인 피실험자가 발음하는 모음 [u]는 한국인 피실험자가 발음하는 모음 [u]보다 좁힘점이 혀의 뒤쪽에서 형성 되는가 등을 주로 관찰하고자 한다.

3. 피실험자

피실험자의 선정은 연구 성과를 결정하는 중요한 작업이므로 장기간 신중하게 고민하였다. 이번 실험의 녹음은 중국 베이징에서 이루

9) 迂 yū 굽을 우－형용사 ① 굽다. 굽이지다. 에돌다. ② (언행, 견해가) 케케묵다. 진부하다. ③ (행동, 성질이) 굼뜨다. 어수룩하다. 멍청하다. ④ 엉뚱한 소리를 하다. 쓸데없는 말을 늘어놓다. 중한사전(2002 : 2477)

어졌기 때문에 표준중국어(普通話)를 구사하는 베이징 출신 중국인 피실험자를 구하기는 어렵지 않았지만, 한국인 피실험자 특히 중국어 학습 기간이 1년 미만인 피실험자를 구하는데 많은 시간이 걸렸다. 피실험자 선정과 녹음은 약 7개월 걸쳐 진행되었다.[10]

1) 한국인 피실험자

중국어 단모음에 대한 한국인과 중국인의 발음 차이를 고찰하기 위해 학습 기간 및 성별의 차이에 따라 한국인 피실험자를 두 집단으로 나누었다. 첫 번째 집단은 중국어를 학습한 지 1년 미만인 20대 남녀 각 3명이다. 중국어 학습 기간이 1년 미만이라는 것은 중국어를 처음 배우기 시작한 시간을 기준으로 하였다. 중국어를 처음 배운 이후 중간에 공부하지 않고 쉬었다면 피실험자 후보에서 제외하였다. 베이징 지역에 거주하는 이 집단의 피실험자들은 대부분 대학 재학 중에 중국으로 연수 온 학생들로 한국의 출생 지역은 고려하지 않았다. 두 번째 집단은 중국어를 학습한 지 5년 이상인 20대에서 30대까지의 남녀 각 3명이다. 이 집단도 마찬가지로 출생 지역을 고려하지 않았고,. 이 집단은 오랜 기간 동안 중국어를 학습한 사람들이므로 대부분 대학원생이라는 공통된 특징이 있다. 피실험자를 표기하는 기호인 'K'는 'Korean', 'C'는 'Chinese', 'M'은 'Male', 'F'는 'Female'의 영어 대문자를 사용하였으며, 숫자 중 앞에 있는 것은 중국어 학습 기간, 뒤에 있는 것은 학습 기간에 따른 피실험자의 순서를 말한다. 피실험자의 이

10) 2004년 7월부터 2005년 1월까지 녹음을 진행하였다.

름은 영문 머리글자(initial)로 대신하였다.

〈표 2〉 한국인 피실험자 인적사항

기호	성명	성별	중국어 학습 기간	출생년도	직업
KM11	HJG	남	1년 미만	1982	대학생
KM12	KHS	남	1년 미만	1981	대학생
KM13	NSH	남	1년 미만	1979	대학생
KF11	KJY	여	1년 미만	1984	대학생
KF12	KSJ	여	1년 미만	1983	대학생
KF13	SSS	여	1년 미만	1976	회사원
KM51	JHC	남	5년 이상	1969	대학원생
KM52	SMG	남	5년 이상	1978	대학원생
KM53	YSU	남	5년 이상	1971	대학원생
KF51	KKA	여	5년 이상	1975	대학원생
KF52	MJH	여	5년 이상	1967	대학원생
KF53	ASJ	여	5년 이상	1973	대학원생

2) 중국인 피실험자

피실험자는 연구 성과를 좌우하는 중요한 부분이므로 선정에 많은 어려움이 따른다. 특히 중국은 표준중국어를 구사하는 많은 사람들이 있지만, 국토가 넓고 인구가 많으며 인종이 다양하여 특정 지역 출신을 선정하는 데 더욱 더 큰 어려움이 있다. 현재 음성학계에서는 상하이(上海)식 표준중국어, 샤먼(廈門)식 표준중국어 등 각 방언지역 출신들이 사용하는 표준중국어의 특징을 연구하는 논문들이 속속 발표되고 있다. 李愛軍・王霞・殷治綱(2003)은 표준중국어와 상하이식 표준중국어(上海普通話)의 발음을 대조 연구하였다. 표준중국어를 사용하는 중국인 중 완벽한 표준중국어를 구사하는 경우도 있지만 그 중에는 표준중국어를 구사한다고 하여도 각 지역 방언의 특색이 드러나는 경우를 쉽게 볼 수 있다. 심지어 서로 다른 지방 출신의 중국인끼리 표준중국어를 이용하여 의사소통을 시도했다가 실패하는 경우도 빈번하게 발생한다. 1955년 <중국문자개혁위원회(中國文字改革委員會)>[11]는 중국 국가 언어의 공식 명칭으로 '普通話'라는 말을 사용하기로 결정하였으며, '普通話'는 '북경음 체계를 소리 표준으로 삼고, 북방방언에 기초를 두고, 전형적인 백화문 저술을 문법의 규범으로 삼는 중국의 공통언어'라고 정의하였다.[12] 따라서 이 글에서는 중국의 7대 방언 지역 중 북방 방언 지역에 속하며 중국의 수도인 베이징에서 출생한 사람을 피실험자로 선정하였다.

〈표 3〉 중국인 피실험자 인적사항

기호	성명	성별	출생지	성장지	출생년도	직업
CM01	CL	남	베이징	베이징	1985년	대학생
CM02	LY	남	베이징	베이징	1981년	대학원생
CM03	ZF	남	베이징	베이징	1983년	대학생
CF01	LC	여	베이징	베이징	1980년	대학원생
CF02	LGL	여	베이징	베이징	1981년	대학생
CF03	LSW	여	베이징	베이징	1983년	대학생

11) 중국문자개혁위원회는 중국의 국가문자개혁기구이고, 이 위원회는 1954년 12월에 설립되었다. 1985년 12월 16일에 국가언어문자공작위원회(國家語言文字工作委員會)로 이름을 바꾸었고 국무원(國務院) 소속이다.

12) 중국언어학총론(1996 : 200) 普通話(Mandarin)卽現代標准漢語。普通活以北京語音爲標准音，以北方話爲基础方言，以典范的現代白話文著作爲語法規范。

중국인 피실험자는 모두 일정 교육을 받은 대학생이나 대학원생이고 그 부모들도 모두 표준중국어를 사용하고 있었다. 부모들이 다른 지역 출신일 경우, 그에 따른 방언적인 요소가 말소리에 남아 있을 것을 생각하여 부모의 언어도 북경어인 사람만 피실험자로 선정하였다.

4. 녹음 방법

음향 실험은 방음 시설이 갖추어진 중국 사회과학원 언어연구소 녹음실에서 모두 진행하였다. 녹음할 때 사용한 마이크는 중국 鴻雁(HongYan)사 모델 CD1-41이고, Soundcraft사 Spirit Live 4/2 이퀄라이저(equalizer)를 통하여 받은 음성신호를 미국 Syntrillium사의 쿨에디트 <Cool edit pro 버전 2.00> 프로그램을 이용하여 표본추출률 16,000Hz, 16비트로 양자화하고 모노(mono)로 Windows 운영체제에서의 표준 음성파일 형식인 WAV파일로 다운샘플링(downsampling)하였다.

5. 분석 방법

첫째, 녹음 자료는 <쿨에디트(Cool edit pro 버전 2.00)> 프로그램을 이용하여 각 음절별로 나누어 분석하였으며 <프라트(Praat)>[13]를 이용하

13) 암스테르담 대학의 폴 보엘스마(Paul Boersma)와 데이비드 위니크(David Weenink)

여 각 단모음의 길이를 측정하였다. 프라트에서 포먼트 세팅은 5500.0Hz, 포먼트 수 5.0개, 윈도우 길이 0.025sec, Dynamic range 30dB, Dot size 1.0mm을 표준값으로 설정하였다. 포먼트는 f1, f2, f3, f4 값의 변화 정도를 관찰하기 위해 총 11포인트로 나누어 측정하였고 필요할 경우 각 포먼트가 일직선상에 있는지의 여부를 통계적으로 살펴보았다. 스펙트로그램에서의 포먼트 시작점은 성대진동이 시작되는 부분, 즉 파형이 시작되는 곳의 제로 포인트(Zero Point)로 하였고, 포먼트의 끝점은 성대진동이 끝나는 부분 즉 파형이 끝나는 곳의 제로 포인트로 하였다. 포먼트를 11개의 점으로 나누었기 때문에 시작점은 첫 번째 점(P1)이고, 중간점은 여섯 번째 점(P6)이며, 끝점은 11번째 점(P11)이다. 각각의 포먼트가 일직선상에 있다는 것을 전제하고, 즉 음가의 변화가 없는 단모음이라는 것을 전제로 여섯 번째 점(P6)을 위주로 포먼트의 평균과 표준편차를 측정하였다. 일부 모음 즉, [ɣ]나 [o]의 경우는 음가의 변동을 살펴보기 위해 세 번째 점(P3), 여섯 번째 점(P6), 아홉 번째 점(P9), 이 세 점의 포먼트를 모두 측정하였다.

둘째, 모음의 포먼트를 측정한 후 각각의 모음에 대해 정규화(normalization)작업을 하였다. 정규화는 데이터 분석에서 매우 중요한 부분이다. 피실험자가 녹음한 각 음절의 포먼트 길이, 즉 시간의 길이는 서로 동일하지 않은데 그러한 상태 그대로 서로 다른 길이의 모음을 비교할 경우 통계적으로 의미 있는 결과를 기대할 수 없다. 따라서 우선 모든 모음의 포먼트를 일정시간에 따라 10등분한다. 각 모음을 10등분하면 11개의 포인트가 만들어지는데, 모든 음절을 동일한 길이로

가 만든 음성분석 및 변형 프로그램 패키지.

만들고 11개 포인트에 해당하는 포먼트 주파수(frequency)[14]값을 측정하는 것이 시간 정규화(Time normalization) 작업이다. 그러므로 피실험자가 각 모음을 서로 다른 시간의 길이로 발음을 하였더라도 분석 과정에서는 동일한 길이로 산정하여 정규화한 포먼트의 각 지점에 대해 분석한다.

셋째, 각 모음의 여섯 번째 포먼트 값의 평균과 표준편차를 이용하여 <SPSS 12.0> 프로그램에서 T-검정(T-test),[15] 혹은 ANOVA 검정(analysis of variance test)[16]을 실시하였다. 중국어 단모음에 대한 한국인 피실험자의 f1과 f2값의 확률이 $p<0.05$일 경우 통계적으로 유의한 것으로 판단하였는데 통계적으로 유의하다는 것은 두 모음 혹은 세 모음이 서로 차이가 난다는 것이다. $p<0.05$일 경우 '*'를 'p' 앞에 붙여 통계적으로 유의하다는 것을 표시하였으며 그것은 통계적으로 큰 차이가 난다는 것을 나타낸다. f1과 f2값이 통계적으로 유의한 차이가 있으면, 즉 $*p<0.05$의 표시가 있으면 서로 다른 모음으로 판단하고, $p>0.05$일 경우 통계적으로 차이가 없는 동일한 모음으로 판단할 수 있다.

---

14) 주파수의 단위는 Hz(헤르쯔, Hertz)이다.

15) T-검증(T-test)이란 고셋(W. S. Gossett, 영국, 1876~1936)이 고안한 통계방법으로 독립적인 두 모집단으로부터 추출된 두 표본에 대한 평균차이를 검증하는 방법이다(김석우, 2003 : 160; 류근관, 2003 : 396).

16) 분산분석(Analysis of variance test, ANOVA test)이란 종속변수의 개별 관측치와 이들 관측치의 평균값 사이의 변동(total variation)을 그 원인에 따라 몇 가지로 나누어 분석하는 방법이다. 분산분석은 실험요인이 하나일 경우 일원배치 분산분석(one-way analysis of variance)이라고 하고, 실험요인이 둘일 경우는 이원배치 분산분석(two-way analysis of variance) 혹은 이원분산분석이라 부른다(김태웅, 2003 : 92).

6. 중국어 단모음 분석

1) 중국인에 대한 분석

여기에서는 중국인이 발음한 중국어 단모음을 음향음성학적 방법으로 고찰하고자 한다. 기본적으로 각 모음별 f1과 f2의 기술통계량을 산출하여 이것을 근거로 각 피실험자의 포먼트 도표를 작성하고, 표준편차를 통해 해당 모음의 음가 분포도 및 음가 유동 정도를 살펴본다. 표준편차의 차이가 크다는 것은 피실험자가 해당모음을 발음할 때 조음기관의 모양이 변화가 큰 것이므로 그 발음의 음가를 정확하게 파악하지 못하고 있다는 것을 의미하며, 표준편차의 차이가 작다는 것은 피실험자가 그 해당모음의 음가를 정확하게 알고 있어 발음이 유동적이지 않고 안정되어 있다는 것을 의미한다. 포먼트 도표는 또한 조음기관 위치의 변화를 알 수 있는 요소 중의 하나가 된다.

먼저, (1)에서는 범언어적으로 모음의 근간을 이루는 기본 모음 [ɑ], [i], [u]의 성조 차이에 따른 남성과 여성의 포먼트 차이를 살펴본다. 이 음향실험을 통해 서로 다른 성조의 모음을 발음하였을 때, 조음기관의 변화가 있는지와 만약 변화가 있다면 그 차이가 통계적으로 유의한지를 살펴본다. (2)에서는 중국인 남성과 여성이 발음한 중국어 단모음의 f1과 f2를 통해 포먼트 도표를 작성함으로써 각 모음의 조음 위치를 대조해 보도록 한다.

(1) 모음 [ɑ], [i], [u]모음에 대한 각 성조별 차이

여기에서는 중국인 남성 피실험자 3인이 발음한 모음 [ɑ], [i], [u]모음의 성조별 변화에 대한 f1과 f2를 분석하였다.

Delattre(1951)과 Pickett(1987)에 의하면 f1의 값은 개구도와 밀접한 관계가 있어 f1의 주파수가 높아질수록 개구도가 커지고, f2의 값은 혀의 전후 위치와 밀접한 관계가 있어 그 주파수가 높아질수록 전설 모음이 된다. f2는 원순도와도 관련이 있어서 원순모음일수록 즉 입술이 둥글어질수록 f2가 낮아지는 경향이 있다. 따라서 모음의 f1과 f2의 포먼트를 관찰하는 것은 해당 모음의 음가를 산정하는데 중요한 역할을 하게 된다.

〈표 4〉 포먼트의 의미(신지영 : 2000)

f1	모음의 개구도와 유관하다. 개구도가 클수록 높고, 개구도가 작을수록 낮다. 따라서 고모음은 f1이 낮고, 저모음은 f1이 높다.
f2	모음의 전후설과 유관하다. 전설모음일수록 높고, 후설모음일수록 낮다. 따라서 전설모음은 f2가 높고, 후설모음은 f2가 낮다.

사실 모음은 혀의 높낮이와 전후 위치, 그리고 혀의 긴장도와 입술의 모양에 따라 매우 미묘한 차이를 보이기 때문에 모음 상호간의 수치상의 차이는 별로 크지 않으며 그 경계도 또한 뚜렷하지 않다. 그럼에도 불구하고 여러 가지 모음이 서로 구분될 수 있는 것은 혀의 일부분의 위치를 상하전후로 움직일 때 구강 내의 공간 형태가 다양한 모습으로 변화하고, 이로 인해 성대를 진동시키며 나오는 공기의 음파가 여러 가지 모습으로 생성되기 때문이다. 구강의 다양한 공간을 통과하여 나오는 음파를 분석한 것이 바로 스펙트로그램인데 우리는 이를 통해서 포먼트를 분석해낼 수 있다.

물론 포먼트의 수치만으로 모음의 음가가 정해지는 것은 아니다.

신지영(2000)에 의하면 포먼트의 절대값은 화자적 특성을 반영하며 따라서 화자와 화자 사이에 때로 큰 차이를 보이기도 한다. 그러나 포먼트의 상대적인 위치를 살펴보면 화자와는 무관하게 모음의 특성에 따라서 비슷한 유형이 관찰되므로 이것을 모음 연구에 활용할 수 있다고 하였다.

단모음 [ɑ], [i], [u]는 중국어 모음 중 가장 기본이 되고 모음 사각도에서 구강의 공간을 가장 쉽게 파악할 수 있는 모음이다. 이원배치 분산분석(two-way ANOVA test)을 통해서 중국인 피실험자 6인이 발음한 세 모음의 f1과 f2의 기술통계량을 서로 대조하여 각 성조의 차이가 유의한지를 관찰한다. 만약, 성조별 모음의 차이가 현저하여 통계적으로 유의한 값이 나올 경우, 각 성조별 모음의 포먼트를 모두 추출하거나, 특정한 성조의 모음만을 선택하여 분석을 진행하는 방법 중 하나를 선택할 수밖에 없다. 하지만 통계적으로 유의하지 않을 경우, 여러 가지의 성조를 함께 대조하여도 차이가 없는 것으로 판단할 수 있고, 한 가지 성조에 대한 분석만으로 나머지 세 성조의 모음의 특징이나 변화를 파악할 수도 있다.

<표 5>와 <표 6>은 중국인 남성과 여성 피실험자의 모음 [ɑ1], [ɑ2], [ɑ3], [ɑ4], [i1], [i2], [i3], [i4], [u1], [u2], [u3], [u4]의 f1과 f2에 대한 이원배치 분산분석의 결과이다. 분석 결과 유의확률이 모두 $p>0.05$로 나타나서 각 성조별 모음의 통계량이 유의하지 않은 것으로 나타났는데 이것은 [ɑ], [i], [u]의 f1과 f2는 모두 성조에 따라 차이가 나지 않는 것을 의미한다.

중국인 남성 피실험자(CM)의 [ɑ1], [ɑ2], [ɑ3], [ɑ4], [i1], [i2], [i3], [i4], [u1], [u2], [u3], [u4]에 대한 자세한 내용은 <표 5>와 <그림 1>

을 통해 알 수 있다.

<표 5>는 중국인 남성 피실험자의 [ɑ1], [ɑ2], [ɑ3], [ɑ4], [i1], [i2], [i3], [i4], [u1], [u2], [u3], [u4]에 대한 f1과 f2의 기술통계량 및 유의확률에 대한 분석 결과이고 <그림 1>은 <표 5>의 결과를 그림으로 나타낸 것이다. <표 5>를 보면 CM의 [ɑ], [i], [u]는 각 성조별 모음의 음가가 유의확률보다 낮은 것이 없어 성조별 차이가 없는 것으로 관찰되었다. 또 <표 5>는 각 성조별 모음의 f1과 f2값의 평균과 표준편차를 보여준다. 상술한 바와 같이 f1은 혀의 높낮이 정도를 나타내는데, f1의 값이 낮아질수록 혀의 위치는 높아지고, f1의 값이 높아질수록 혀의 위치는 낮아진다. f2의 경우는 혀의 전후 위치를 나타내는데 그 값이 낮아질수록 혀의 최고점이 구강의 뒤쪽에 위치하고, 그 값이 높아질수록 혀의 최고점이 구강의 앞쪽에 위치한다. 즉, f1의 값이 낮으면 고모음이고, f1의 값이 높으면 저모음임을 의미한다. 또, f2의 경우는 그 값이 낮으면 후설모음이고 높으면 전설모음임을 의미하게 된다. 중국인 남성 피실험자가 발음한 중국어 모음들을 f1값이 높은 것에서 낮은 순서대로 나열하면 [ɑ]−[u]−[i]가 되는데, 이것으로 모음 [ɑ]의 혀의 높낮이가 가장 낮고, 그 다음으로 높은 것은 모음 [u]이며, 가장 높은 것은 모음 [i]임을 확인할 수 있다. 수치상으로 보면, 모음 [ɑ]는 저모음이 되고, 모음 [u]와 모음 [i]는 모두 고모음이라고 할 수 있다. 중국인 남성 피실험자가 발음한 중국어 모음들을 f2값이 높은 것에서 낮은 순서대로 나열하면 [i]−[ɑ]−[u]가 되는데, 모음 [i]의 혀의 최고점이 가장 앞쪽에 있고 그 다음은 모음 [ɑ]이며 가장 뒤에 있는 것은 모음 [u]임을 확인할 수 있다.

<표 5>와 <그림 1>에서 표준편차가 가장 큰 것은 CM [i1]의 f2로

252.31Hz이고, 표준편차가 가장 낮은 것은 CM [i1]의 f1의 14.90Hz이다. 이를 통해 [i1]은 혀의 최고점의 전후 위치에서는 차이를 보이지만 혀의 높낮이는 거의 비슷함을 알 수 있다. 전체적으로 볼 때, 중국인 피실험자들이 발음한 [ɑ], [i], [u] 세 가지 모음의 분석을 통해 중국인 피실험자들이 발음한 모음은 성조의 변화와는 무관하게 안정되어 있고 통계적으로 유의하지 않은 것으로 나타났다.

〈표 5〉 모음 [ɑ], [i], [u]에 대한 CM의 기술통계량 (단위 : Hz)

모음	피실험자	성조	평균		표준편차		F값		유의확률 (*p〈0.05)	
			f1	f2	f1	f2	f1	f2	f1	f2
[ɑ]	CM	[ɑ1]	888.84	1288.61	46.31	1.97	0.195	0.866	0.897	0.497
		[ɑ2]	879.03	1244.41	45.85	42.38				
		[ɑ3]	901.87	1242.81	72.34	68.75				
		[ɑ4]	875.92	1264.47	34.06	30.62				
[i]	CM	[i1]	301.62	2420.57	14.90	252.31	2.907	0.120	0.101	0.946
		[i2]	300.41	2385.38	25.76	162.68				
		[i3]	243.38	2321.84	43.25	216.01				
		[i4]	312.72	2414.01	30.43	199.27				
[u]	CM	[u1]	411.50	738.08	46.91	29.15	2.194	1.383	0.167	0.065
		[u2]	407.25	700.10	59.31	128.83				
		[u3]	393.89	715.62	52.55	69.58				
		[u4]	407.74	710.34	100.64	203.87				

중국인 남성 피실험자 3인과 마찬가지로 중국인 여성 피실험자 3인이 발음한 [ɑ1], [ɑ2], [ɑ3], [ɑ4], [i1], [i2], [i3], [i4], [u1], [u2], [u3], [u4]에 대해 각각의 f1과 f2를 추출하고 이를 분석하였다. <표 6>은

이원배치 분산분석을 통해 중국인 여성 피실험자의 세 가지 모음에 대한 각 성조별 f1과 f2의 기술통계량 및 유의확률을 살펴보고 피실험자가 발음한 모음이 성조에 따라 유의한 차이를 나타내는지의 여부를 관찰한 것이다.

이원배치 분산분석 결과, [ɑ1], [ɑ2], [ɑ3], [ɑ4], [i1], [i2], [i3], [i4], [u1], [u2], [u3], [u4] 모음에 대한 f1과 f2의 값이 모두 통계적으로 유의하지 않은 것으로 나타났다. 중국인 남성 피실험자의 실험 분석 결과와 동일한 결과가 중국인 여성 피실험자의 통계분석에서도 확인되었다. <표 6>은 중국인 여성 피실험자의 [ɑ1], [ɑ2], [ɑ3], [ɑ4], [i1], [i2], [i3], [i4], [u1], [u2], [u3], [u4]에 대한 f1과 f2의 기술통계량 및 유의확률이고, <그림 2>는 <표 6>의 기술통계량을 포먼트 도표로 나타낸 것이다. 중국인 여성 피실험자가 발음한 중국어 모음을 f1값이 높은 것부터 낮은 순서대로 나열하면 [ɑ]−[u]−[i]로 중국인 남성 피실험자의 결과와 동일하다. 중국인 여성 피실험자가 발음한 중국어 모음들을 f2값이 높은 것부터 낮은 순서대로 나열하면 [i]−[ɑ]−[u]가 되는데, 이 결과도 중국인 남성 피실험자와 동일하다. <표 6>에서 표준편차가 가장 큰 것은 CF [i4]의 f2로 118.10Hz이고, 표준편차가 가장 낮은 것은 CF [u2]의 f1로 20.69Hz이다.

〈표 6〉 모음 [ɑ], [i], [u]에 대한 CF의 기술통계량 (단위 : Hz)

모음	피실험자	성조	평균		표준편차		F값		유의확률 (*p〈0.05)	
			f1	f2	f1	f2	f1	f2	f1	f2
[ɑ]	CF	[ɑ1]	1062.08	1558.44	97.25	91.67	0.23	0.179	0.995	0.908
		[ɑ2]	1056.80	1529.57	105.80	68.94				
		[ɑ3]	1055.04	1549.53	90.01	61.58				
		[ɑ4]	1070.24	1514.40	79.69	87.42				
[i]	CF	[i1]	404.65	2930.47	69.00	107.09	0.375	0.225	0.774	0.876
		[i2]	379.65	2889.33	51.91	72.64				
		[i3]	370.20	2877.40	26.00	80.87				
		[i4]	405.97	2920.38	39.36	118.10				
[u]	CF	[u1]	443.08	760.39	47.43	89.85	2.659	0.145	0.119	0.930
		[u2]	442.81	757.67	20.69	102.86				
		[u3]	402.85	737.61	30.47	43.05	2.659	0.145	0.119	0.930
		[u4]	451.82	743.86	30.39	51.44				

종합하면, 중국인 피실험자들이 발음한 [ɑ], [i], [u] 세 가지 모음은 성조별 차이가 통계적으로 유의하지 않은 것으로 나타났는데, 이것은 성조 차이에 따른 조음기관의 변화가 거의 없다는 것을 의미한다. 吳宗濟(1992)는 모음의 음색은 주로 f1과 f2에 의해서 결정되고, 성조는 f0(기본주파수)를 통해 파악할 수 있다고 주장한다. 즉 성조의 변화는 성대의 진동과 관계있는 f0의 변화로 나타나며, 이것은 구강의 변화를 보여주는 포먼트와는 서로 독립적인 관계에 있으므로 중국어 모음의 포먼트는 성조 차이에 따른 변화가 없다는 林范鐘(1998)의 주장과도 일치하며, 林燾・王理嘉(1992)도 이와 비슷한 주장을 한다.

<그림 1>은 중국인 남성 피실험자 3인의 [ɑ1], [ɑ2], [ɑ3], [ɑ4], [i1], [i2], [i3], [i4], [u1], [u2], [u3], [u4]에 대한 포먼트 도표이다. 포

먼트 도표는 X축 f1과 Y축 f2의 주파수 값만을 이용해서 만든 2차원 그림이다. 도표의 작은 점들은 피실험자가 발음한 모음의 위치를 가리키고, 작은 타원은 각 단모음의 신뢰공간을 말해주며 가운데의 검은 점은 평균 수치를 나타낸다. 중국어 단모음 [ɑ], [ɤ], [ɚ], [o], [i], [ɿ], [ʅ], [u], [y] 중 권설모음 [ɚ]와 설첨모음 [ɿ]와 [ʅ]를 제외하고 [ɑ], [ɤ], [o], [u], [i], [y]만을 포먼트 도표에 나타내는 것이 일반적인 방법이다. <그림 1>은 중국인 남성 피실험자의 모든 성조별 포먼트를 신뢰 타원으로 도식화한 것으로 <그림 1>를 보면 각 모음별 성조 차이에 의한 표준편차가 크지 않아 타원형이 대부분 겹쳐있어 각 모음의 성조에 따른 차이를 구분할 수 없다. 다시 말하면, 모음 [ɑ], [i], [u]는 각 성조별 차이가 거의 없다고 할 수 있다. 그 중 모음 [u]는 [ɑ], [i]모음보다 좀 더 큰 신뢰타원을 형성하여 모음 [ɑ]나 [i]보다는 편차가 더 크게 나타났지만 통계적으로는 유의하지 않았다.

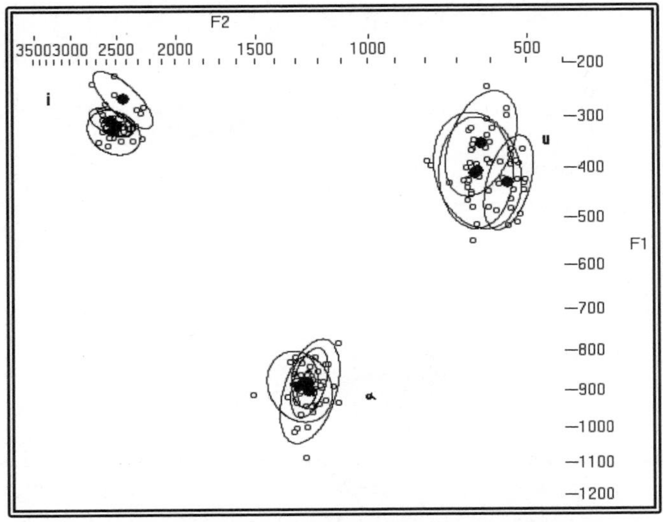

〈그림 1〉 성조별 [ɑ], [i], [u]모음에 대한 CM의 포먼트 도표(단위 : Hz)

<그림 2>는 중국인 여성 피실험자 3인의 [ɑ1], [ɑ2], [ɑ3], [ɑ4], [i1], [i2], [i3], [i4], [u1], [u2], [u3], [u4]에 대한 포먼트 도표이다. <그림 1>과 마찬가지로 <그림 2>에서도 각 모음별 성조 차이가 크지 않아 신뢰타원이 거의 겹쳐져 있으므로 모음 [ɑ], [i], [u]는 성조 차이가 거의 없는 것을 의미한다. CF도 CM과 거의 비슷한 포먼트 도표의 모습을 보이는데 모음 [u]가 모음 [ɑ]나 모음 [i]보다 좀 더 큰 신뢰타원을 형성한다는 점은 남녀 피실험자가 모두 동일하지만, CM보다는 신뢰타원의 크기가 작다. 그러므로 CF도 CM과 마찬가지로 각 모음의 성조별 차이는 통계적으로 유의하지 않았다. 하지만 f1과 f2의 값에서는 CF와 CM이 차이를 보이고, 특히 모음 [ɑ]와 [i]의 f1과 f2는 CF가 CM보다 높게 낮은데 이것은 CF의 개구도가 CM보다 큰 것을 의미한다.

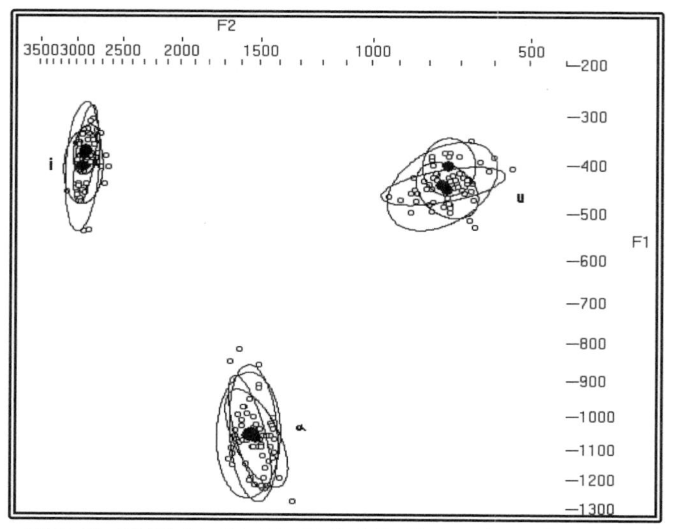

〈그림 2〉 성조별 [ɑ], [i], [u]모음에 대한 CF의 포먼트 도표(단위 : Hz)

<그림 3>은 중국인 여성 피실험자(CF01)의 [ɑ1], [ɑ2], [ɑ3], [ɑ4], [i1], [i2], [i3], [i4], [u1], [u2], [u3], [u4]에 대한 포먼트 도표이다. 이 그림에서도 각 모음의 네 가지 성조의 위치를 표시하는 신뢰타원이 겹치는데 이것은 중국어 단모음 [ɑ], [i], [u]의 성조별 차이가 거의 없다는 것을 의미한다.

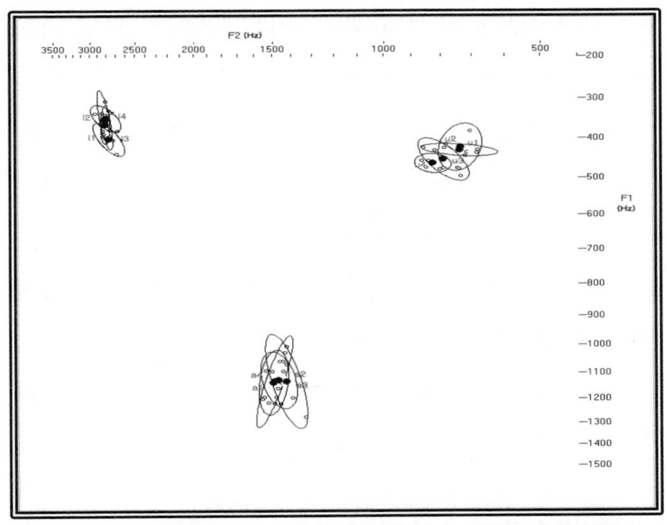

〈그림 3〉 성조별[ɑ], [i], [u]모음에 대한 CF01의 포먼트 도표(단위 : Hz)

위의 실험 결과와 선행 연구의 결과를 토대로 이 글에서는 성조가 모음의 음가에 유의한 영향을 미치지 않는다는 결론을 내렸고, 그러한 판단을 기준으로 각 모음에 대해 한 가지 성조만으로 제한하여 연구를 진행하였다. 이후의 실험은 중국어의 4가지 성조 중 음높이의 변화가 거의 나타나지 않는 수평조(level tone)인 1성을 선택하여 중국어 단모음을 연구하였다. 그러나 모음 [ɚ]처럼 1성에 해당하는 중국어 음절이 없는 경우 중국인 피실험자들이 이 모음을 1성으로 제대로 발음하지 못할 뿐만 아니라 발음을 하더라도 [ɚ]의 2성, 3성, 4성의 분절음 음가와는 상당한 차이를 보여서 모음 [ɚ]의 경우는 4성으로 녹음하였다. 모음 [ɚ]에 대한 실험을 4성으로 결정한 이유는 "二"이라는 실제 어휘를 사용함으로써 피실험자들의 발음상의 어려움을 줄일 수 있고, 2성이나 3성과 같은 다른 굴곡조(contour tone)의 모음보다 포먼트 측정이 용이하여 측정하는 과정에서 오류가 발생할 가능성이 낮기 때문이다. 또 다른 모음에서도 2성과 3성을 실험 자료로 채택하지 않았기 때문에 [ɚ]의 2성, 3성, 4성의 차이는 연구에서 제외하였다.

(2) 모음 [ɑ], [ɤ], [ɚ], [o], [u], [i], [ɿ], [ʅ], [y]에 대한 분석

다음은 중국어 단모음 [ɑ], [ɤ], [ɚ], [o], [u], [i], [ɿ], [ʅ], [y]에 대한 중국인 남성과 여성 피실험자의 발음을 대조 분석한 것이다. <표 7>은 중국인 남성 피실험자(CM) 3인과 중국인 여성 피실험자(CF) 3인의 f1과 f2의 기술통계량에 대한 도표이다.

〈표 7〉 중국어 단모음에 대한 CM, CF의 f1, f2 기술통계량 (단위 : Hz)

모음	피실험자	평균		표준편차	
		f1	f2	f1	f2
[ɑ]	CM	888.84	1288.61	46.31	1.97
	CF	1062.05	1558.44	95.02	100.31
[ɤ]	CM	534.02	1175.37	151.72	79.15
	CF	636.74	1277.74	91.04	39.91
[ɚ]	CM	772.28	1230.09	88.48	43.44
	CF	928.06	1394.29	23.41	102.55

[o]	CM	527.97	822.59	46.89	57.93
	CF	576.41	1005.25	61.43	96.81
[u]	CM	411.50	738.08	46.91	29.15
	CF	443.08	760.39	25.66	88.61
[i]	CM	301.62	2420.57	14.90	252.31
	CF	404.65	2930.47	69.60	99.46
[ɿ]	CM	422.57	1353.77	54.76	134.76
	CF	425.72	1674.54	97.31	132.92
[ʅ]	CM	422.66	1523.33	74.52	58.52
	CF	513.85	1986.80	26.87	139.81
[y]	CM	320.52	1916.21	25.57	88.56
	CF	388.83	2288.65	57.51	100.02

<표 7>에는 CM과 CF의 f1이 301.62Hz에서 1062.05Hz, f2가 738.08Hz에서 2930.47Hz까지 분포되어 있다. CM과 CF를 비교하면 f1의 평균은 14.90Hz에서 173.21Hz까지, f2의 평균은 22.31Hz에서 509.90Hz까지 차이를 보인다. 표준편차는 CM의 모음 [i]의 f2가 252.31Hz로 가장 큰 편차를 보이는데, 이것은 CM이 모음 [i]를 조음할 때 다른 모음에 비해 상대적으로 혀의 최고점 형성 위치의 변화가 잦거나 피실험자별 차이에서 생겨나는 것으로 보인다. 또, 모음 [i]의 f2를 제외하면 표준편차가 크지 않은데 이 결과를 통해 CM과 CF가 중국어 단모음을 조음할 때 혀의 높낮이나 혀의 전후위치의 변화가 적고 안정적으로 발음하고 있다고 판단할 수 있다.

다음의 <표 8>은 중국어 단모음에 대한 CM의 f1 평균값이고, <그림 4>는 <표 8>을 근거로 f1이 나타내는 각 모음의 혀의 최고점의 높낮이를 그림으로 나타낸 것이다. CM의 상대적인 혀의 최고점 높이를 낮은 순서에서 높은 순서로 나열하면 [ɑ]−[ə]−[ɤ]−[o]−[ʅ]−[ɿ]

－[u]－[y]－[i]가 되는데 f1의 주파수 값과 혀의 위치는 반비례관계이다. 모음 중 [ɤ]와 [o], [y]와 [i], [ʅ]와 [ɿ]와 [u]는 혀의 높이에서 차이가 거의 없어서 일직선으로 나타났다.

〈표 8〉 CM의 f1 순서 (단위 : Hz)

CM-f1	[ɑ]	[ɚ]	[ɤ]	[o]	[ʅ]	[ɿ]	[u]	[y]	[i]
평균 (표준편차)	888.84 (46.31)	772.28 (88.48)	534.02 (151.72)	527.97 (46.89)	422.66 (74.52)	422.57 (54.76)	411.50 (46.91)	320.52 (25.57)	301.62 (14.90)

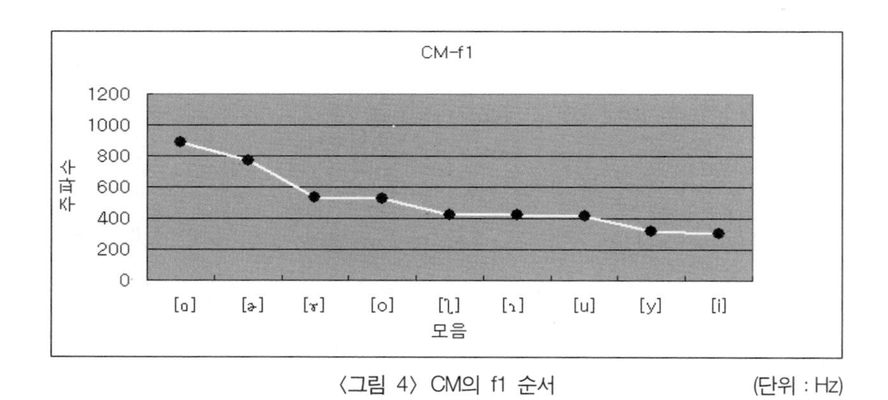

〈그림 4〉 CM의 f1 순서 (단위 : Hz)

<표 9>는 중국어 단모음에 대한 CM의 f2 평균값이고, <그림 5>는 각 모음의 혀의 최고점 형성 위치를 앞에서 뒤의 순서로 나타낸 것이다. CM의 혀의 전후 위치를 앞에서 뒤의 순으로 나열하면 [i]－[y]－[ʅ]－[ɿ]－[ɑ]－[ɚ]－[ɤ]－[o]－[u]가 되는데, f2의 값이 커질수록 혀의 최고점이 앞쪽에 형성되고 작아질수록 최고점이 뒤쪽에 형성된다. 그러나 이 순서는 f1과 마찬가지로 상대적인 것이며 실제로 모음 [ʅ]와 [ɿ]는 혀의 전후 위치가 거의 비슷한 것으로 나타났다.

〈표 9〉 CM의 f2 순서 (단위 : Hz)

CM-f2	[i]	[y]	[ʅ]	[ɿ]	[ɑ]	[ɚ]	[ɤ]	[o]	[u]
평균	2420.57	1916.21	1523.33	1353.77	1288.61	1230.09	1175.37	822.59	738.08
(표준편차)	(252.31)	(88.56)	(58.52)	(134.76)	(1.97)	(43.44)	(79.15)	(57.93)	(29.15)

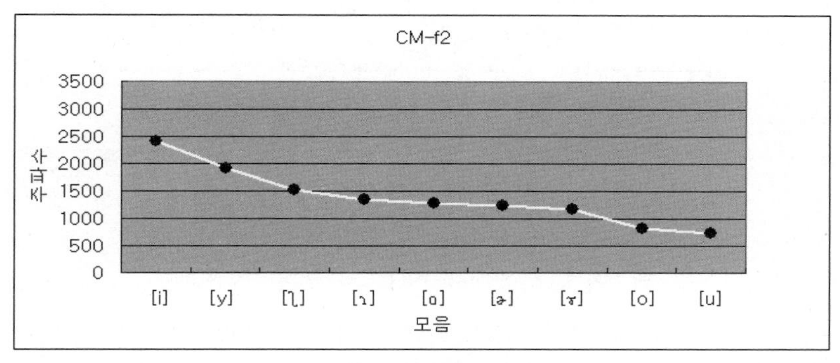

〈그림 5〉 CM의 f2 순서 (단위 : Hz)

<표 10>은 중국어 단모음에 대한 CF의 f1 평균값이고, <그림 6>은 <표 10>에 근거하여 혀의 최고점의 높낮이를 그림으로 나타낸 것이다.

CF의 혀의 높이를 낮은 것에서 높은 순서로 나열하면 [ɑ]−[ɚ]−[ɤ]−[o]−[ʅ]−[u]−[ɿ]−[i]−[y]가 된다. 하지만 이것은 다만 혀의 상대적인 높이이며 실제로 모음 [ʅ], [u], [ɿ], [i], [y]의 혀의 높이는 차이가 크지 않다.

〈표 10〉 CF의 f1 순서 (단위 : Hz)

CF-f1	[ɑ]	[ɚ]	[ɤ]	[o]	[ʅ]	[u]	[ɿ]	[i]	[y]
평균	1062.05	928.06	636.74	576.41	513.85	443.08	425.72	404.65	388.83
(표준편차)	(95.02)	(23.41)	(91.04)	(61.43)	(26.87)	(25.66)	(97.31)	(69.60)	(57.51)

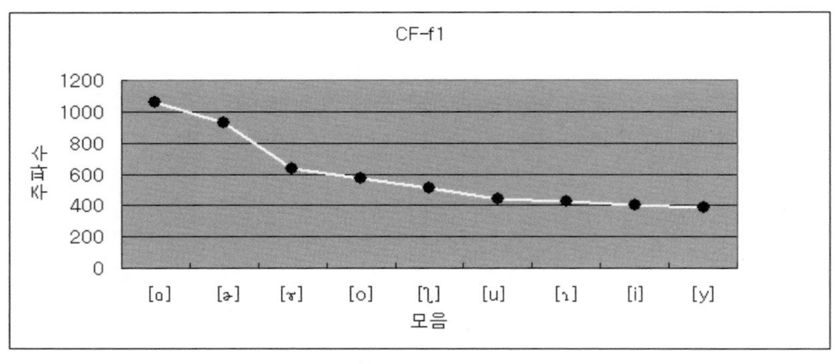

〈그림 6〉 CF의 f1 순서 (단위 : Hz)

<표 11>은 중국어 단모음에 대한 CF의 f2 평균값이고, <그림 7>은 <표 11>을 근거로 혀의 최고점의 높낮이를 그림으로 나타낸 것이다.

CF가 발음한 모음의 혀의 최고점 형성 위치를 앞에서 뒤로 나열하면 [i]-[y]-[ʅ]-[ɿ]-[ɑ]-[ɚ]-[ɤ]-[o]-[u]가 된다. f1에서는 CM과 CF에서 약간의 차이가 확인되지만, f2에서는 CM과 CF가 동일한 결과를 보인다. 혀의 최고점이 앞에 위치하는 모음은 [i]이고, 가장 뒤에 위치하는 모음은 [u]이며, 가운데 위치하는 모음은 [ɑ]로 음운론적인 관점에서 각각 전설모음, 후설모음, 중설 모음을 대표한다.

〈표 11〉 CF의 f2 순서 (단위 : Hz)

CF-f2	[i]	[y]	[ʅ]	[ɿ]	[ɑ]	[ɚ]	[ɤ]	[o]	[u]
평균 (표준편차)	2930.47 (99.46)	2288.65 (100.02)	1986.80 (139.81)	1674.54 (132.92)	1558.44 (100.32)	1394.29 (102.55)	1277.74 (39.91)	1005.25 (96.81)	760.39 (88.61)

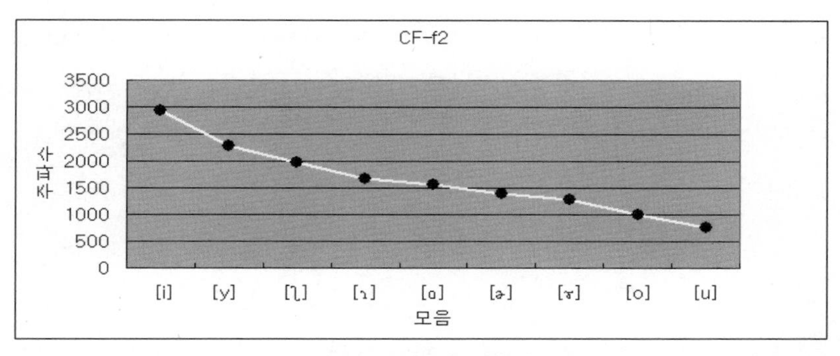

〈그림 7〉 CF의 f2 순서 (단위 : Hz)

이상의 결과를 기준으로 CM과 CF를 비교해보자. 우선 f1을 살펴보면 CF의 모음 [ɑ]가 CM보다 약 200Hz 낮아 CM의 [ɑ]는 CF의 [ɚ]과 거의 같은 주파수대를 차지하고 있다. 李思敬(1986)에 의하면, 모음 [ɚ]이 단독으로 실현될 경우 앞부분의 일반적인 모음과 뒷부분의 [ʅ]와 유사한 모음이 연결된 이중모음이다. 즉 [ɚ]을 발음할 때, 처음에는 혀의 위치가 비교적 낮다가 혀를 말아 올리면서 혀의 위치가 약간 상승하는데 그 과정에서 자연스럽게 음가의 변화가 생긴다고 주장한다. 林燾・王理嘉(1992)은 이러한 변화가 2성이나 3성보다 4성에서 비교적 두드러진다고 주장한다. CM은 [ʅ]과 [ɿ]의 혀의 높이가 거의 비슷한데 CF는 모음 [ɿ]가 모음 [ʅ]와 약 100Hz 정도 차이가 난다. 모음 [i]의 혀의 최고점 높이는 CM이 CF보다 약 100Hz정도 높았다. 다음은 f2를 살펴보자. 전체 f2가 차지하는 주파수대는 CM이 약 750Hz에서 2400Hz까지이고 CF가 약 770Hz에서 3000Hz까지이다. 이를 통해 혀의 최고점은 CF가 CM보다 더 앞쪽에 형성되고 최고점의 전후 이동 공간도 더 넓은 것으로 분석할 수 있다.

개별 모음을 살펴보자. CF 모음 [o]의 f2는 약 1050Hz이고, CM의 모음 [o]의 f2는 850Hz로 약 200Hz정도 차이가 난다. 이것은 후설모음인 [o]를 발음할 때 CF가 CM보다 200Hz정도 앞에서 조음한다는 것을 알 수 있다. 모음 [o]뿐만 아니라, [ɑ], [ɤ], [ə], [ɿ] 등의 모음도 유사한 결과를 보이는데, 모음 [ʅ]의 경우는 약 400Hz, 모음 [y]는 600Hz정도 CF가 CM보다 더 앞쪽에서 조음하고 있다. 모음 [ʅ]와 [ɿ]의 경우 일반적으로 최고점은 모음 [ɿ]가 모음 [ʅ]보다 더 앞쪽에 위치하는 것으로 생각할 수 있지만, 포먼트 도표에서는 모음 [ʅ]가 [ɿ]모음보다 더 앞에 위치하는 것을 볼 수 있다. 모음 [ɿ]와 모음 [ʅ]의 조음 위치 차이는 두 모음의 좁힘점 차이로 인해 발생하는데, 이러한 관점은 吳宗濟・林茂燦(1989), 吳宗濟(1992), 林焘・王理嘉(1992)에서도 확인할 수 있다. 吳宗濟・林茂燦(1989)에 의하면, [ʅ]와 [ɿ]는 모두 설첨모음으로 스펙트로그램에서 f1, f2, f3, f4가 비교적 명확하게 드러나 포먼트 추출이 용이하다. 이 두 모음의 f1은 약 400Hz로 비슷하거나, [ɿ]의 f1이 [ʅ]보다 약간 낮게 나타나지만, [ʅ]의 f2는 [ɿ]보다 300~400Hz정도 높게 나타나서 비교적 큰 차이를 보이는데 이러한 차이는 바로 혀의 뒷부분의 좁힘점 위치 때문이라고 설명한다. 林焘・王理嘉(1992)에 의하면, [ɿ]와 [ʅ]는 조음할 때 혀의 가운데 부분이 말안장과 같은 형태가 되는데 이 때 두 개의 좁힘점이 생기게 되고 그 첫 번째 좁힘점은 혀의 앞부분에, 두 번째 좁힘점은 혀의 뒷부분에서 형성된다. 그 두 좁힘점 중 [ɿ]의 첫 번째 좁힘점은 [ʅ]보다 앞쪽에서 형성되지만 두 번째 좁힘점은 [ʅ]이 더 뒤에서 형성되므로 결과적으로 포먼트 도표에서는 [ʅ]이 [ɿ]보다 앞쪽에 위치한다고 주장한다.

<그림 8>부터 <그림 13>까지는 각각 중국인 남성 피실험자 3인(01, 02, 03)과 중국인 여성 피실험자 3인(01, 02, 03)의 중국어 단모음 포먼트 도표이다.

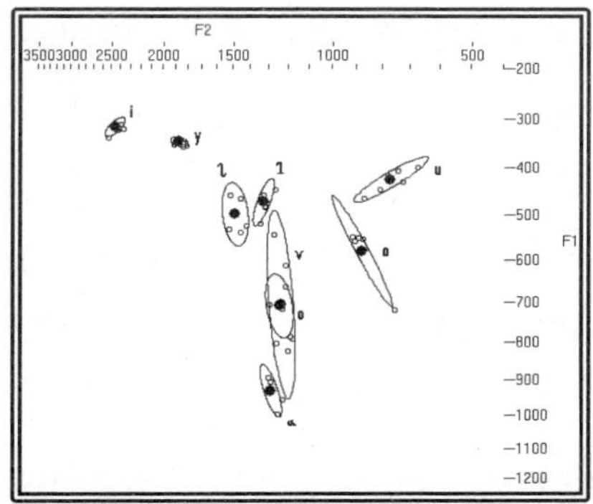

〈그림 8〉 중국인 남성(CM)01

〈그림 9〉 중국인 남성(CM)02

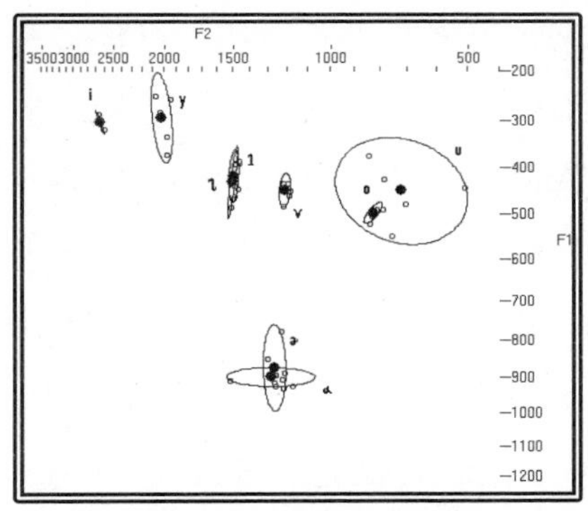

〈그림 10〉 중국인 남성(CM)03

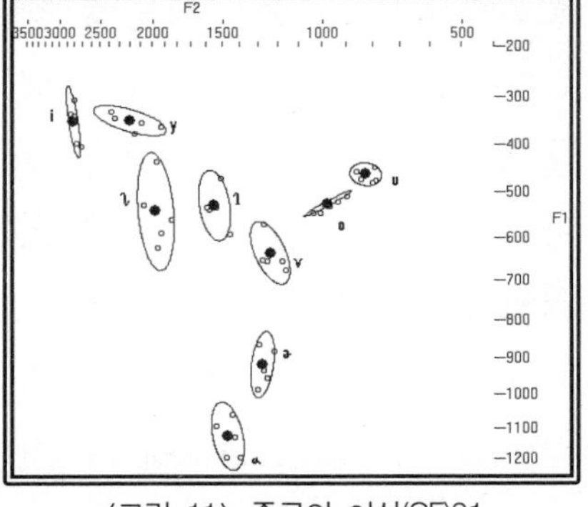

〈그림 11〉 중국인 여성(CF)01

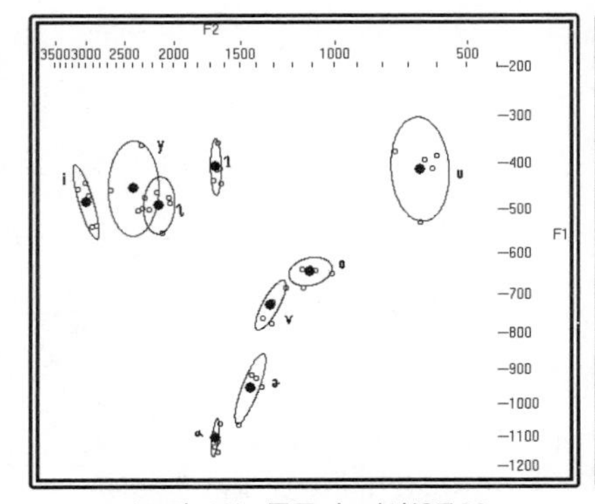

〈그림 12〉 중국인 여성(CF)02

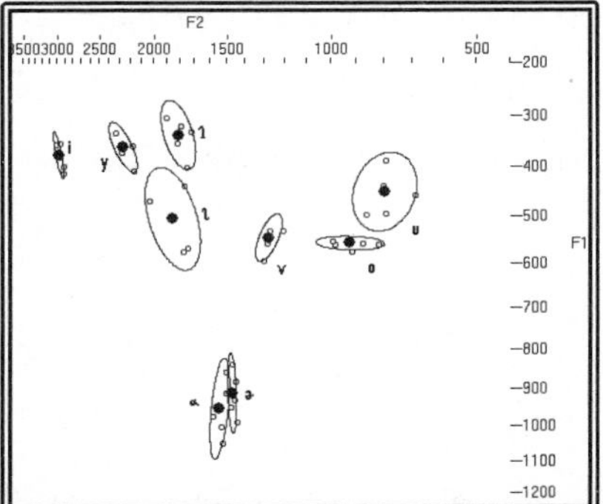

〈그림 13〉 중국인 여성(CF)03

<그림 14>는 중국인 남성 피실험자 3인의 f1과 f2를 이용하여 만든 포먼트 도표이다. 앞에서 논의한 것처럼 단모음 [ɑ], [ɤ], [ɚ], [o], [u], [i], [ɿ], [ʅ], [y] 중 모음 [ɑ], [ɤ], [o], [u], [i], [y]만을 표기하는 것이 일반적인 방법이다. 모음 [ʅ], [ɿ], [ɚ] 등은 f1과 f2 외에 그 권설 정도, 좁힘점의 위치, 공명강[17]의 형태 등 다른 요인들도 고려해야하므로 <그림 14>의 포먼트 도표에서는 f1과 f2의 포먼트 값만을 고려해서 표시하기로 한다. Duanmu San(2000), 허성도・박종한・오문의(1995), 劉广徽・石佩雯(1988), 宋欣橋(2004), 王洪君(1999) 등과 같이 음운론적인 관점에서 단모음을 기술할 경우에는 모음사각도에서 일반적으로 [ʅ], [ɿ], [ɚ]와 같은 특수모음들은 표시하지 않는다. 그러나 음성학적인 관점에서 단모음을 기술할 경우에는 吳宗濟(1986,1992), 朱川(1986), 吳宗濟・林茂燦(1989), 王理嘉(1991) 등과 같이 [ʅ], [ɿ], [ɚ] 모음을 단모음에 포함시켜 포먼트 도표에 위치를 표시하기도 하고, 曹文(2000), 宋欣橋(2004) 등과 같이 위치를 표시하지 않기도 한다. 吳宗濟(1986), 郭錦桴(1993) 등은 [ʅ], [ɿ], [ɚ]에 대해 f1과 f2만으로 포먼트 도표에 위치를 표시해주고 있다. 결론적으로 모음 [ʅ], [ɿ], [ɚ]의 경우는 포먼트를 제외한 다른 요인들이 모음에 비교적 큰 영향을 줄 수 있어 포먼트 수치가 이 모음의 모든 것을 대표한다고 볼 수는 없지만 그 상대적인 위치는 확인할 수 있을 것이다. 이 글에서도 [ʅ], [ɿ], [ɚ]의 f1과 f2값

17) 공명강(resonating cavity) : 유성음의 경우, 성대는 초당 80회에서 500회 정도 진동하는데 그 자체만으로는 특정한 소리가 만들어지지 않는다. 소리는 조음기관의 움직임과 공명강의 역학관계에 의하여 만들어지게 된다. 성도를 지나면서 입술, 혀, 구개, 인두 등 여러 조음기관의 작용에 의하여 서로 다른 소리들이 만들어지게 된다. 이중 성도에 있는 인두강, 구강, 비강 등을 공명강이라고 한다(고도흥, 2004 : 151).

만을 이용하여 포먼트 도표를 작성하기로 한다.

<그림 14>에 의하면 X축의 f2는 주파수 500Hz에서 3500Hz까지, Y축의 f1은 주파수 200Hz에서 1200Hz까지 분포되어 있다. 포먼트 도표를 통해 CM의 각 모음의 높이와 전후 위치의 차이를 통계처리하여 도식화하였다.

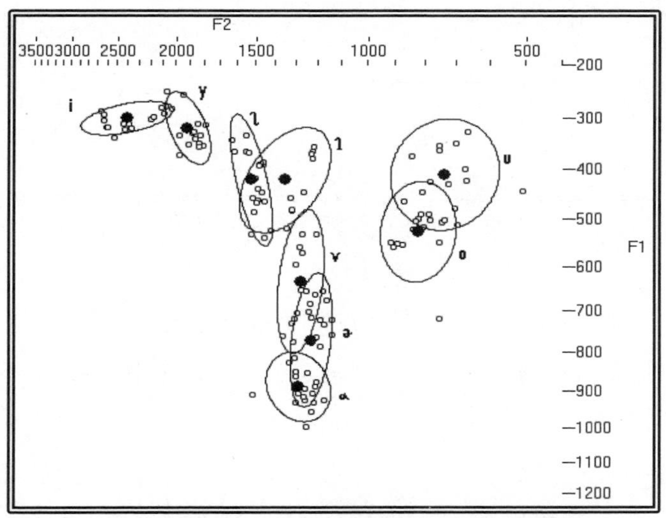

〈그림 14〉 중국어 단모음에 대한 CM의 포먼트 도표

<그림 15>도 동일한 방법을 이용하여 만든 중국인 여성 피실험자 3인의 f1과 f2를 이용하여 만든 포먼트 도표이다. X축의 f2는 주파수 500Hz에서 3500Hz까지, Y축의 f1은 주파수 200Hz에서 1200Hz까지 분포되어 있다. 포먼트 도표를 통해 CM의 각 모음의 높이와 전후 위치의 차이를 통계 처리하여 도식화한 것이다.

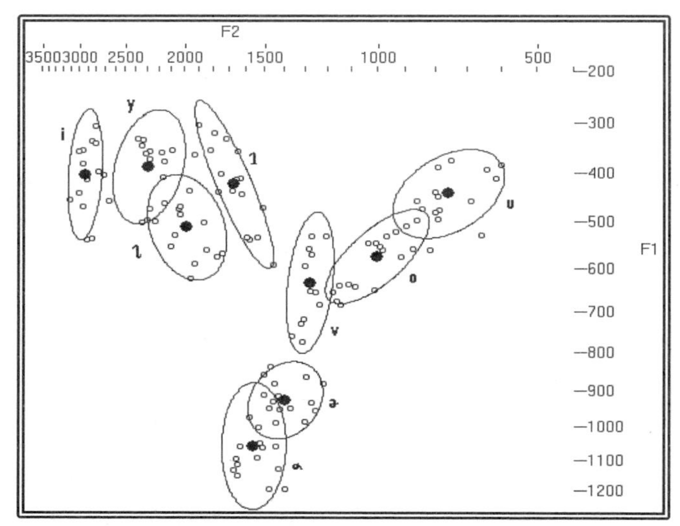

〈그림 15〉 중국어 단모음에 대한 CF의 포먼트 도표

<그림 14>와 <그림 15>를 비교해보면 전체적인 포먼트 분포면적은 CF가 조금 더 넓지만, 도표 상의 각 모음의 위치는 거의 비슷하게 나타나고 있다. 그 중 모음 [ɤ]와 [o]는 그 음가에 대한 학자들의 견해가 다양하지만 <그림 14>와 <그림 15>는 [ɑ], [ɤ], [ɚ], [o], [i], [ɿ], [ʅ], [u], [y] 등의 모음 9개를 모두 단모음으로 간주하고 있기 때문에 각 모음의 포먼트가 일직선상에 분포하는 것으로 가정하여 포먼트의 중간지점인 여섯 번째 포먼트(P6) 수치만을 추출하여 작성한 것이므로 [ɤ]와 [o]의 음가 변화 여부를 판단할 수 없었다. 만약 11개의 포먼트 중 전체 혹은 일부의 값을 살펴보고 값의 변화가 확인된다면 이중모음 여부를 판단할 수 있는 근거로 삼을 수 있을 것이다. 그래서 포먼트를 11개로 나누고 그 중 안정적인 구간으로 판단되어지는 세 번째 점(P3)과 전이구간으로 판단되는 여섯 번째 점(P6) 그리고 안정적인 구

간으로 판단되는 아홉 번째 점(P9)의 포먼트를 추출하여 포먼트 도표를 작성하였다.

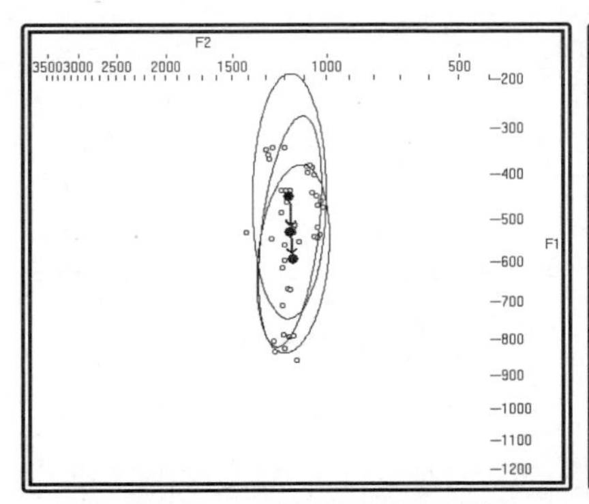

〈그림 16〉 CM의 모음 [ɤ]의 포먼트 P3, P6, P9의 변화 추이

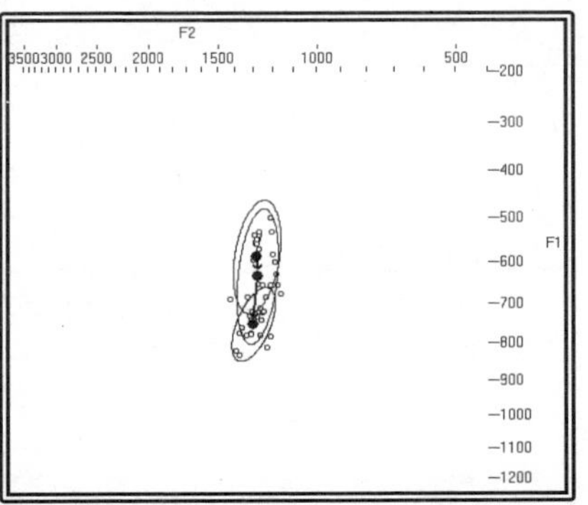

〈그림 17〉 CF의 모음 [ɤ]의 포먼트 P3, P6, P9의 변화 추이

<그림 16>과 <그림 17>은 CM과 CF의 모음 [ɤ]와 [o]에 대한 포먼트 포인트 11개 중 P3, P6, P9를 추출하여 작성한 포먼트 도표이다. 먼저 모음 [ɤ]를 살펴보자. 위의 <그림 16>과 <그림 17>을 보면 CM과 CF 모두 모음 [ɤ]가 f1값에서 시간에 따른 변화를 나타내고 있음을 알 수 있다. CM의 경우, 신뢰타원은 200Hz보다 낮은 곳에서 형성되어 800Hz에까지 걸쳐 나타나며, f1값이 점점 높아지는 것을 볼 수 있다. CF에서도 CM보다 그 신뢰타원은 작지만 동일한 양상의 포먼트 변화가 확인된다. 즉, 중국인 피실험자는 모음 [ɤ]를 단모음이 아닌 [ɯ]에서 [ɤ]로 변화하는 이중모음으로 발음하고 있다는 것이다.

다음으로 모음 [o]의 포먼트 도표를 살펴보자.

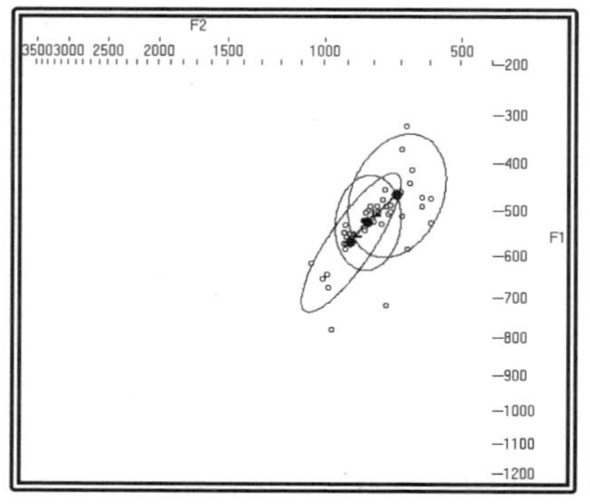

〈그림 18〉 CM의 모음 [o]의 포먼트 P3, P6, P9의 변화 추이

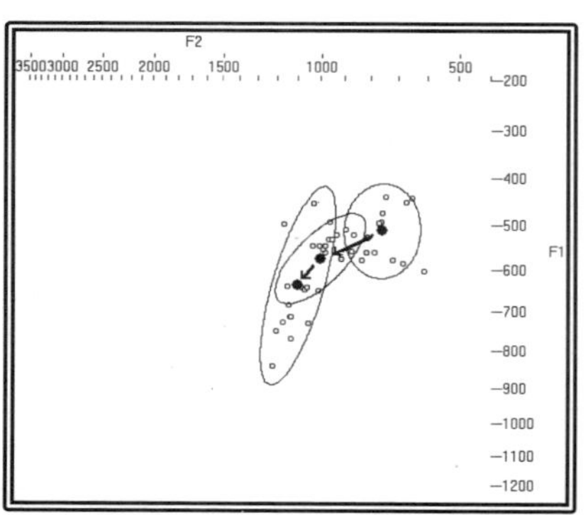

〈그림 19〉 CF의 모음 [o]의 포먼트 P3, P6, P9의 변화 추이

<그림 18>과 <그림 19>에서 중국인 피실험자의 모음 [o]도 시간에 따라 f1과 f2의 값이 변화가 있음을 확인할 수 있다. 모음 [o]도 [ɤ]와 마찬가지로 중국인 남녀를 불문하고 화살표 방향으로 f1과 f2값이 함께 높아지고 있다. 포먼트 도표에서의 위치를 보면 후설 고모음인 [u]에서 후설 중고모음인 [o]로 변화되었다가 중앙모음 [ə]로 향하고 있다.

이러한 분석은 지금까지의 중국 음성학자들이 [ɤ]와 [o]를 단모음이라고 주장하는 것과는 매우 다른 결과이다. 吳宗濟・林茂燦(1989)에 의하면 [ɤ]와 [o]('哥'와 '波'의 모음)는 스펙트로그램을 통해보면 일정한 변화를 관찰할 수 있다. 즉 모음 [ɤ]는 시간에 따라 f1의 주파수가 점점 높아지는데 이것은 개구도가 작았다가 점점 커진다는 것을 의미하며, 모음 [o]는 f1과 f2의 주파수가 모두 시간에 따라 높아지는데 이것은 개구도는 점점 커지며, 원순도는 점점 낮아진다는 것을 의미한다. 그러나 그는 이러한 관찰에도 불과하고 이 두 모음을 이중모음이 아

니라 단모음으로 규정한다. 본 분석 결과에 따르면 음성적인 관점에서 스펙트로그램의 변화를 감안할 때 이 두 모음을 단모음이라고 규정하는 것은 타당하지 않다. 이런 점에서 한국인의 중국어 단모음에 대한 이후의 음향실험에 주의를 기울일 필요가 있다.

2) 한국인에 대한 분석

여기에서는 학습 기간이 1년 미만인 한국인 피실험자와 학습 기간이 5년 이상인 한국인 피실험자의 중국어 단모음 발음에 대해 대조분석을 진행하였다.

(1) 중국어 학습 기간이 1년 미만인 한국인에 대한 분석

다음은 중국어 학습 기간이 1년 미만인 한국인 남, 여 피실험자의 중국어 단모음 발음에 대한 대조 분석이다. 중국어 학습 기간이 1년 미만이라고 규정되어 있으나 실제로 학습 기간이 6개월 미만인 피실험자는 한 명도 없었으며 모두 6개월 이상 중국어를 학습하였기 때문에 피실험자들이 한어병음이 병기된 중국어 단음절어를 읽는 것에 큰 부담을 느끼지 않았다. 이번 실험을 통해 학습 기간이 상대적으로 짧은 1년 미만 한국인 남, 여 피실험자들의 단모음은 중국인과 어떤 차이를 보이는지 통계적으로 살펴보았다.

다음의 <그림 20>, <그림 21>, <그림 22>, <그림 23>, <그림 24>, <그림 25>는 학습 기간이 1년 미만인 한국인 남성 3인과 여성 피실험자 3인 각각의 포먼트 도표이다.

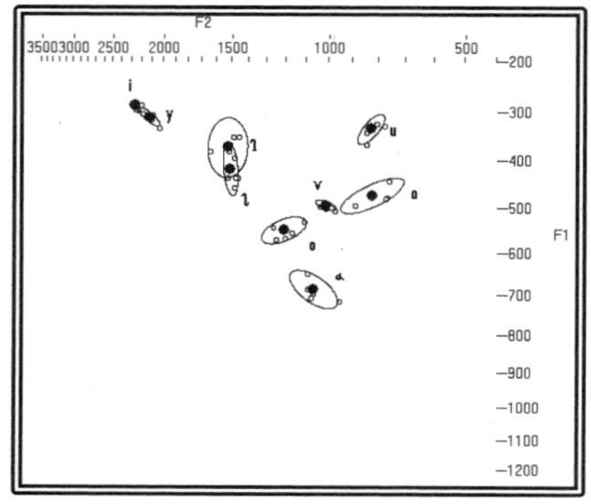

〈그림 20〉 한국인 남성(KM)11

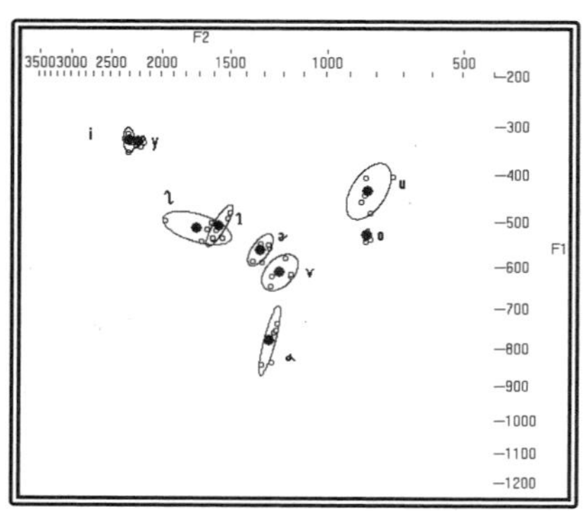

〈그림 21〉 한국인 남성(KM)12

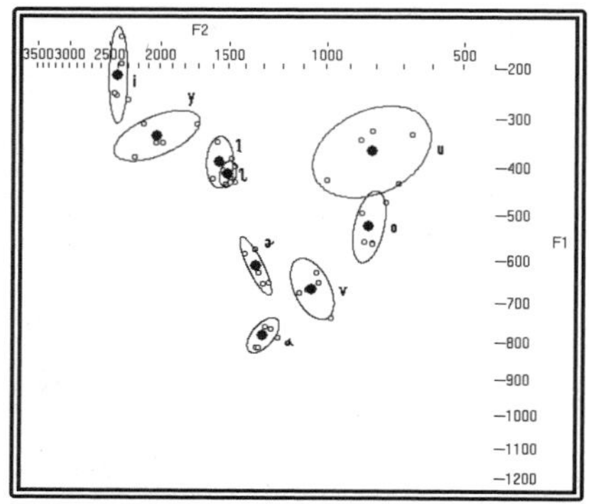

〈그림 22〉 한국인 남성(KM)13

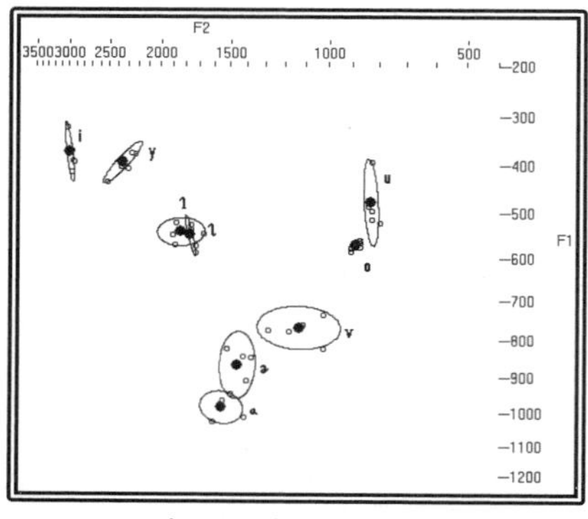

〈그림 23〉 한국인 여성(KF)11

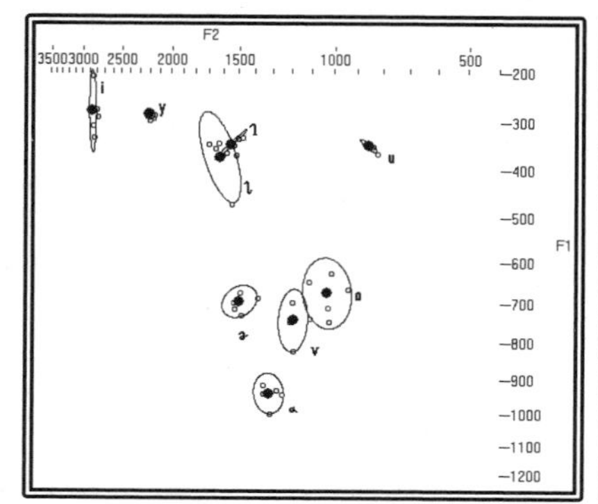

〈그림 24〉 한국인 여성(KF)12

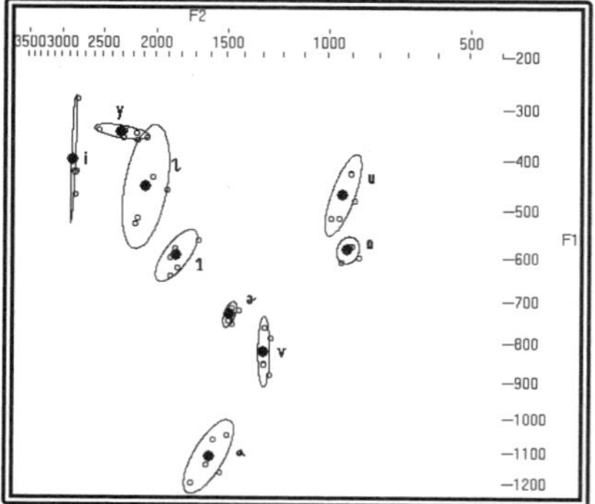

〈그림 25〉 한국인 여성(KF)13

<표 12>는 중국어 학습 기간이 1년 미만인 한국인 남, 여 피실험자 각 3인의 [ɑ], [ɤ], [ɚ], [o], [u], [i], [ɿ], [ʅ], [y]에 대한 f1과 f2의 기술통계량이다.

<표 12>에서 KM1과 KF1의 f1과 f2의 주파수는 약 280Hz에서 3000Hz 사이에 분포하였다. KM1과 KF1의 평균을 비교해보면, f1은 약 24.12Hz에서 263.45Hz까지, f2는 109.11Hz에서 576.98Hz까지로 서로 차이가 난다. 표준편차는 KF1의 모음 [ɿ]의 f2가 268.63Hz로 가장 크게 나타났는데 이것은 KF1이 모음 [ɿ]을 조음할 때 혀의 앞뒤 위치가 자주 바뀌거나 피실험자들 사이에 차이가 있다는 것을 의미한다. f1은 KF1의 모음 [ʅ]의 표준편차가 117.63Hz로 가장 큰데, 이것으로 KF1이 모음 [ʅ]을 조음할 때 혀의 최고점 높이의 변화가 크다는 것을 알 수 있다.

〈표 12〉 중국어 단모음에 대한 KM1, KF1의 f1, f2 기술통계량 (단위 : Hz)

모음	학습 기간	평균		표준편차	
		f1	f2	f1	f2
[ɑ]	KM1	750.03	1210.66	54.69	126.16
	KF1	1013.48	1492.17	92.19	152.73
[ɤ]	KM1	592.41	1096.93	88.56	115.10
	KF1	777.52	1206.04	40.69	79.70
[ɚ]	KM1	576.18	1290.03	34.64	70.26
	KF1	764.18	1475.93	90.63	20.60
[o]	KM1	509.61	828.29	30.83	7.40
	KF1	610.07	946.89	56.50	75.11
[u]	KM1	379.21	825.06	50.61	5.26
	KF1	431.88	974.86	72.86	138.88

[i]	KM1	277.60	2320.95	58.05	72.40
	KF1	350.45	2897.93	64.05	80.88
[ɿ]	KM1	426.17	1601.35	77.19	104.54
	KF1	450.29	1801.91	102.49	268.63
[ʅ]	KM1	446.93	1524.67	54.09	33.97
	KF1	504.27	1767.22	117.63	121.94
[y]	KM1	326.85	2121.42	13.53	83.85
	KF1	341.39	2290.85	55.33	76.99

<그림 26>은 KM1 피실험자 전체의 포먼트 도표이고, <그림 27>은 KF1 피실험자 전체의 포먼트 도표이다.

그림에서 나타나는 특징들을 살펴보면, 전반적으로 KM1의 모음 분포범위가 KF1보다 좁게 형성되는데 그 중 특히 모음 [ɑ]가 가장 큰 차이를 보인다. 또 중국인 여성과 남성 피실험자의 포먼트 도표에서는 모음 [ʅ]가 모음 [ɿ]의 앞쪽에 위치하고 있지만, KM1은 모음 [ɿ]가 모음 [ʅ]의 앞쪽에 위치하고 있어 상반된 결과를 보였고, KF1은 모음 [ɿ]와 모음 [ʅ]이 비슷한 위치를 보이고 있다. 모음 [u]의 경우, KM1과, KF1의 f2가 중국인 피실험자보다 모두 높았다.

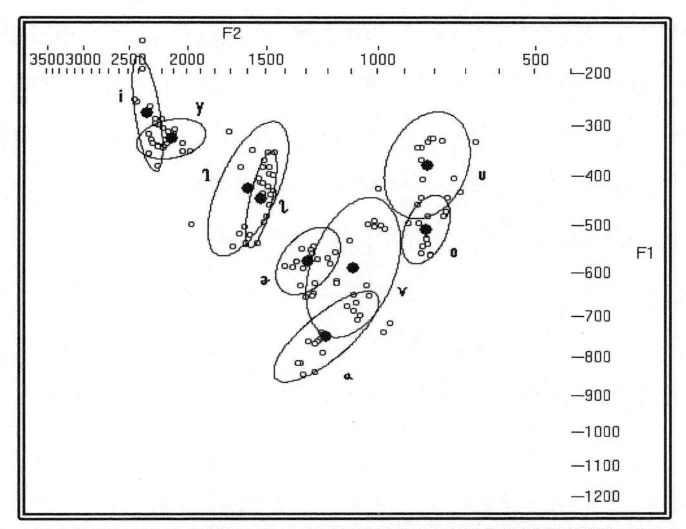

〈그림 26〉 학습 기간이 1년 미만인 한국인 남성(CM1)의 포먼트 도표

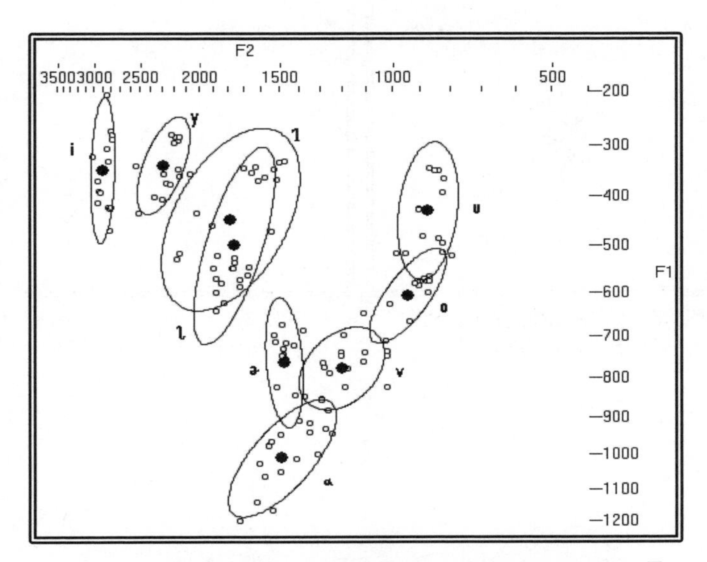

〈그림 27〉 학습 기간이 1년 미만인 한국인 여성(KF1)의 포먼트 도표

<그림 28>과 <그림 29>는 각각 KM1과 KF1의 모음 [ɤ]의 포먼트 P3, P6, P9의 변화 추이를 나타낸 포먼트 도표이다. CM과 CF의 포먼트 도표에서는 모음 [ɤ]의 포먼트 포인트가 시간의 변화에 따라 이동하여 모음의 음가가 변화하는 양상을 나타냈다.(<그림 16>와 <그림 17> 참고) 그러나, KM1은 전혀 변화가 없는 단모음의 양상을 보여주고 있고, KF1도 KM1보다는 포먼트의 변화가 감지되지만 그 변화의 폭은 중국인의 모음 [ɤ]에 비해 그다지 크지 않은데 이는 학습 기간이 비교적 짧은 한국인은 모음 [ɤ]를 단모음으로 발음하는 경향이 있음을 말해준다.

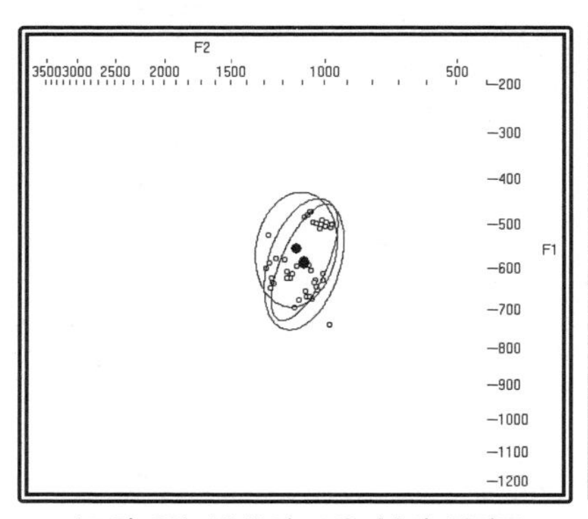

〈그림 28〉 KM1의 모음 [ɤ]의 포먼트 P3, P6, P9의 변화 추이

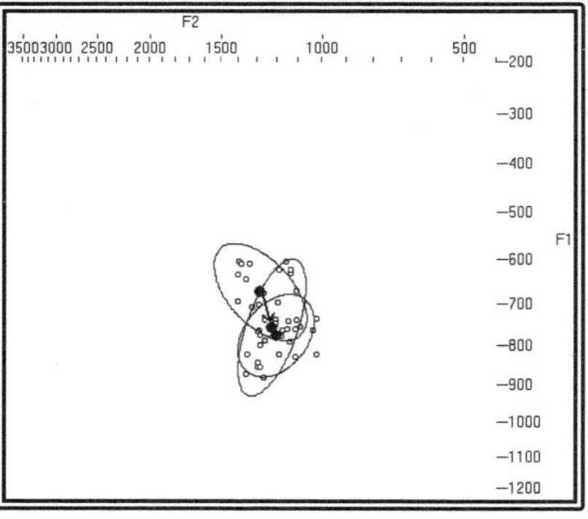

〈그림 29〉 KF1의 모음 [ɤ]의 포먼트 P3, P6, P9의 변화 추이

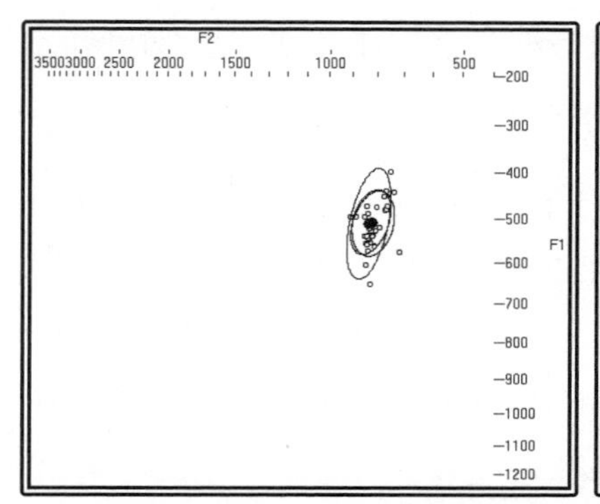

〈그림 30〉 KM1의 모음 [o]의 포먼트 P3, P6, P9의 변화 추이

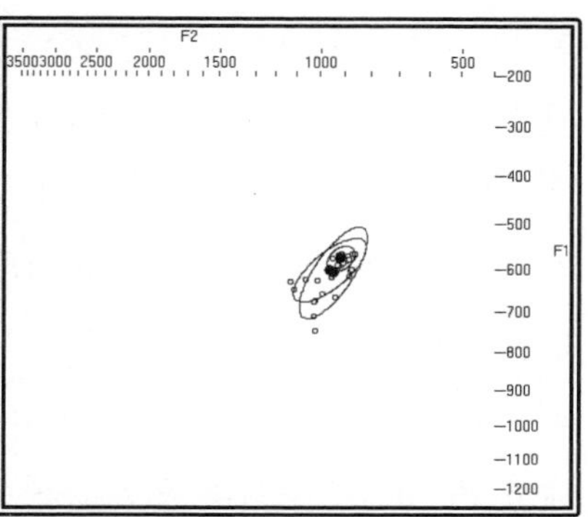

〈그림 31〉 KF1의 모음 [o]의 포먼트 P3, P6, P9의 변화 추이

<그림 30>과 <그림 31>은 각각 KM1과 KF1의 모음 [o]의 포먼트 P3, P6, P9의 변화 추이를 나타낸 포먼트 도표이다. CM과 CF는 모음 [o]의 음가 변화가 매우 뚜렷하게 관찰되었으나(<그림 18>과 <그림 19> 참고), KM1과 KF1은 음가 변화가 거의 나타나지 않는다. 이것은 학습 기간이 짧은 한국인은 모음 [o]를 단모음으로 발음하고 있음을 말해 주며 이것은 모음 [ɤ]와 비슷한 양상이다. 이 두 모음을 제외한 나머지 모음들에 대한 자세한 논의는 각 집단의 대조를 통한 분석에서 진행하겠다.

(2) 중국어 학습 기간이 5년 이상인 한국인에 대한 분석

여기에서는 중국어 학습 기간이 5년 이상인 한국인 남, 여 피실험자의 단모음에 대한 발음을 대조 분석하였다. 또한 학습 기간의 증가에 따라 한국인의 중국어 단모음에 대한 남녀 차이가 어떻게 나타나는지를 계량적으로 살펴보았다. 다음의 <그림 32>, <그림 33>, <그

림 34>, <그림 35>, <그림 36>, <그림 37>은 중국어 학습 기간이 5년 이상인 한국인 남성과 여성 피실험자 각각의 포먼트 도표이다.

<표 13>은 중국어 학습 기간이 5년 이상인 한국인 남, 여 피실험자 3인의 [ɑ], [ɤ], [ɚ], [o], [u], [i], [ɿ], [ʅ], [y]의 f1과 f2의 기술통계량을 나타낸다. <그림 38>은 <표 13>의 기술통계량을 그림으로 나타낸 것이다. <표 13>에서 KM5와 KF5의 f1과 f2의 주파수는 290Hz에서 2950Hz이며 f1의 평균값은 약 24.12Hz에서 263.45Hz까지, f2의 평균값은 109.11Hz에서 576.98Hz까지로 서로 차이가 났다. KF5는 모음 [ɚ]의 f2가 218.95Hz, 모음 [i]의 f2가 218.87Hz, 모음 [ɿ]의 f2가 297.11Hz인 것 이외에는 표준편차가 그다지 크지 않고 f1은 f2보다도 표준편차가 작아서 f1이 f2보다 안정적인 것으로 분석되었다. 즉 한국인 여성은 중국어 단모음을 조음할 때 혀의 높이를 혀의 전후설 위치보다 더 잘 파악하고 있는 것으로 볼 수 있다.

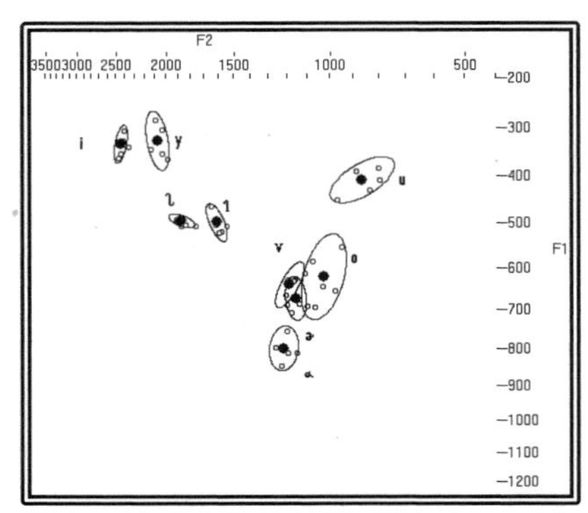

〈그림 32〉 한국인 남성(KM)51

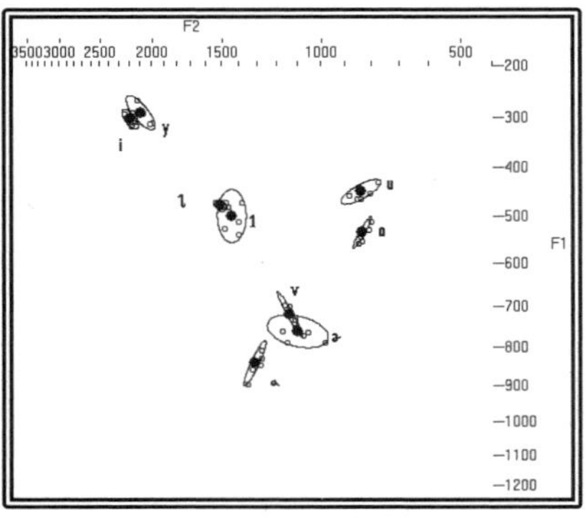

〈그림 33〉 한국인 남성(KM)52

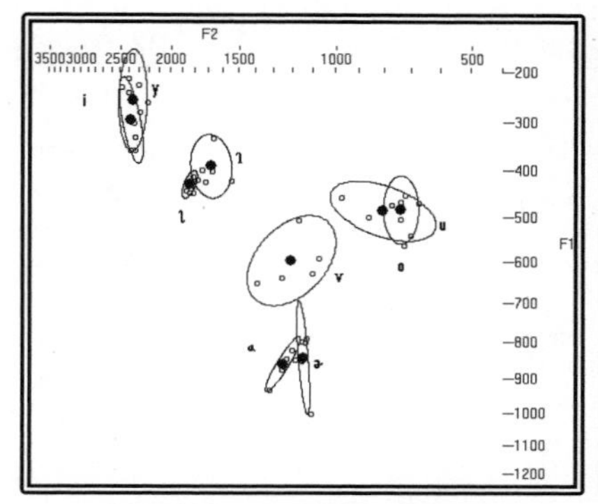

〈그림 34〉 한국인 남성(KM)53

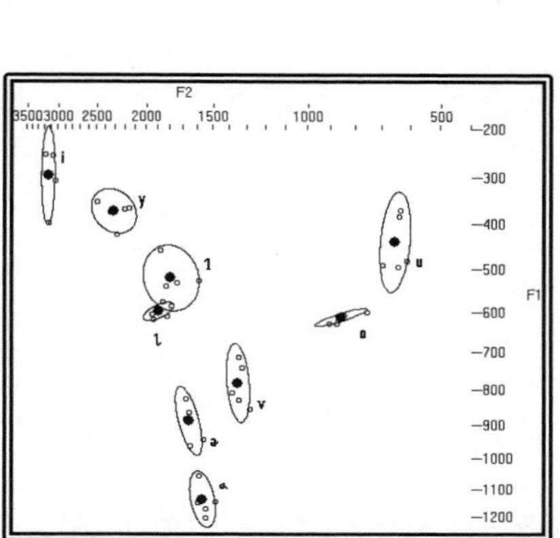

〈그림 35〉 한국인 여성(KF)51

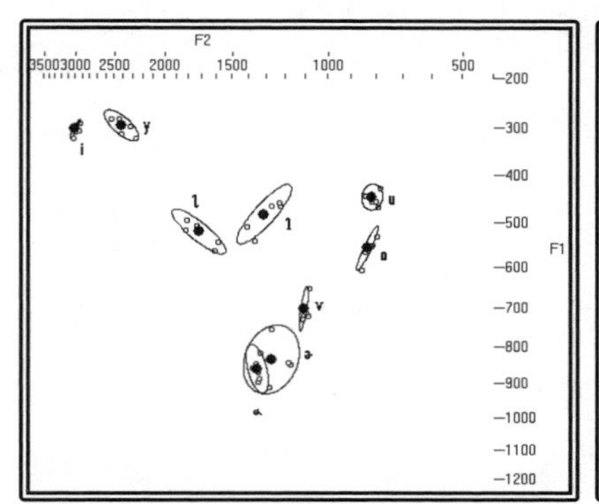

〈그림 36〉 한국인 여성(KF)52

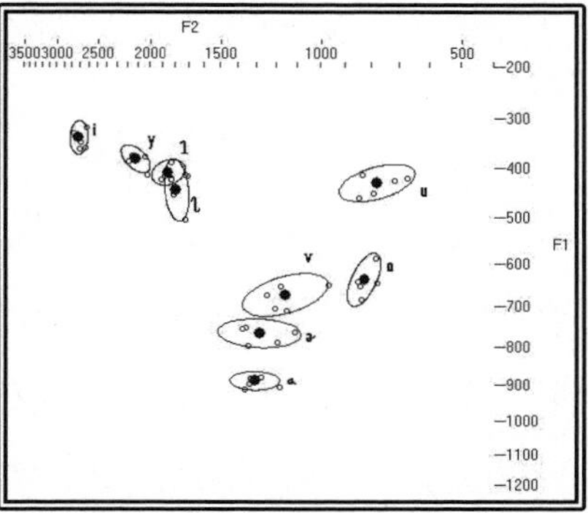

〈그림 37〉 한국인 여성(KF)53

〈표 13〉 중국어 단모음에 대한 KM5, KF5의 f1, f2 기술통계량 (단위 : Hz)

모음	피실험자	평균		표준편차	
		f1	f2	f1	f2
[ɑ]	KF5	961.80	1407.84	152.53	136.61
	KM5	833.24	1260.16	31.31	48.36
[ɤ]	KF5	719.57	1206.04	57.07	125.40
	KM5	684.34	1168.23	31.68	39.31

[ɚ]	KF5	829.71	1407.09	61.66	218.95
	KM5	781.88	1146.40	122.37	41.46
[o]	KF5	602.93	840.51	41.30	15.75
	KM5	547.39	866.63	69.97	147.95
[u]	KF5	438.51	750.13	8.10	86.21
	KM5	448.44	838.26	39.40	29.29
[i]	KF5	313.47	2951.75	22.40	218.87
	KM5	311.97	2336.13	19.94	131.40
[ɿ]	KF5	471.08	1652.73	52.17	297.11
	KM5	455.13	1687.21	55.31	180.05
[ʅ]	KF5	521.49	1802.75	77.90	83.90
	KM5	476.60	1630.17	40.13	199.46
[y]	KF5	350.21	2284.75	46.66	149.08
	KM5	292.05	2177.16	35.16	159.67

<그림 38>은 KM5의 포먼트 도표인데 이를 근거로 KM5의 중국어 단모음에 대해 살펴보자. 전설고모음 [i]는 [y]보다 최고점이 앞쪽에 위치하고 있고 모음 [ɿ]와 [ʅ]는 f1과 f2가 모두 비슷하게 분포하고 있다. 또 모음 [o]는 변화의 폭이 상대적으로 크게 나타났고, 모음 [ɚ]도 모음 [ɑ]에 근접할 정도로 혀의 위치가 낮아지는 모습을 볼 수 있다.

<그림 39>는 KF5의 포먼트 도표인데 이를 근거로 KF5의 중국어 단모음에 대해 살펴보자. 전체적으로 KF5가 KM5보다 f1과 f2 모두 넓은 주파수대에 분포하고 각 모음의 위치도 중국인 피실험자와 비슷하다. 또 CM이나 CF와 마찬가지로 모음 [ʅ]의 f2가 모음 [ɿ]보다 더 높게 나타났다. 그밖에 CM의 경우 모음 [o]와 [ɚ]의 신뢰타원의 면적이 넓은 것으로 보아 두 모음 조음에 변화가 크다는 것을 알 수 있다.

CF의 경우 모음 [ɿ], [ɑ], [ɚ]의 신뢰타원의 면적이 넓은 것으로 보

아 조음에 변화가 크다는 것을 알 수 있다.

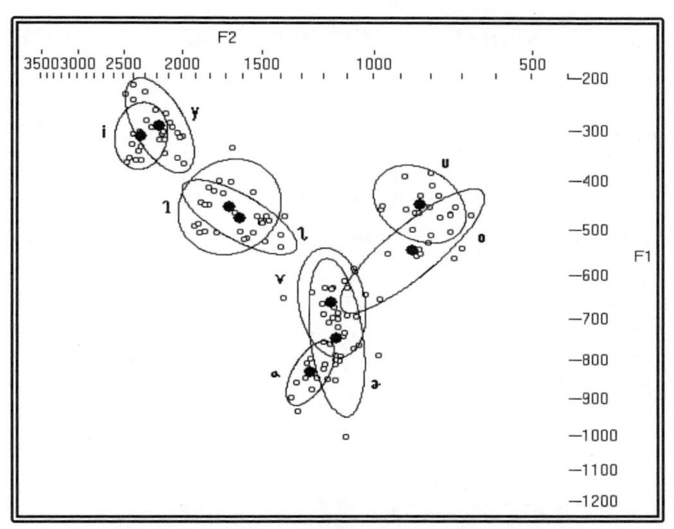

〈그림 38〉 학습 기간이 5년 이상인 한국인 남성(KM5)의 포먼트 도표

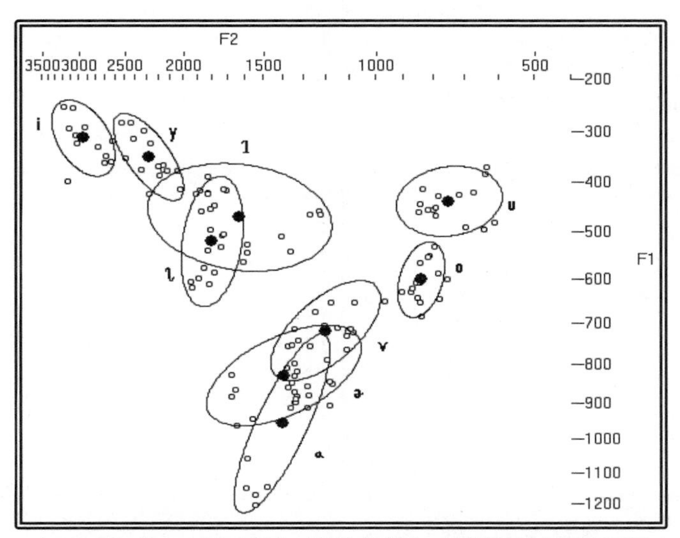

〈그림 39〉 학습 기간이 5년 이상인 한국인 여성(KF5)의 포먼트 도표

<그림 40>과 <그림 41>은 KM5와 KF5의 모음 [ɤ]의 포먼트 P3, P6, P9의 변화추이를 보여준다. KM5는 P3에서 P6과 P9를 거치면서 크지는 않지만 약간의 포먼트 변화를 보이는데, 이것은 KM5가 모음 [ɤ]의 음가 변동을 파악하고 발음에 반영하려는 노력으로 해석할 수 있다. KF5도 KM5와 같은 변화를 관찰할 수 있고 KM1이나 KF1과 비교하면 KM5와 KF5의 변화의 폭이 좀 더 큰데 이것은 학습 기간이 늘어날수록 한국인의 모음 [ɤ] 발음이 좋아지는 것을 의미한다.

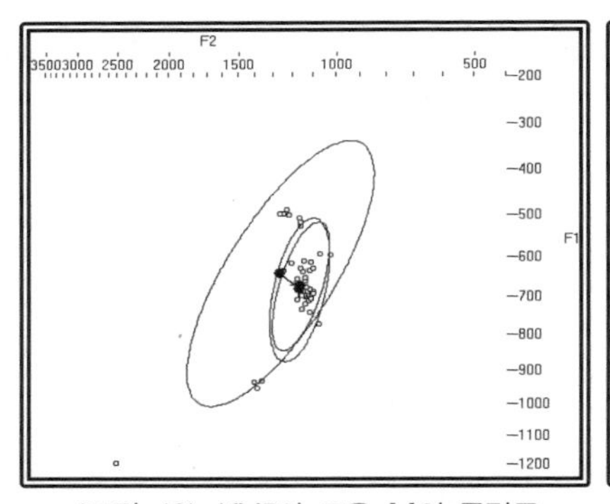

〈그림 40〉 KM5의 모음 [ɤ]의 포먼트 P3, P6, P9의 변화 추이

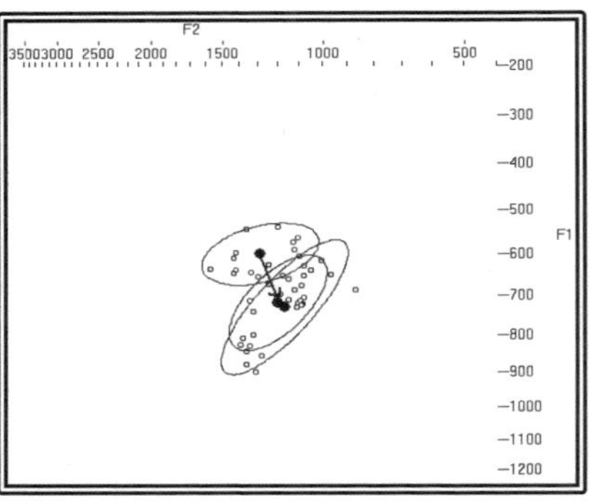

〈그림 41〉 KF5의 모음 [ɤ]의 포먼트 P3, P6, P9의 변화 추이

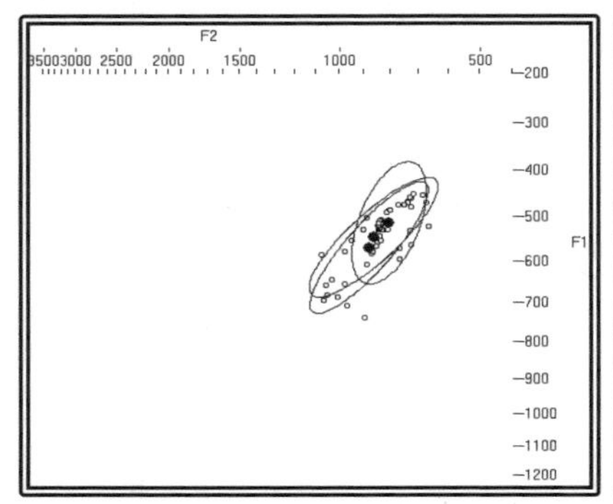

〈그림 42〉 KM5의 모음 [o]의 포먼트 P3, P6, P9의 변화 추이

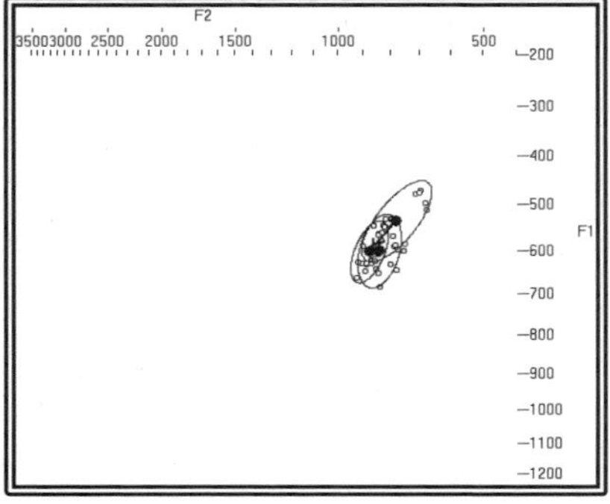

〈그림 43〉 KF5의 모음 [o]의 포먼트 P3, P6, P9의 변화 추이

<그림 42>와 <그림 43>은 KM5와 KF5의 모음 [o]의 포먼트 P3, P6, P9의 변화추이를 보여준다. KM5와 KF5 모두 모음 [o]의 포먼트 변화를 확인할 수 있지만 그 변화가 그다지 크지는 않은데 이는 KM1이나 KF1과 동일한 결과이다.

3) 소결

6절에서는 음향실험을 통해 다음과 같은 결과를 확인할 수 있었다.

첫째, 각 모음 사이의 성조 차이는 없는 것으로 관찰되었다. 중국인 남, 여의 모음 [ɑ], [i], [u]의 성조별 차이를 살펴본 결과 통계적으로 유의하지 않아 성조가 모음의 조음에 결정적인 영향을 미치지 않는 것으로 확인되었다. 이런 결과는 모음은 포먼트와 상관관계를 갖지만 성조는 f0(기본주파수)과 관계가 있기 때문에 f1과 f2를 통해 관찰된 모음 [ɑ], [i], [u]가 각 성조에 따라 차이를 보이지 않는 것이라 설명할 수 있다.

둘째, 모음 [ɤ]와 [o]는 음성적으로 이중모음인 것으로 관찰되었다. 중국인 남, 여의 모음 [ɤ]와 [o]는 스펙트로그램에서 시간에 따라 위치가 변화하는 모습을 보였고 포먼트 도표에서도 이를 확인하였다. 모음 [ɤ]는 f1과 f2의 P3, P6, P9를 살펴본 결과 f2는 큰 변화를 보이지 않았지만 f1은 점점 높아졌다. 모음 [o]는 f1과 f2가 모두 점점 높아지는 양상을 보였다. 이 결과는 두 모음 모두 개구도가 커지면서 음가의 변화가 생기는 것을 의미한다.

셋째, 포먼트 도표에서 모음 [ʅ]는 [ɿ]보다 앞쪽에 위치한다. 중국어 知(zhī), 吃(chī), 師(shī), 日(rì) 등의 모음은 資(zī), 次(cī), 絲(sī) 등의 모음을

발음할 때보다 혀끝이 뒤쪽에 위치하므로 포먼트 도표에서도 모음 [ʅ]는 모음 [ɿ]의 뒤에 위치해야 할 것으로 생각되지만 실험 결과는 반대로 나타났다. 이것은 모음의 좁힘점으로 설명이 가능하다. 모음 [ɑ], [i], [u] 등이 하나의 좁힘점을 갖는 것과는 달리, 모음 [ʅ]나 [ɿ]는 두 개의 좁힘점을 갖는다. 이 두 모음 모두 혀의 가운데 부분이 말의 안장과 같은 형태를 보이면서 두 개의 좁힘점을 나타내는데, 첫 번째 좁힘점은 혀의 앞부분에 있고 두 번째 좁힘점은 혀의 뒷부분에 있다. 모음 [ɿ]의 첫 번째 좁힘점은 [ʅ]보다 앞쪽에 있지만 두 번째 좁힘점은 [ʅ]보다 뒤에 있는데 이것이 포먼트에 반영되어 [ʅ]의 f2가 [ɿ]의 f2보다 높게 나타나게 되고, 결과적으로 포먼트 도표에서 모음 [ʅ]는 [ɿ]보다 앞쪽에 위치하게 되는 것이다.

넷째, 한국인이 발음한 중국어 모음 [ɤ]와 [o]는 학습 기간에 따라 차이를 보이긴 하였지만 음가의 변화는 크지 않았다. 학습 기간이 1년 미만인 한국인 남성과 여성은 음가의 변화가 거의 없었고, 학습 기간이 5년 이상인 한국인 남성과 여성의 경우는 음가의 변동이 확인되지만 비교적 적었으며 이로써 중국인과는 큰 차이를 보였다. 특히 모음 [o]의 경우는 한국인 남성과 여성 모두 학습 기간의 차이에 관계없이 음가 변화가 거의 없었다.

다섯째, 한국인 남성이 발음한 모음 [ɿ]는 포먼트 도표에서 모음 [ʅ]보다 앞쪽에 위치하였다. 이러한 현상은 한국인 남성은 모음 [ʅ]를 발음할 때, 혀를 말의 안장 형태로 만드는 정도가 약하여 중국인과는 달리 두 번째 좁힘점이 더 앞쪽에서 형성되기 때문이다. 그러나 한국인 여성 피실험자는 한국인 남성 피실험자와는 달리 그 학습 기간에 따라 변화를 보인다. 학습 기간이 1년 미만인 여성은 두 모음이 거의 비슷한 곳에서 두 번째 좁힘점이 형성되지만, 학습 기간이 5년 이상으로 증가하게 되면 중국인과 비슷하게 형성되는 것으로 나타났다.

여섯째, 학습 기간이 1년 미만인 한국인 남성과 여성의 모음 [ɤ]와 [ə]는 혀의 높낮이 차이가 나타나지 않았는데 중국인이 발음한 모음 [ɤ]와 [ə]는 f2는 차이가 없지만 f1은 차이를 보였고 두 모음을 비교하면, 모음 [ɤ]의 f1이 모음 [ə]보다 낮아서 모음 [ɤ]의 혀의 위치가 [ə]보다 높게 나타났다. 그러나 학습 기간이 1년 미만인 한국인 남성은 모음 [ɤ]에 권설성만을 부과하여 모음 [ə]를 발음하고 있으므로 중국인과 혀의 높낮이에서 차이를 보이게 된다. 그러나 학습 기간이 5년 이상인 한국인 남, 여는 중국인과 거의 비슷한 결과를 보인다.

7. 중국어 단모음에 대한 각 집단 간 대조 분석

여기에서는 중국인과 학습 기간이 1년 미만인 한국인, 중국인과 학습 기간이 5년 이상인 한국인 집단 사이의 음향실험 결과를 대조 분석한다.

1) 중국인과 학습 기간이 1년 미만인 한국인의 대조 분석

여기에서는 중국인 남성과 학습 기간이 1년 미만인 한국인 남성, 그리고 중국인 여성과 학습 기간이 1년 미만인 한국인 여성 집단 간의 음향실험에 대한 대조를 진행하고 그 결과를 고찰하였다.

(1) 중국인 남성과 학습 기간이 1년 미만인 한국인 남성

<표 14>는 CM과 KM1의 [ɑ], [ɤ], [ɚ], [o], [u], [i], [ɿ], [ʅ], [y]의 f1과 f2에 대한 기술통계량 및 유의확률이다. 이를 통해 CM과 KM1의 모음에 대해 대조 분석하였다.

T-test 결과, 모음 [ɑ] f1의 t값은 -3.355, 유의확률은 *p=0.028로 통계적으로 유의하며, CM의 모음 [ɑ]는 KM1보다 혀의 위치가 훨씬 낮다. 또 모음 [ɚ] f1의 t값은 -3.574, 유의확률은 *p=0.023으로 통계적으로 유의하였다. 모음 [ɑ]과 마찬가지로 CM이 KM1보다 모음 [ɚ]의 혀의 최고점 위치가 약 200Hz 더 낮다. 모음 [u] f2의 t값은 -5.086, 유의확률은 *p=0.032로 통계적으로 유의하였다. 즉 모음 [u]의 경우 CM이 KM1보다 혀의 최고점이 더 뒤쪽에 위치한다. 모음 [ɿ]의 경우도 f2의 t값이 -2.815, 유의확률이 *p=-0.048로 통계적으로 유의하였다. 모음 [ɿ]는 모음 [u]와 마찬가지로 CM이 KM1보다 혀의 최고점이 약 250Hz정도 더 뒤쪽에서 형성된다. 모음 [y]도 f2의 t값이 -2.914, 유의확률이 *p=0.033로 유의한 것으로 확인되었다. 모음 [y]의 통계량을 보면 CM의 최고점이 KM1보다 약 200Hz 더 뒤쪽에 위치한다. 표준편차는 CM의 모음 [i] f2가 252.31Hz로 가장 크고 KM1 모음 [u]의 f2가 5.26Hz로 가장 작다.

〈표 14〉 중국어 단모음에 대한 CM, KM1의 f1, f2 기술통계량 (단위 : Hz)

모음	피실험자	평균		표준편차		t값		유의확률 (*p<0.05)	
		f1	f2	f1	f2	f1	f2	f1	f2
[ɑ]	CM	888.84	1288.61	46.31	1.97	3.355	1.070	*0.028	0.397
	KM1	750.03	1210.66	54.69	126.16				

[ɤ]	CM	534.02	1175.37	151.72	79.15	-0.576	0.997	0.596	0.407
	KM1	592.41	1096.93	88.56	115.10				
[ə]	CM	772.28	1230.09	88.48	43.44	3.574	-1.257	*0.023	0.277
	KM1	576.18	1290.03	34.64	70.26				
[o]	CM	527.97	822.59	46.89	57.93	0.566	-0.169	0.601	0.874
	KM1	509.61	828.29	30.83	7.40				
[u]	CM	411.50	738.08	46.91	29.15	0.811	-5.086	0.463	*0.032
	KM1	379.21	825.06	50.61	5.26				
[i]	CM	301.62	2420.57	14.90	252.31	0.694	0.657	0.526	0.547
	KM1	277.60	2320.95	58.05	72.40				
[ɿ]	CM	422.57	1353.77	54.76	134.76	-0.066	-2.815	0.951	*-0.048
	KM1	426.17	1601.35	77.19	104.54				
[ʅ]	CM	422.66	1523.33	74.52	58.52	-0.456	-0.034	0.672	0.974
	KM1	446.93	1524.67	54.09	33.97				
[y]	CM	320.52	1916.21	25.57	88.56	-0.379	-2.914	0.724	*0.033
	KM1	326.85	2121.42	13.53	83.85				

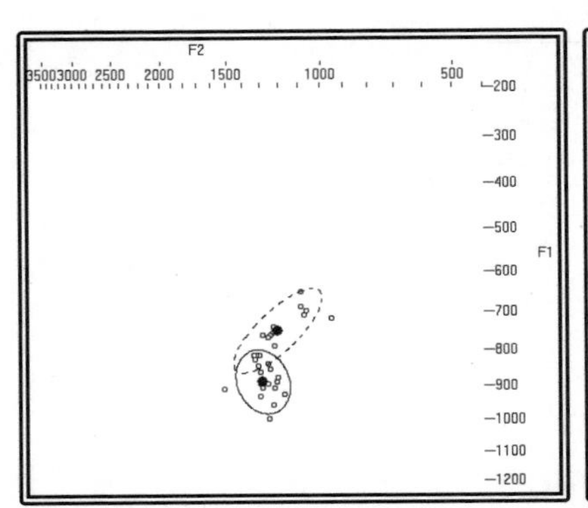

〈그림 44〉 CM-KM1의 모음 [ɑ] 대조
(실선-CM, 점선-KM1)

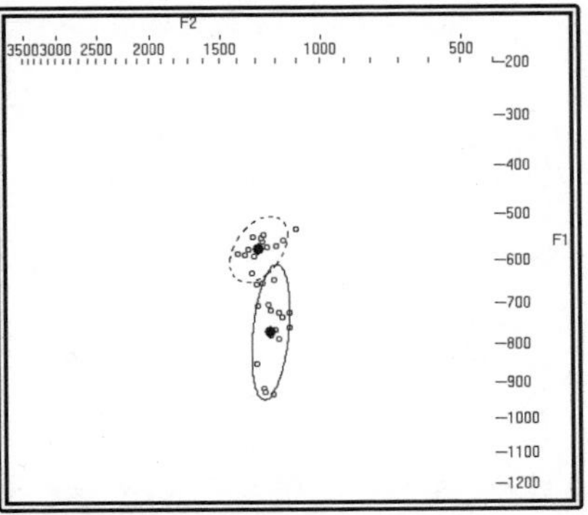

〈그림 45〉 CM-KM1의 모음 [ə] 대조
(실선-CM, 점선-KM1)

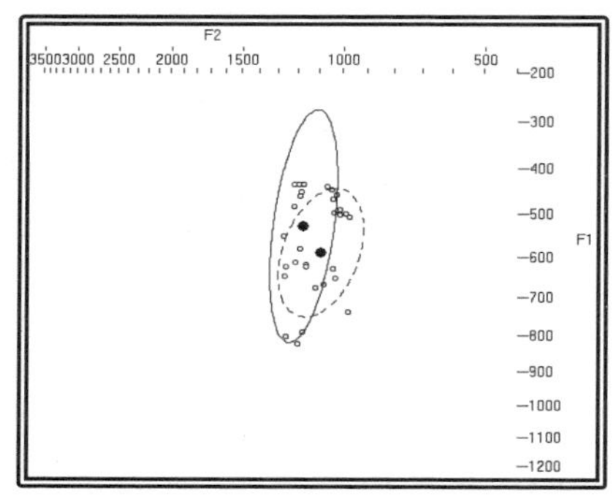

〈그림 46〉 CM-KM1의 모음 [ɤ] 대조
(실선-CM, 점선-KM1)

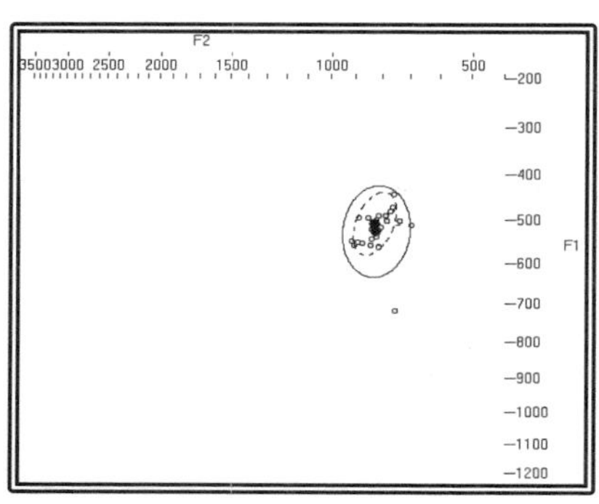

〈그림 47〉 CM-KM1의 모음 [o] 대조
(실선-CM, 점선-KM1)

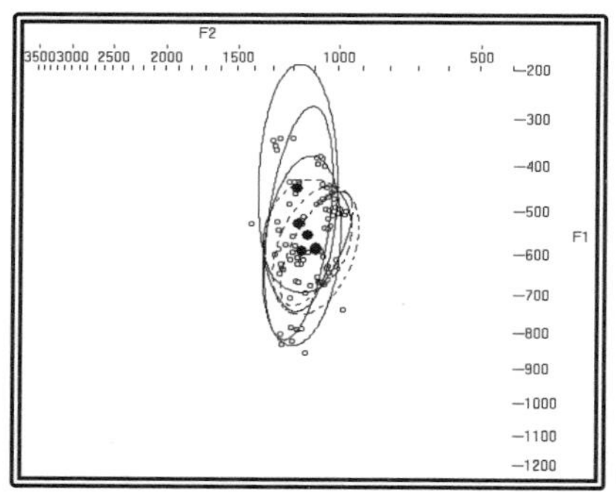

〈그림 48〉 CM-KM1의 모음 [ɤ]의 P3, P6, P9 변화 대조(실선-CM, 점선-KM1)

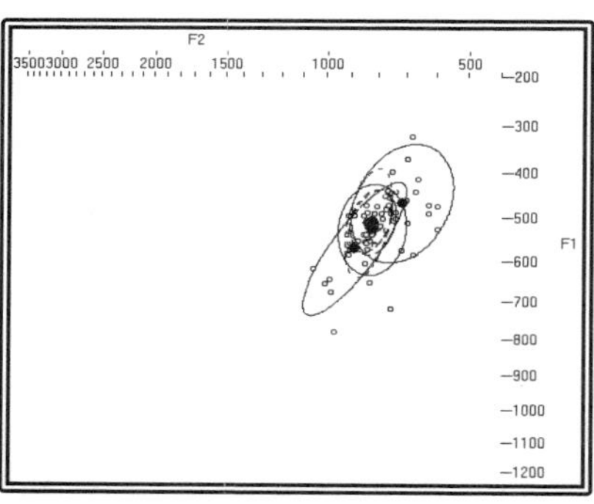

〈그림 49〉 CM-KM1의 모음 [o]의 P3, P6, P9 변화 대조(실선-CM, 점선-KM1)

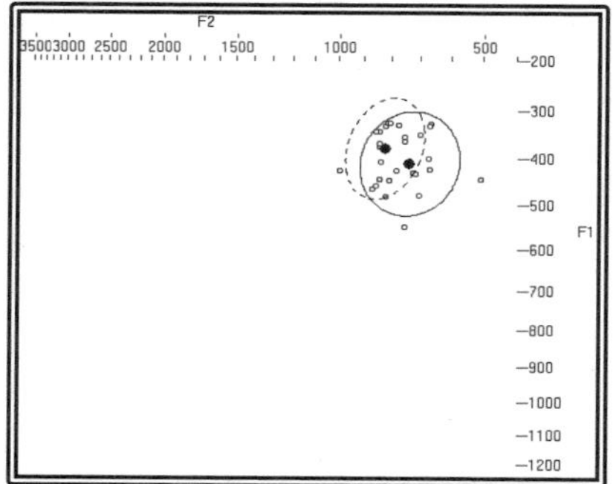

〈그림 50〉 CM-KM1의 모음 [u] 대조
(실선-CM, 점선-KM1)

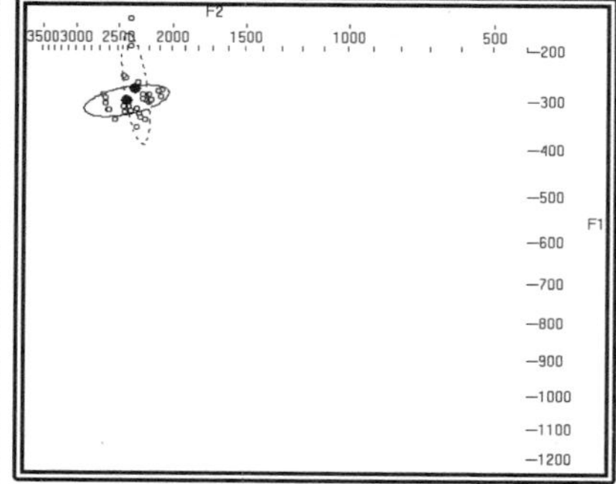

〈그림 51〉 CM-KM1의 모음 [i] 대조
(실선-CM, 점선-KM1)

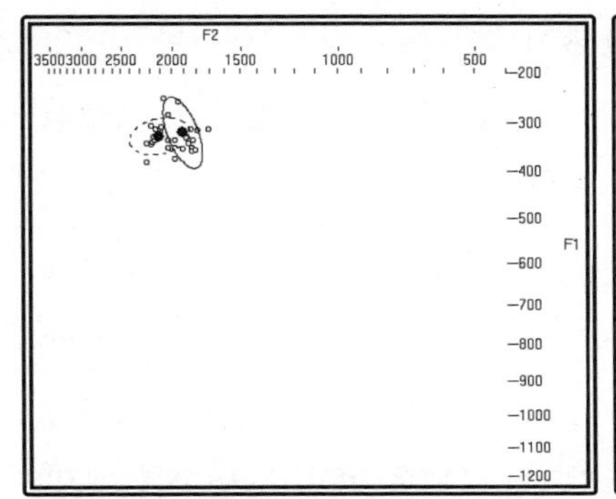

〈그림 52〉 CM-KM1의 모음 [y] 대조
(실선－CM, 점선－KM1)

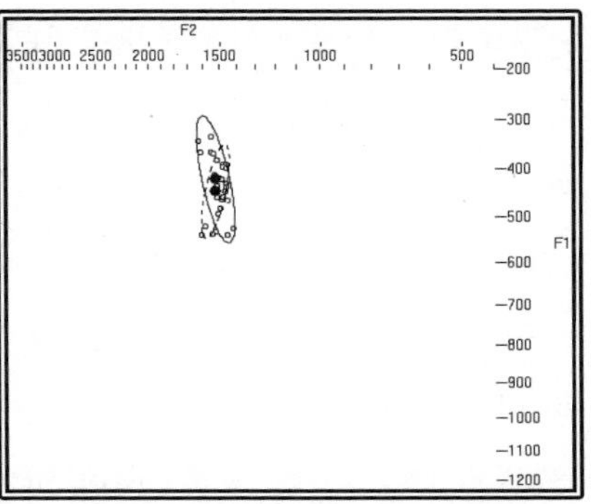

〈그림 53〉 CM-KM1의 모음 [ʅ] 대조
(실선－CM, 점선－KM1)

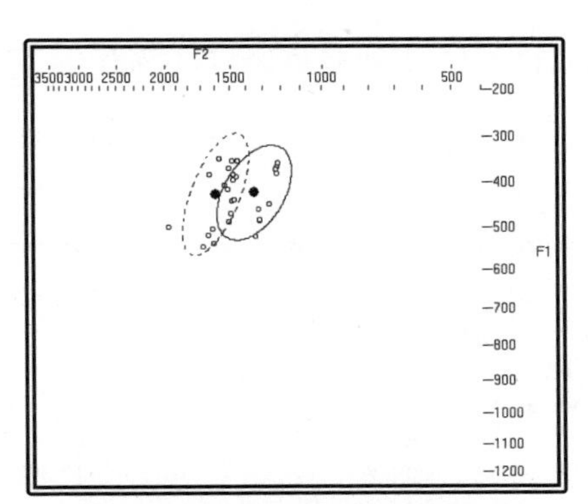

〈그림 54〉 CM－KM1의 모음[ɿ] 대조
(실선－CM, 점선－KM1)

<그림 44>부터 <그림 54>까지는 CM과 KM1의 각 모음에 대한 포먼트 도표이다.

<그림 44>는 모음 [ɑ]로 <표 14>에서 f1이 유의한 것으로 나타났는데 포먼트 도표에서도 CM이 낮고 KM1이 높은 것을 확인할 수 있다. <그림 45>는 모음 [ɚ]로 앞에서 f1이 통계적으로 유의한 것으로

나타났는데 도표에서도 CM이 낮고 KM1이 높은 것을 확인할 수 있다. <그림 46>은 모음 [ɤ] P6의 측정치를 도표화한 것이고, <그림 48>은 모음 [ɤ] P3, P6, P9의 변화를 표시한 것이다. 이 도표를 통해 CM은 모음 [ɤ]를 단모음이 아니라 이중모음으로 발음하지만 KM1은 단모음으로 발음하는 것을 확인할 수 있다. <그림 47>은 모음 [o] P6을 나타낸 것이고, <그림 49>은 모음 [o] P3, P6, P9의 변화를 표시한 것이다. 모음 [o]도 모음 [ɤ]와 마찬가지로 CM은 포먼트 변화를 보이는 반면 KF1은 그러한 변화를 확인할 수 없다. <그림 50>은 모음 [u]에 대한 도표로 앞에서 f2가 유의한 것으로 나타났는데 도표에서도 그 차이를 확인할 수 있다. <그림 52>와 <그림 53>은 각각 모음 [y]와 [ʅ]를 대조한 것인데 f2가 유의한 것을 확인할 수 있다.

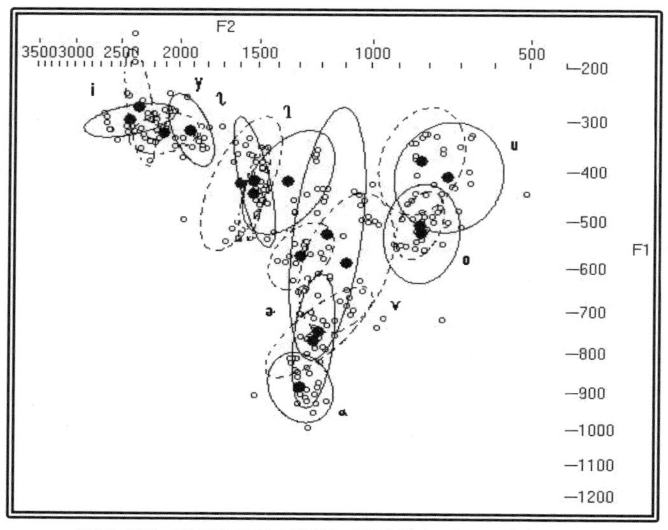

〈그림 55〉 CM-KM1의 포먼트 도표(실선–CM, 점선–KM1)

<그림 55>는 CM-KM1의 포먼트 도표이다. 이 도표를 통해 CM과 KM1의 상대적인 혀의 최고점 높이와 최고점의 전후 위치를 대조할 수 있다.

<그림 55>에서 먼저 모음 [ɑ]를 살펴보자. KM1의 f1이 CM보다 높게 나타난다. 모음 [ɑ]의 혀의 최고점이 얼마나 낮게 위치하느냐에 따라 전체 개구도가 비교적 큰 영향을 받게 되므로 중국어의 단모음 학습에서 모음 [ɑ]의 정확한 위치 파악은 필수적인데 KM1은 CM과 큰 차이를 보인다. 모음 [ɿ]의 f2도 통계적으로 유의했는데 CM은 f2에서 모음 [ʅ]의 최고점이 모음 [ɿ]보다 앞쪽에 위치하고, KM1은 모음 [ɿ]의 최고점이 [ʅ]보다 앞쪽에 위치하여 매우 큰 차이를 확인할 수 있다. KM1의 모음 [ɿ]이 모음 [ʅ]보다 앞에 위치하는 것은 중국인의 모음 [ʅ]에 도달하지 못하고 모음 [ɿ]과 비슷한 곳에서 두 번째 좁힘점이 형성되기 때문이다. 모음 중에서는 모음 [i]의 차이가 가장 작다.

(2) 중국인 여성과 학습 기간이 1년 미만인 한국인 여성

<표 15>는 CF와 KF1의 [ɑ], [ɤ], [ɚ], [o], [u], [i], [ɿ], [ʅ], [y]의 f1과 f2에 대한 기술통계량 및 유의확률이다. 이를 통해 CF와 KF1의 모음에 대해 대조 분석하였다.

〈표 15〉 중국어 단모음에 대한 CF, KF1의 f1, f2 기술통계량 (단위 : Hz)

모음	피실험자	평균		표준편차		t값		유의확률 (*p〈0.05)	
		f1	f2	f1	f2	f1	f2	f1	f2
[ɑ]	CF	1062.05	1558.44	95.02	100.31	0.635	0.628	0.560	0.564
	KF1	1013.48	1492.17	92.19	152.73				
[ɤ]	CF	636.74	1277.74	91.04	39.91	-2.445	1.393	0.071	0.236
	KF1	777.52	1206.04	40.69	79.70				
[ɚ]	CF	928.06	1394.29	23.41	102.55	3.032	-1.352	*0.039	0.248
	KF1	764.18	1475.93	90.63	20.60				
[o]	CF	576.41	1005.25	61.43	96.81	-0.699	0.825	0.523	0.456
	KF1	610.07	946.89	56.50	75.11				
[u]	CF	443.08	760.39	25.66	88.61	0.251	-2.255	0.814	0.087
	KF1	431.88	974.86	72.86	138.88				
[i]	CF	404.65	2930.47	69.60	99.46	0.993	0.440	0.377	0.683
	KF1	350.45	2897.93	64.05	80.88				
[ɿ]	CF	425.72	1674.54	97.31	132.92	-0.301	-0.736	0.778	0.503
	KF1	450.29	1801.91	102.49	268.63				
[ʅ]	CF	513.85	1986.80	26.87	139.81	0.138	2.050	0.897	0.110
	KF1	504.27	1767.22	117.63	121.94				
[y]	CF	388.83	2288.65	57.51	100.02	1.030	-0.030	0.361	0.977
	KF1	341.39	2290.85	55.33	76.99				

T-test 결과, 모음 [ɚ] f1은 t값이 3.032, 유의확률이 *p=0.039로 통계적으로 유의하였고 그 밖의 모음들은 유의하지 않았다. 기술통계량 및 유의확률만 근거한다면 CM에 대한 KM1의 발음보다 CF에 대한 KF1의 발음이 상대적으로 더 정확하였다.

아래의 <그림 56>부터 <그림 66>까지는 CF와 KF1의 각 모음에 대한 대조이다.

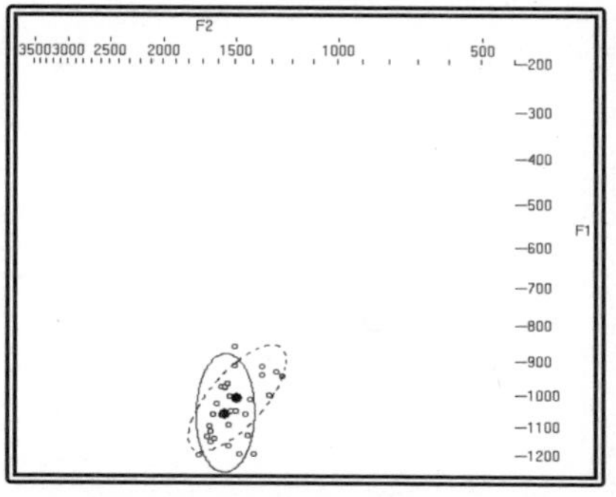

〈그림 56〉 CF-KF1의 모음 [ɑ] 대조
(실선—CF, 점선—KF1)

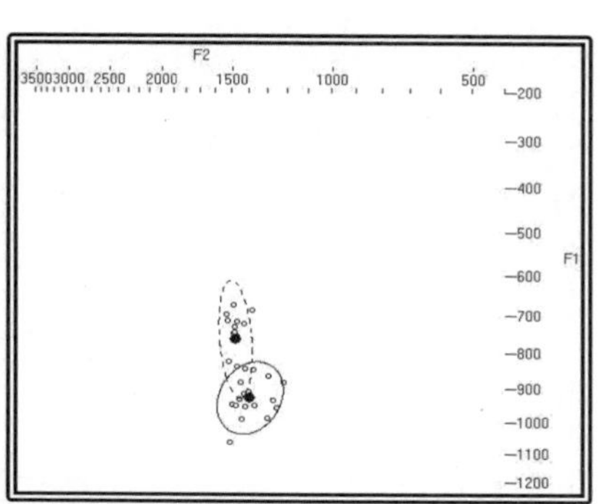

〈그림 57〉 CF-KF1의 모음 [ɚ] 대조
(실선—CF, 점선—KF1)

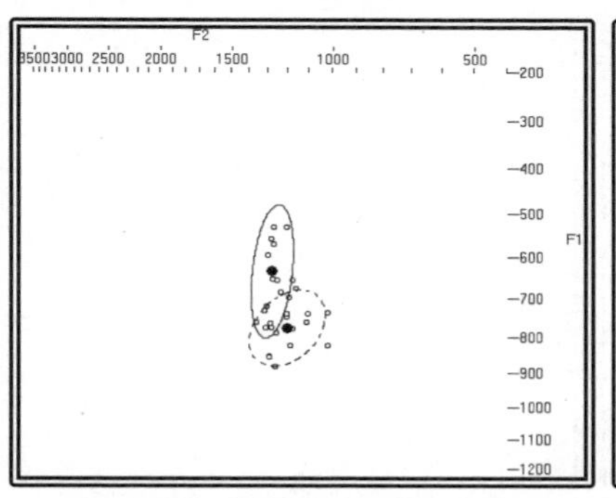

〈그림 58〉 CF-KF1의 모음 [ɤ] 대조
(실선—CF, 점선—KF1)

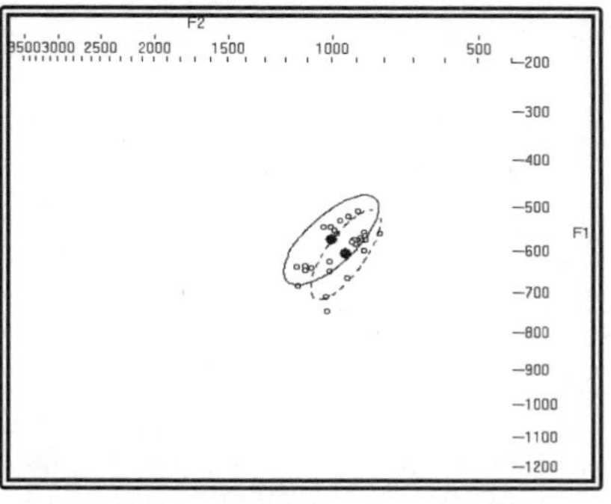

〈그림 59〉 CF-KF1의 모음 [o] 대조
(실선—CF, 점선—KF1)

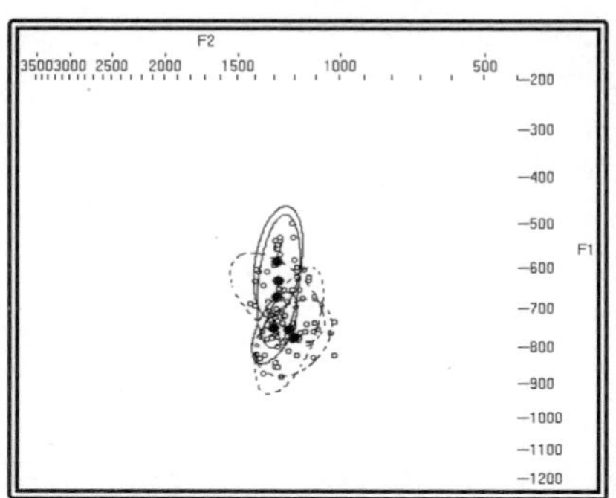

〈그림 60〉 CF-KF1의 모음 [ɤ]의
P3, P6, P9 변화 대조
(실선—CF, 점선—KF1)

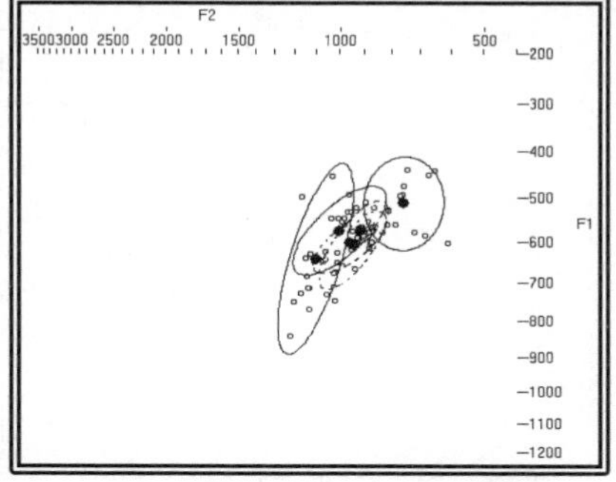

〈그림 61〉 CF-KF1의 모음 [o]의
P3, P6, P9 변화 대조
(실선—CF, 점선—KF1)

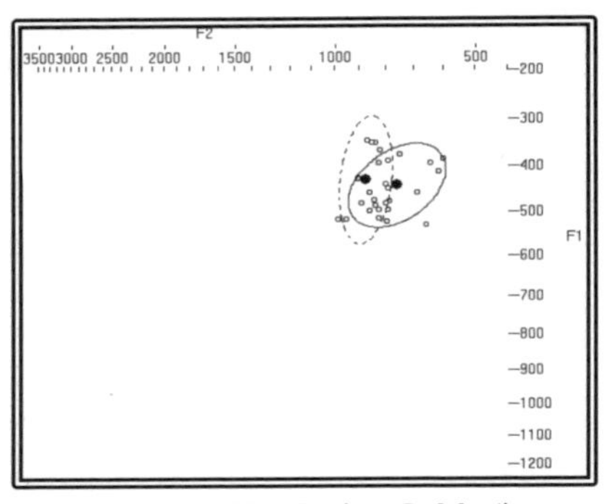

〈그림 62〉 CF-KF1의 모음 [u] 대조
(실선—CF, 점선—KF1)

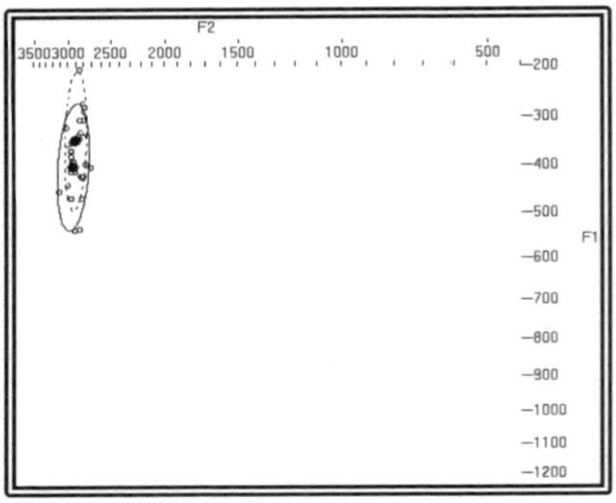

〈그림 63〉 CF-KF1의 모음 [i] 대조
(실선—CF, 점선—KF1)

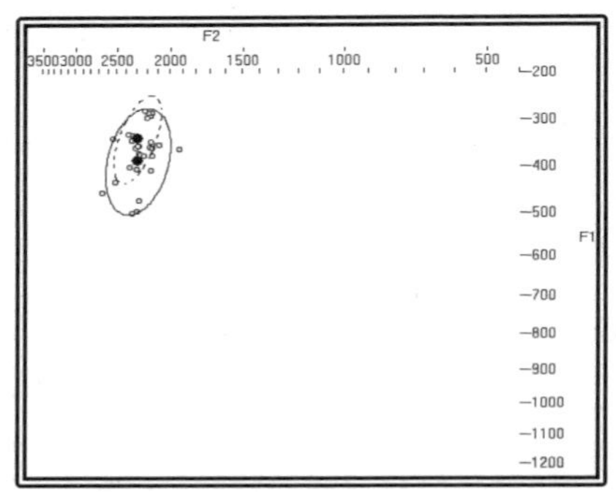

〈그림 64〉 CF-KF1의 모음 [y] 대조
(실선—CF, 점선—KF1)

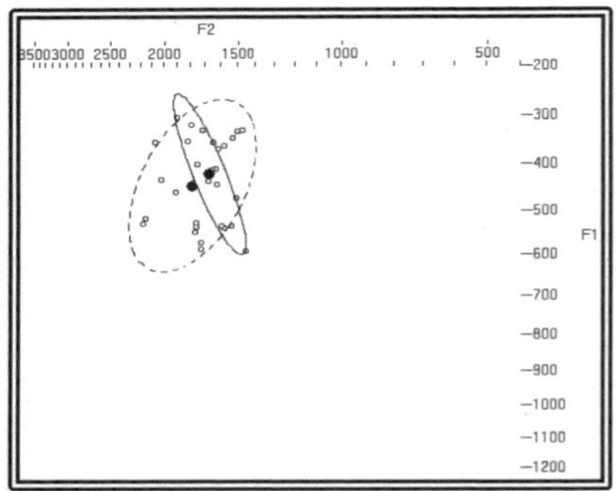

〈그림 65〉 CF-KF1의 모음 [ɿ] 대조
(실선—CF, 점선—KF1)

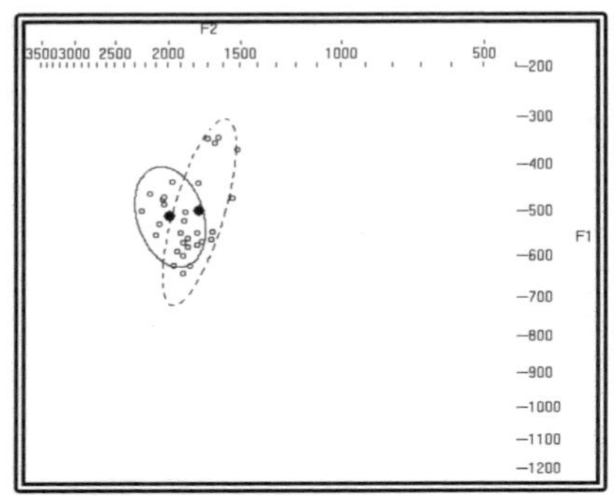

〈그림 66〉 CF-KF1의 모음 [ʅ] 대조
(실선—CF, 점선—KF1)

<표 15>에서 모음 [ɘ]의 f1이 유의한 것으로 나타났는데 <그림 57>에서도 그 차이를 확인할 수 있다. <그림 60>과 <그림 61>을 보면 CF의 모음 [ɤ]와 [o]는 포먼트의 변화가 분명하게 확인되지만 KF1의 경우는 그 변화가 그다지 크지 않아 KF1이 이 두 모음을 단모음으로 발음하고 있다는 것을 알 수 있다. 그러나 전체적으로 CM과 KM1의 경우와 비교하면 CF와 KF1의 차이가 상대적으로 작은 것으로 나타났다.

<그림 67>은 CF와 KF1의 단모음 전체에 대한 포먼트 도표이다.

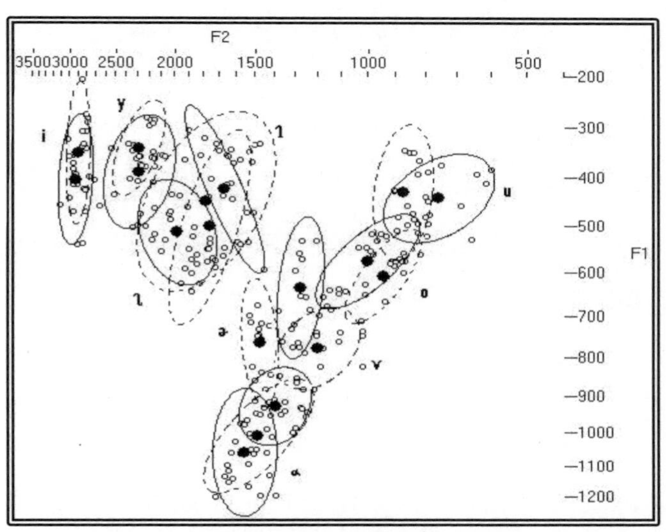

〈그림 67〉 CF-KF1의 포먼트 도표(실선-CF, 점선-KF1)

모음 [ɑ]는 CF의 f1이 KF1보다 높고 모음 [u]는 CF의 f2가 KF1보다 낮은데 이것은 CF의 전체적인 개구도가 KF1보다 상대적으로 크다는 것을 의미한다. 또 KF1의 모음 [ɤ]과 모음 [ɘ]의 f1이 거의 비슷한데

이 결과는 KM1과 CF의 대조에서도 확인되는 것으로 KM1과 KF1은 모두 모음 [ɚ]를 모음 [ɑ]보다는 모음 [ɤ]에 가깝게 발음하는 것을 알 수 있다. CF와 KF1의 대조에서 모음 [ɿ]와 [ʅ]와 [u]는 f2에서, 나머지 모음은 주로 f1에서 차이를 보인다.

2) 중국인과 학습 기간이 5년 이상인 한국인의 대조 분석

여기에서는 중국인 남성과 학습 기간이 5년 이상인 한국인 남성, 그리고 중국인 여성과 학습 기간이 5년 이상인 한국인 여성 집단 간의 음향실험에 대해 대조 분석하고 그 결과를 관찰하였다.

(1) 중국인 남성과 학습 기간이 5년 이상인 한국인 남성

<표 16>은 CM과 KM5의 [ɑ], [ɤ], [ɚ], [o], [u], [i], [ɿ], [ʅ], [y]의 f1과 f2에 대한 기술통계량 및 유의확률이다. 이것을 근거로 CM과 KM5의 모음에 대해 대조 분석하였다.

T-test 결과, 모음 [u] f2는 t값 -4.199, 유의확률은 *p=0.014로 통계적으로 유의하였다. 즉 CM의 모음 [u]의 f2가 KM5보다 100.18Hz 작으므로 KM5보다 상대적으로 혀의 최고점이 더 뒤쪽에 위치함을 나타낸다. 표준편차는 CM의 모음 [i] f2가 252.31Hz로 가장 크고, CM의 모음 [ɑ] f2가 1.97Hz로 가장 작다. CM은 모음 [i]를 제외하고 전반적으로 표준편차가 고르지만 f1보다는 f2에서 상대적으로 큰 편이다.

CM과 KM5는 CM과 KM1보다 통계적으로 유의한 f1과 f2가 적으므로 KM5가 KM1보다 중국어 단모음 발음에 있어서 중국인 발음에 더 가깝다고 판단할 수 있다. 즉 한국인 남성의 경우 중국어 학습 기간이 정확한 중국어 발음에 긍정적인 영향을 미친다고 말할 수 있다.

〈표 16〉 중국어 단모음에 대한 CM, KM5의 f1, f2 기술통계량 (단위 : Hz)

모음	피실험자	평균		표준편차		t값		유의확률 (*p〈0.05)	
		f1	f2	f1	f2	f1	f2	f1	f2
[ɑ]	CM	888.84	1288.61	46.31	1.97	1.723	1.018	0.160	0.366
	KM5	833.24	1260.16	31.31	48.36				
[ɤ]	CM	534.02	1175.37	151.72	79.15	−1.680	0.136	0.225	0.899
	KM5	684.34	1168.23	31.68	39.31				
[ɚ]	CM	772.28	1230.09	88.48	43.44	−0.110	2.414	0.918	0.073
	KM5	781.88	1146.40	122.37	41.46				
[o]	CM	527.97	822.59	46.89	57.93	−0.399	−0.480	0.710	0.656
	KM5	547.39	866.63	69.97	147.95				
[u]	CM	411.50	738.08	46.91	29.15	−1.044	−4.199	0.355	*0.014
	KM5	448.44	838.26	39.40	29.29				
[i]	CM	301.62	2420.57	14.90	252.31	−0.720	0.514	0.511	0.634
	KM5	311.97	2336.13	19.94	131.40				
[ɿ]	CM	422.57	1353.77	54.76	134.76	−0.725	−2.568	0.509	0.062
	KM5	455.13	1687.21	55.31	180.05				
[ʅ]	CM	422.66	1523.33	74.52	58.52	−1.104	−0.890	0.332	0.424
	KM5	476.60	1630.17	40.13	199.46				
[y]	CM	320.52	1916.21	25.57	88.56	1.134	−2.475	0.320	0.069
	KM5	292.05	2177.16	35.16	159.67				

<그림 68>부터 <그림 78>까지는 CM과 KM5의 각 모음에 대한 대조이다. 이 그림을 통해서 CM과 KM5의 각 모음간의 상대적인 포먼트 도표에서의 위치를 파악할 수 있다.

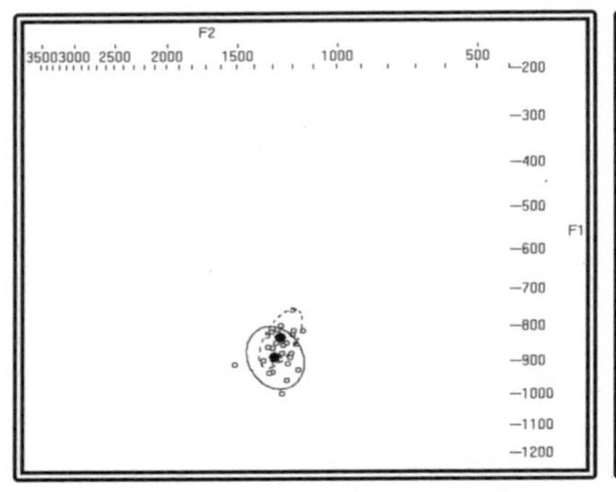

〈그림 68〉 CM-KM5의 모음 [ɑ] 대조
(실선—CM, 점선—KM5)

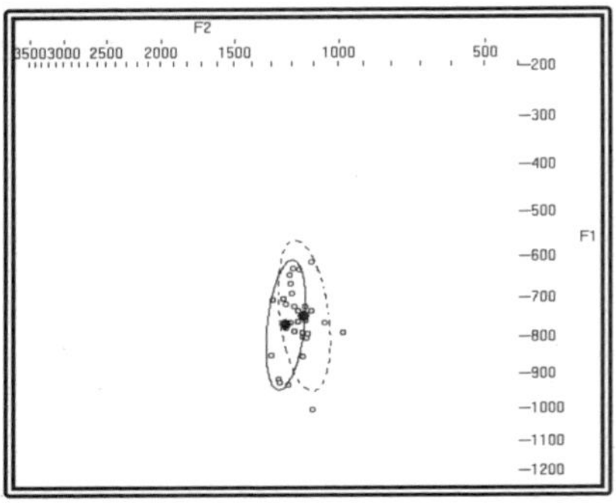

〈그림 69〉 CM-KM5의 모음 [ə] 대조
(실선—CM, 점선—KM5)

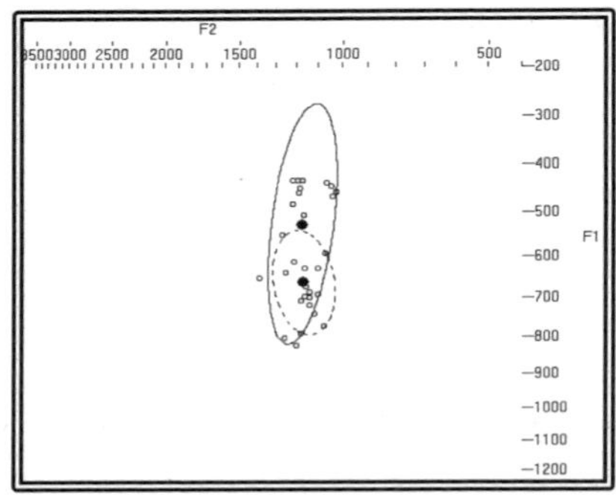

〈그림 70〉 CM-KM5의 모음 [ɤ] 대조
(실선—CM, 점선—KM5)

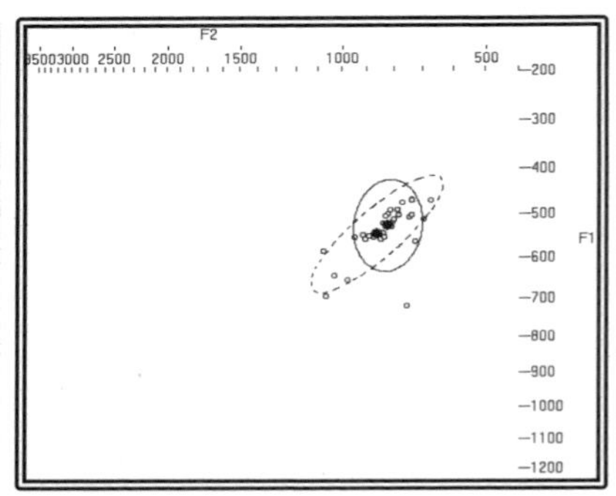

〈그림 71〉 CM-KM5의 모음 [o] 대조
(실선—CM, 점선—KM5)

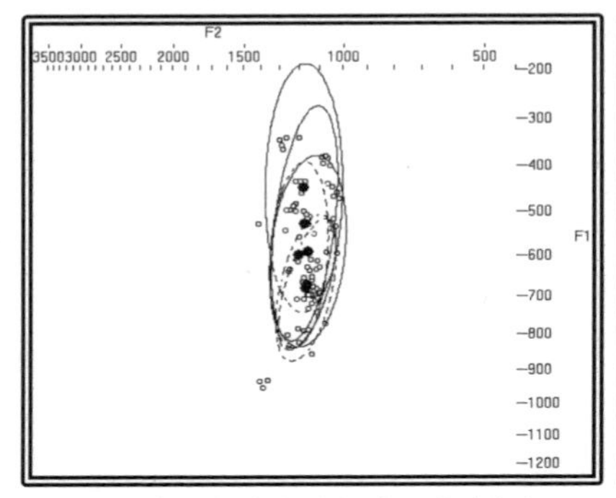

〈그림 72〉 CM-KM5의 모음 [ɤ]의
P3, P6, P9 변화 대조
(실선—CM, 점선—KM5)

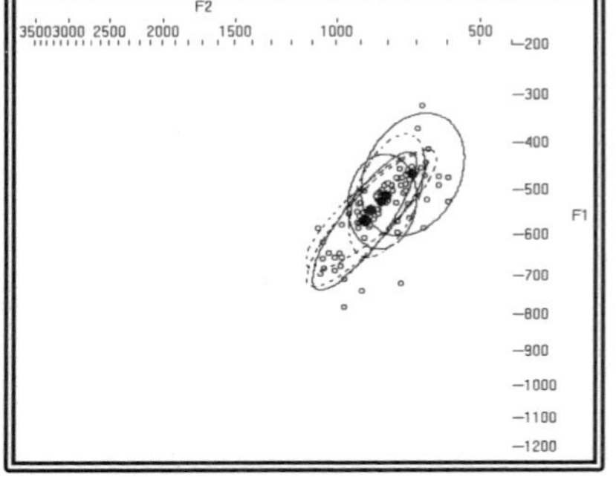

〈그림 73〉 CM-KM5의 모음 [o]의
P3, P6, P9 변화 대조
(실선—CM, 점선—KM5)

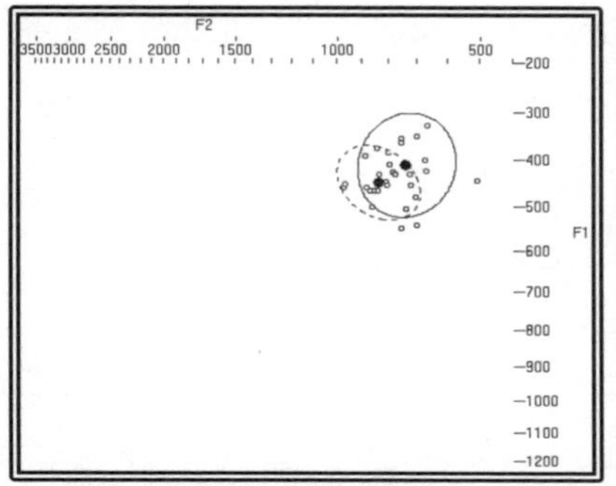

〈그림 74〉 CM-KM5의 모음 [u] 대조
(실선-CM, 점선-KM5)

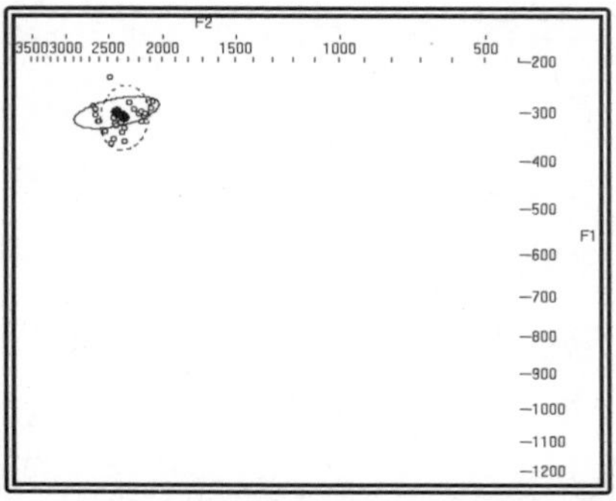

〈그림 75〉 CM-KM5의 모음 [i] 대조
(실선-CM, 점선-KM5)

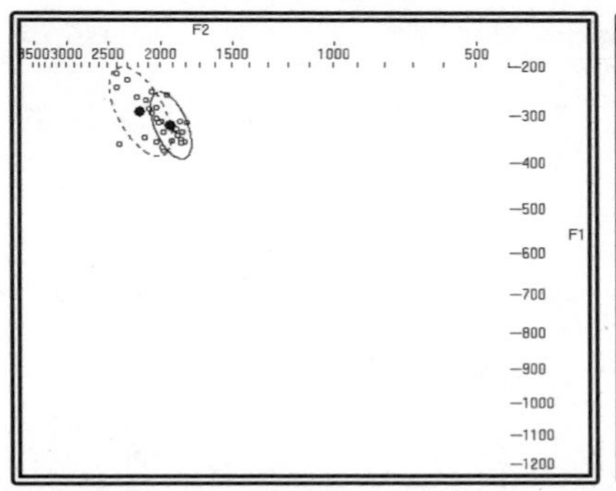

〈그림 76〉 CM-KM5의 모음 [y] 대조
(실선-CM, 점선-KM5)

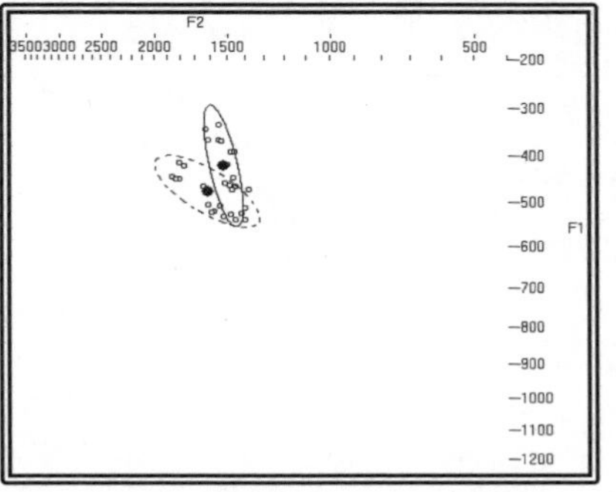

〈그림 77〉 CM-KM5의 모음 [ʅ] 대조
(실선-CM, 점선-KM5)

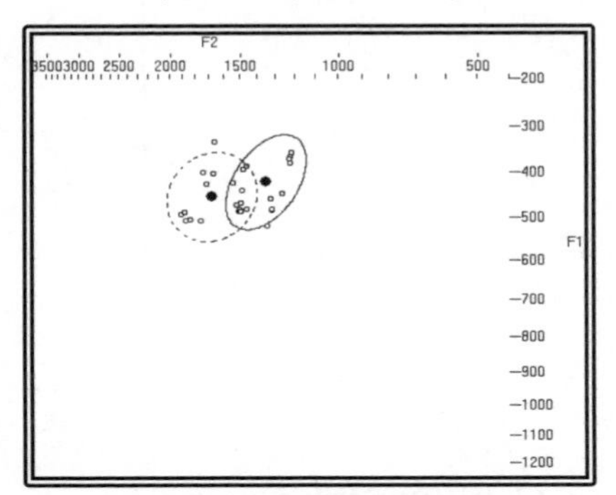

〈그림 78〉 CM-KM5의 모음 [ɿ] 대조
(실선-CM, 점선-KM5)

<그림 68>에서 모음 [ɑ]는 KM5의 f1이 CM의 f1과 상당히 가까워진 모습을 보인다. <그림 72>와 <그림 73>의 모음 [ɤ]와 [o]의 포먼트 변화를 살펴보면, KM5의 변화가 여전히 CM만큼 크지 않음을 확인할 수 있다. 다른 모음들은 포먼트 도표에서 위치 차이를 확인할 수 있지만 통계적으로는 유의하지는 않았다.

<그림 79>에서 실선으로 표시된 것은 CM의 신뢰타원이고 점선으로 표시된 것은 KM5의 신뢰타원이다. 이 포먼트 도표를 통해 CM와 KM5의 혀의 최고점 높이와 최고점 전후 위치를 대조할 수 있다.

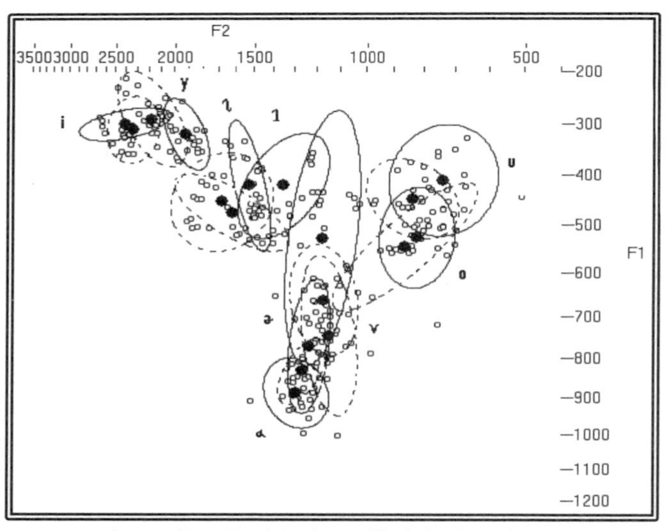

〈그림 79〉 CM-KM5의 포먼트 도표(실선-CM, 점선-KM5)

<그림 79>에서 CM과 KM5의 모음 [u]는 f2에서 비교적 큰 차이를 확인할 수 있다. 모음 [ɤ]의 경우, CM의 신뢰타원이 상당히 크게 나타났는데 이것은 포먼트의 변화 때문인 것으로 판단된다. 다시 말하

면 모음 [ɤ]가 단모음이 아니라 이중모음으로 발음되기 때문에 중설 고모음 [ɯ]의 위치에서 점차 f1이 높아지면서 [ɤ]로 변화한 것이다. CM은 모음 [ʅ]의 f2가 모음 [ɿ]의 f2보다 높은데 KM5는 KM1과 마찬가지로 모음 [ɿ]와 [ʅ]가 서로 비슷한 곳에 위치하는 것으로 보아 두 모음을 마치 동일한 하나의 모음으로 발음하고 있는 것으로 판단된다.

⑵ 중국인 여성과 학습 기간이 5년 이상인 한국인 여성

<표 17>은 CF와 KF5의 [ɑ], [ɤ], [ɚ], [o], [u], [i], [ɿ], [ʅ], [y]의 f1과 f2에 대한 기술통계량 및 유의확률이다. 이를 근거로 CF와 KF5의 모음에 대해 대조 분석하였다.

T-test 결과, 모음 [o] f2는 t값 2.909, 유의확률 *p=0.044로 통계적으로 유의하였다. CF의 모음 [o]의 f2가 KM5보다 164.74Hz 높고, 표준편차는 KF5의 모음 [ɿ] f2가 297.11Hz로 가장 크고, KF5의 모음 [u] f2가 8.10Hz로 가장 낮다. 전반적으로 CF보다 KF5의 표준편차가 크게 나타났는데, 특히 KF5의 [ɚ], [i], [ɿ]의 f2의 표준편차가 높다. 특이한 것은 KF5가 f1보다 f2에서 CF와 많은 차이를 보였다는 점인데 이는 혀의 최고점의 높이보다는 전후위치에서 변화가 많다는 것을 의미한다. CF와 KF5의 대조에서 모음 [o]의 f2를 제외하면 다른 모음들은 모두 통계적으로 유의하지 않았다. CF와 KF1의 대조에서도 모음 [ɚ]의 f2를 제외하고 다른 모음들은 모두 통계적으로 유의하지 않았는데, 이러한 결과는 한국인 여성의 중국어 단모음은 한국인 남성과 비교할 때 학습 기간의 영향을 비교적 적게 받는다는 것을 의미한다.

〈표 17〉 중국어 단모음에 대한 CF, KF5의 f1, f2 기술통계량 (단위 : Hz)

모음	피실험자	평균		표준편차		t값		유의확률 (*p〈0.05)	
		f1	f2	f1	f2	f1	f2	f1	f2
[ɑ]	CF	1062.05	1558.44	95.02	100.31	0.966	1.539	0.389	0.199
	KF5	961.80	1407.84	152.53	136.61				
[ɤ]	CF	636.74	1277.74	91.04	39.91	−1.335	0.944	0.253	0.399
	KF5	719.57	1206.04	57.07	125.40				
[ɚ]	CF	928.06	1394.29	23.41	102.55	2.583	−0.092	0.061	0.931
	KF5	829.71	1407.09	61.66	218.95				
[o]	CF	576.41	1005.25	61.43	96.81	−0.621	2.909	0.569	*0.044
	KF5	602.93	840.51	41.30	15.75				
[u]	CF	443.08	760.39	25.66	88.61	0.294	0.144	0.783	0.893
	KF5	438.51	750.13	8.10	86.21				
[i]	CF	404.65	2930.47	69.60	99.46	2.160	−0.153	0.097	0.886
	KF5	313.47	2951.75	22.40	218.87				
[ɿ]	CF	425.72	1674.54	97.31	132.92	−0.695	0.116	0.525	0.913
	KF5	471.08	1652.73	52.17	297.11				
[ʅ]	CF	513.85	1986.80	26.87	139.81	−0.161	1.955	0.880	0.122
	KF5	521.49	1802.75	77.90	83.90				
[y]	CF	388.83	2288.65	57.51	100.02	0.903	0.038	0.417	0.972
	KF5	350.21	2284.75	46.66	149.08				

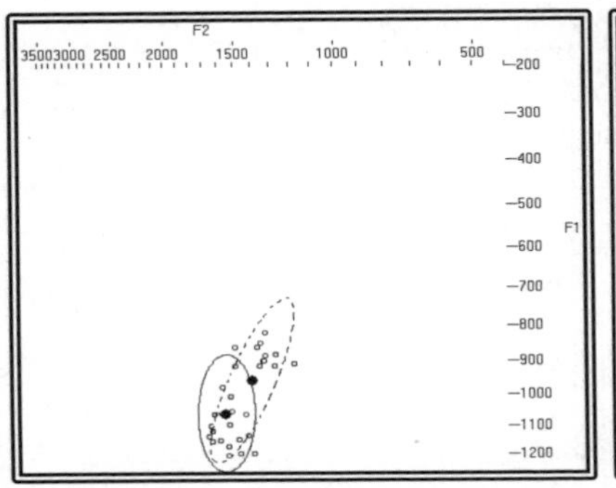

〈그림 80〉 CF-KF5의 모음 [ɑ] 대조
(실선−CF, 점선−KF5)

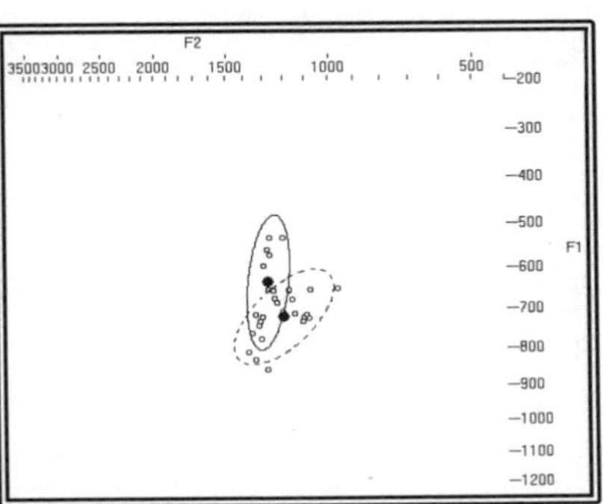

〈그림 81〉 CF-KF5의 모음 [ɤ] 대조
(실선−CF, 점선−KF5)

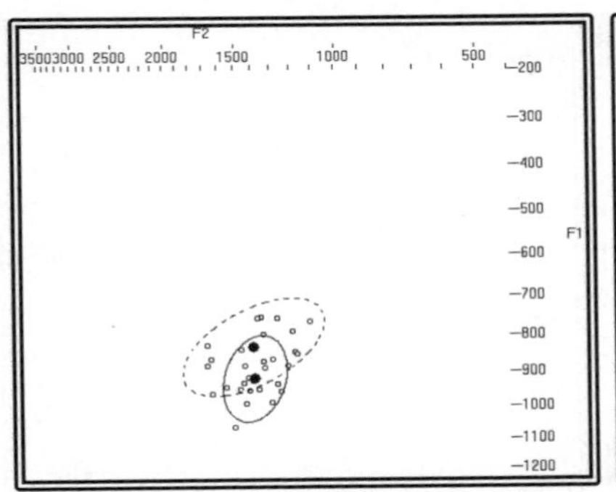

〈그림 82〉 CF-KF5의 모음 [ə] 대조
(실선−CF, 점선−KF5)

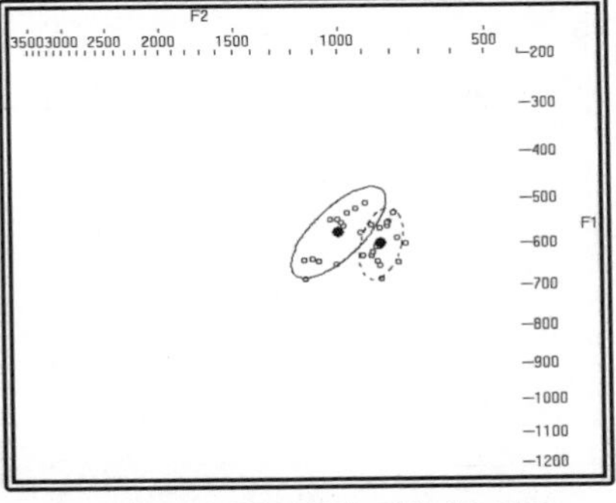

〈그림 83〉 CF-KF5의 모음 [o] 대조
(실선−CF, 점선−KF5)

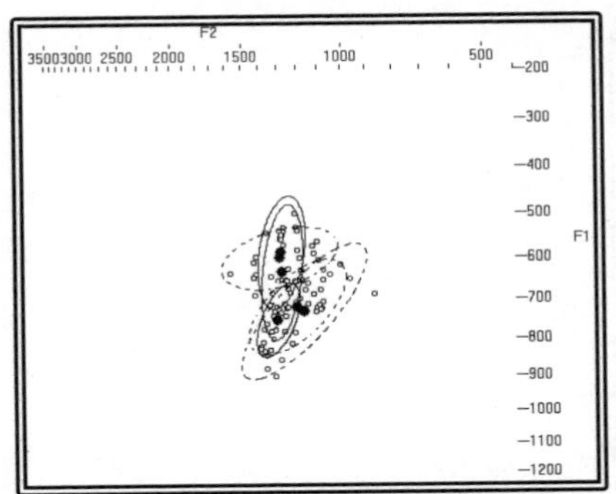

〈그림 84〉 CF-KF5의 모음 [ɤ]의
P3, P6, P9 변화 대조
(실선−CF, 점선−KF5)

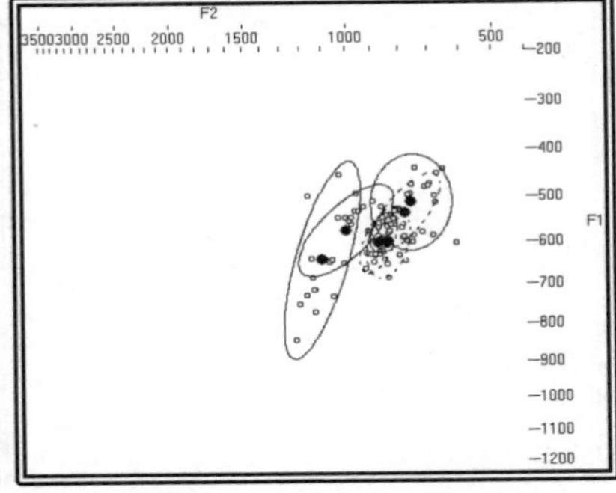

〈그림 85〉 CF-KF5의 모음 [o]의
P3, P6, P9 변화 대조
(실선−CF, 점선−KF5)

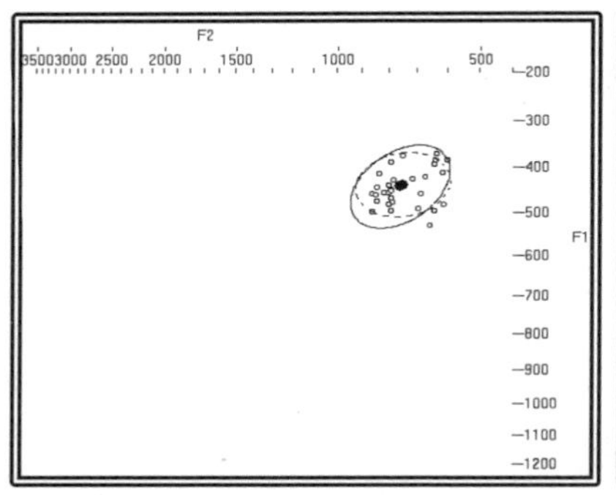

〈그림 86〉 CF-KF5의 모음 [u] 대조
(실선–CF, 점선–KF5)

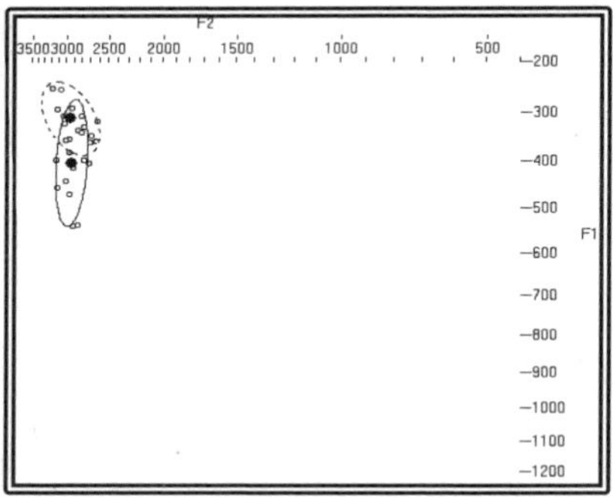

〈그림 87〉 CF-KF5의 모음 [i] 대조
(실선–CF, 점선–KF5)

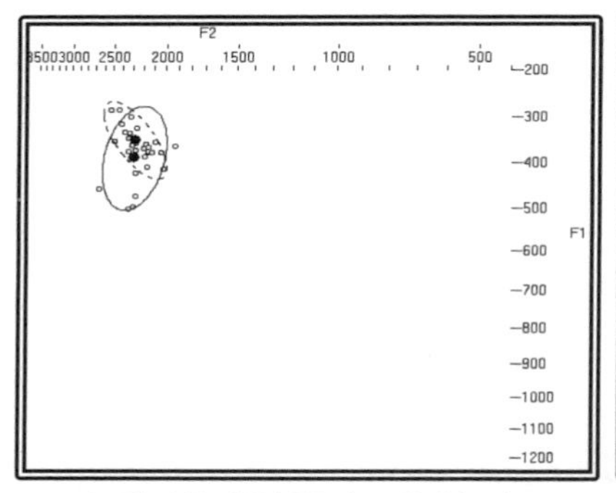

〈그림 88〉 CF-KF5의 모음 [y] 대조
(실선–CF, 점선–KF5)

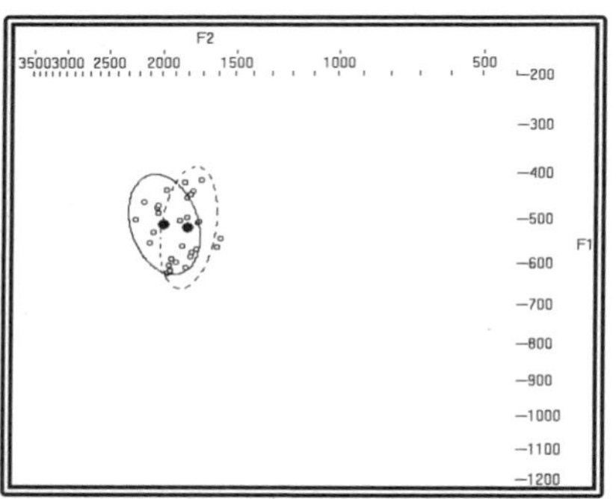

〈그림 89〉 CF-KF5의 모음 [ʅ] 대조
(실선–CF, 점선–KF5)

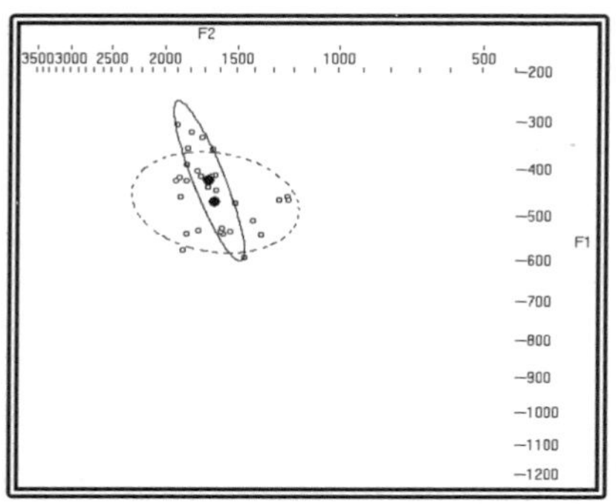

〈그림 90〉 CF-KF5의 모음 [ɿ] 대조
(실선–CF, 점선–KF5)

<그림 80>부터 <그림 90>까지는 CF와 KF5의 각 모음에 대한 대조이다. 이 그림을 통해서 CF와 KF5의 각 모음간의 상대적인 위치를 파악할 수 있다. <그림 80>부터 <그림 90>까지 통계적으로 유의한 것은 모음 [o]의 f2뿐인데 모음 [o]의 f2 차이는 모음 음가 변화와 밀접한 관계가 있는 것으로 판단된다. CF의 모음 [o]는 모음 [u]에서 시작하여 [o]를 거쳐 [ə]를 향해 변해간다. 그러나 KF5의 경우, P3에서 P6의 구간에서 약간의 변화를 보이다가 P6에서 P9의 구간에서는 거의 변화가 없다. 즉 CF의 모음 [o]는 후설고모음에서 시작하여 중설중모음으로 그 조음위치가 변해가지만 KF5의 모음 [o]는 후설고모음 내에서 약간의 변화만 확인될 뿐이다. 이러한 차이들이 모음 [o]의 f2를 통계적으로 유의하게 만드는 원인이라고 해석할 수 있다.

<그림 91>에서 실선으로 표시된 타원은 중국어 단모음에 대한 CF의 포먼트 도표이고, 점선으로 표시된 타원은 KF5의 포먼트 도표이다. 이 포먼트 도표를 통해 CF와 KF5의 혀의 최고점 높이와 최고점의 전후 위치를 대조할 수 있다.

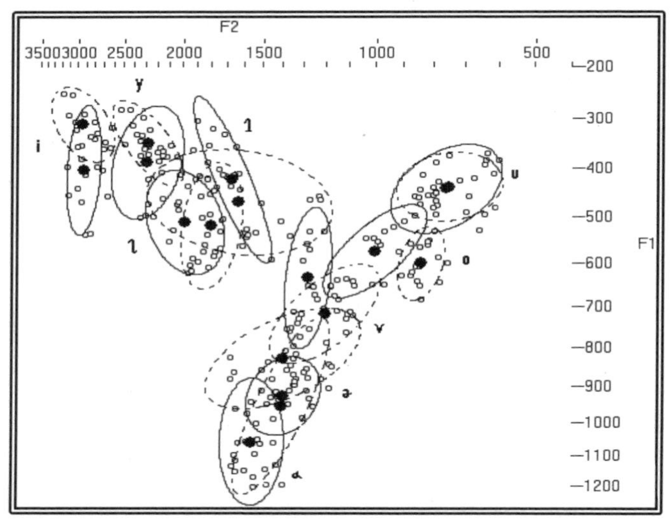

〈그림 91〉 CF-KF5의 포먼트 도표(실선—CF, 점선—KF5)

KF5의 포먼트의 위치를 보면 앞에서 보았던 KF1보다 CF에 근접한 발음을 구사하고 있는 것을 확인할 수 있다. 먼저 KF5의 f1은 313.47Hz에서 961.80Hz까지 분포하고, CF는 350.21Hz에서 1062.05Hz까지 분포하여 CF의 저모음이 KF5의 저모음보다 낮게 실현되고 있는 것을 알 수 있다. KM5의 경우 모음 [ɑ], [ɚ], [ɤ] 등의 모음은 서로 매우 근접해 있어서 각 모음끼리의 f1의 차이가 크지 않았지만(<그림 79> 참조) KF5는 KM5보다 f1의 차이가 분명해졌다. 모음 [i]에서 KF5의 f1이 91.18Hz의 차이를 보이는데, 이것은 다른 집단과 구별되는 점이다. 그러나 모음 [i]의 f2는 CF가 760.39Hz에서 2930.47Hz까지 분포하고, KF5는 750.13Hz에서 2951.75Hz까지 분포하여 차이를 보이지 않는다.

3) 소결

7절에서는 중국어 단모음에 대한 각 집단 간의 대조 분석을 진행하였는데 그 결과는 다음과 같이 정리할 수 있다.

첫째, 중국인 남성과 학습 기간이 1년 미만인 한국인 남성의 대조에서 모음 [ɑ]의 f1, 모음 [ɚ]의 f1, 모음 [u]의 f2, 모음 [ɿ]의 f2, 모음 [y]의 f2 등이 통계적으로 유의하였는데, 집단 간의 대조 중 이 집단이 통계적으로 유의한 결과가 가장 많이 확인되었다. 유의한 결과가 가장 많이 확인된다는 것은 학습 기간이 1년 미만인 한국인 남성의 중국어 단모음 발음이 중국인과 가장 큰 차이를 보인다는 것을 의미한다. 그 중 중설모음에 속하는 모음 [ɑ]와 [ɚ]는 KM1의 f1이 CM보다 낮게 나타나서 KM1의 혀의 최고점 위치가 CM에 비해 높은 것으로 분석되었는데 이것은 KM1의 전반적인 개구도가 CM에 비해 상대적으로 작다는 것을 의미한다. 그 밖에 후설모음 [u], 전설모음 [ɿ]와 [y]에서도 KM1의 f2가 모두 높았다. 즉, 이 세 모음을 발음할 때, KM1의 혀의 최고점 위치가 CM과 비교해서 모두 앞쪽에 위치하는 것을 의미한다. KM1의 모음 [y]의 f2가 CM에 비해 높은 것은 KM1이 모음 [y]를 이중모음 [yi]로 발음하고 있기 때문인 것으로 판단된다. 또한 KM1의 모음 [ɿ]의 f2가 CM보다 높게 나타나는 현상은 두 번째 좁힘점이 CM보다 앞쪽에 위치하기 때문인 것으로 설명할 수 있다. 그리고 KM1의 모음 [u]의 f2가 CM보다 높은 것은 CM의 경우 연구개 뒤쪽에서 좁힘점이 형성되지만, KM1은 연구개의 앞쪽에서 좁힘점이 형성되기 때문으로 해석될 수 있다. 모음 [ɤ]나 [o]의 경우 P6만 통계 처리하였을 경우에는 유의하지 않았지만, P3, P6, P9를 함께 분석한 후 그 차이를 분명하게 확인할 수 있다. 즉, KM1은 음가의 변화가 없지만 CM은 음가 변화를 확인할 수 있다. 결과적으로 CM은 모음 [ɤ]나 [o]를 이중모음으로 실현하지만 KM은 단모음으로 조음한다. 종합하면, KM1은 모음 [i]와 [ʅ]를 제외한 다른 모든 단모음에서 CM과 차이를 보인다.

둘째, 중국인 여성과 학습 기간이 1년 미만인 한국인 여성의 대조에서 모음 [ɚ]의 f1이 통계적으로 유의하였다. 이 두 집단 사이의 대조에서 통계적으로 유의한 모음은 [ɚ] 하나에 그쳤지만, CF1은 모음 [ɤ]나 [o]의 음가 변화를 확인할 수 없으므로 실제로는 모두 세 개의 모음([ɚ], [ɤ], [o])에서 중국인과 비교적 큰 차이를 확인할 수 있었다. KF1의 모음 [ɚ]의 f1이 CF보다 낮고 모음 [ɤ]의 f1과 비슷한 수치를 보이는데 이것은 CF와 비교해서 개구도가 상대적으로 작다는 것을 의미한다. KF1은 주로 중설모음에서 CF와 차이를 보인다.

셋째, 중국인 남성과 학습 기간이 5년 이상인 한국인 남성의 대조에서는 모음 [u]의 f2가 통계적으로 유의하였다. 이 두 집단 사이의 대조에서 통계적으로 유의한 모음은 모음 [u] 하나에 그쳤지만, KM1은 모음 [ɤ]나 [o]의 발음에서 음가의 변화를 확인할 수 없으므로 실제로는 모두 세 개의 모음([u], [ɤ], [o])에서 중국인과 비교적 큰 차이를 확인할 수 있었다. KM5의 모음 [u]의 f2가 CM보다 높게 나타났는데 KM1과 마찬가지로 CM의 경우 연구개 뒤쪽에서 그 좁힘점이 형성되지만 KM5는 연구개의 앞쪽에서 좁힘점이 형성되기 때문인 것으로 해석된다. 특이한 점은 한국인 남성이 학습 기간의 증가에 따라 통계적으로 유의한 모음이 크게 줄어든다는 것이다. 즉, 한국인 남성은 학습 기간이 중국어 단모음의 정확한 발음에 비교적 큰 영향을 미치고 있음을 알 수 있다.

넷째, 중국인 여성과 학습 기간이 5년 이상인 한국인 여성의 대조에서 모음 [o]의 f2가 통계적으로 유의하였다. CF의 모음 [o]는 P3, P6, P9에서 f1과 f2가 모두 높아지는 음가의 변화를 보이지만 KF5에서는 매우 미약한 음가 변화만이 확인된다. 이 결과는 모음 [o]에 대해 CF와 KF5가 서로 다른 모음으로 발음하고 있다는 것을 의미하는데, 이러한 현상은 모음 [ɤ]에서도 확인된다. 집단 간의 대조 중 이 두 집단이 통계적으로 가장 적은 수의 유의한 결과를 보였는데 이것은 KF5의 중국어 단모음 발음이 상대적으로 중국인 여성에 근접해 있다는 것으로 해석된다.

8. 중국인과 한국인의 집단 간 대조 분석

여기에서는 중국인 남성과 한국인 남성 그리고, 중국인 여성과 한국인 여성 간의 집단 차이를 대조 분석하고자 한다. 중국인 남성과 한국인 남성의 대조는 중국인 남성, 학습 기간이 1년 미만인 한국인 남성, 학습 기간이 5년 이상인 한국인 남성 간의 대조를 말하고, 중국인 여성과 한국인 여성의 대조는 중국인 여성, 학습 기간이 1년 미만인 한국인 여성, 학습 기간이 5년 이상인 한국인 여성의 집단의 대조를 말한다. 또한 중국인 남성의 중국어 단모음과 한국인 남성의 한국어 단모음, 중국인 여성의 중국어 단모음과 한국인 여성의 한국어 단모음에 대한 대조 분석도 병행하기로 한다.

1) 중국인 남성과 한국인 남성

<표 18>은 일원배치 분산분석(one-way ANOVA-test)을 통해 산출된 CM, KM1, KM5의 [ɑ], [ɤ], [ɚ], [o], [u], [i], [ɿ], [ʅ], [y]의 f1과 f2에 대한 기술통계량 및 유의확률이다. 아래의 내용은 이를 근거로 CM, KM1, KM5의 모음을 대조 분석한 것이다.

ANOVA-test 결과, 모음 [ɑ]의 f1은 F=7.181, *p=0.028로 통계적으로 유의하였다. KM1과 KM5의 모음 [ɑ]의 f1은 CM보다 높은데, 이것은 CM과 KM1의 대조 분석에서 나타난 유의한 결과와 관계가 있는 것으로 보인다. 모음 [ɚ]의 f2는 F=5.483, *p=0.044로 유의하게 나타났는데, 모음 [ɚ]도 모음 [ɑ]와 마찬가지로 KM1의 영향이 큰 것으로 보인다. 결과적으로 KM1과 KM5의 모음 [ɚ]은 혀의 높이와 전후 위치에 있어 CM과 많은 차이를 보였다. 모음 [u]의 f2는 F=15.367, *p=0.004로 차이를 보이고 있는데, CM과 KM5는 f2의 평균값에서 100.18Hz차이가 나고 CM과 KM1은 86.98Hz 차이가 난다. 모음 [u]의 f1은 통계적으로 유의하지 않았다. 표준편차가 가장 큰 것은 CM의 모음 [i]의 f2의 252.31Hz이고, 가장 작은 것은 KM1의 모음 [u]의 f1의 5.26Hz이다. CM, KM1, KM5를 대조한 결과, 한국인 남성은 f2의 표준편차가 f1보다 크고, f2가 f1에 비해 통계적으로 유의한 모음이 많았는데 이것은 한국인 남성이 중국어 단모음을 발음할 때 중국어 후설모음이 CM과 비교적 차이가 있다고 해석할 수 있다.

〈표 18〉 중국어 단모음에 대한 CM, KM1, KM5의 f1, f2 기술통계량 (단위 : Hz)

모음	피실험자	평균		표준편차		F값		유의확률 (*$p<0.05$)	
		f1	f2	f1	f2	f1	f2	f1	f2
[ɑ]	CM	888.84	1288.61	46.31	1.97	7.181	0.767	*0.026	0.505
	KM1	750.03	1210.66	54.69	126.16				
	KM5	833.24	1260.16	31.31	48.36				
[ɤ]	CM	534.02	1175.37	151.72	79.15	1.622	0.850	0.273	0.473
	KM1	592.41	1096.93	88.56	115.10				
	KM5	684.34	1168.23	31.68	39.31				
[ɚ]	CM	772.28	1230.09	88.48	43.44	5.053	5.483	0.052	*0.044
	KM1	576.18	1290.03	34.64	70.26				
	KM5	781.88	1146.40	122.37	41.46				
[o]	CM	527.97	822.59	46.89	57.93	0.399	0.204	0.687	0.821
	KM1	509.61	828.29	30.83	7.40				
	KM5	547.39	866.63	69.97	147.95				
[u]	CM	411.50	738.08	46.91	29.15	1.711	15.367	0.258	*0.004
	KM1	379.21	825.06	50.61	5.26				
	KM5	448.44	838.26	39.40	29.29				
[i]	CM	301.62	2420.57	14.90	252.31	0.701	0.301	0.532	0.751
	KM1	277.60	2320.95	58.05	72.40				
	KM5	311.97	2336.13	19.94	131.40				
[ɿ]	CM	422.57	1353.77	54.76	134.76	0.239	4.386	0.795	0.067
	KM1	426.17	1601.35	77.19	104.54				
	KM5	455.13	1687.21	55.31	180.05				
[ʅ]	CM	422.66	1523.33	74.52	58.52	0.651	0.762	0.555	0.507
	KM1	446.93	1524.67	54.09	33.97				
	KM5	476.60	1630.17	40.13	199.46				
[y]	CM	320.52	1916.21	25.57	88.56	1.492	4.210	0.298	0.072
	KM1	326.85	2121.42	13.53	83.85				
	KM5	292.05	2177.16	35.16	159.67				

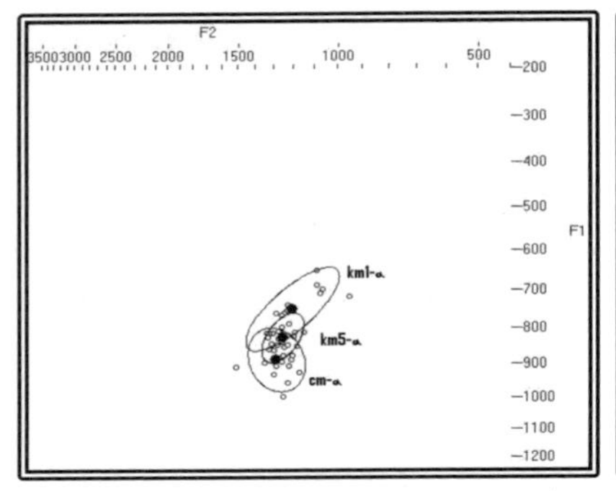

〈그림 92〉 CM-KM1-KM5의 모음 [ɑ] 대조

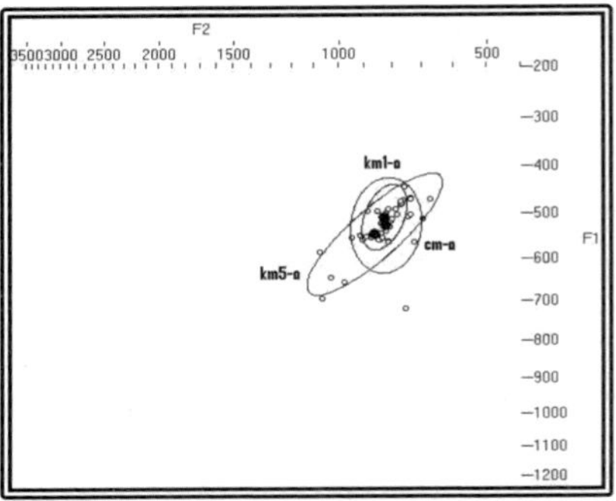

〈그림 93〉 CM-KM1-KM5의 모음 [o] 대조

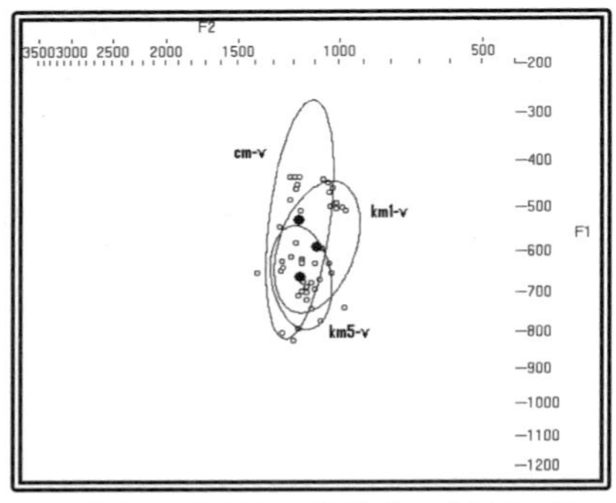

〈그림 94〉 CM-KM1-KM5의 모음 [ɤ] 대조

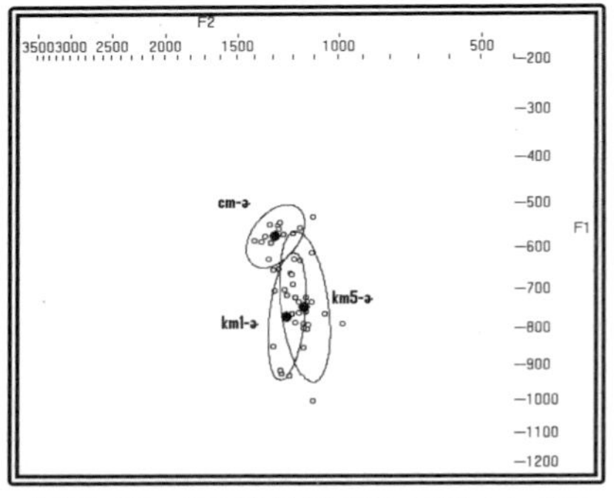

〈그림 95〉 CM-KM1-KM5의 모음 [ə] 대조

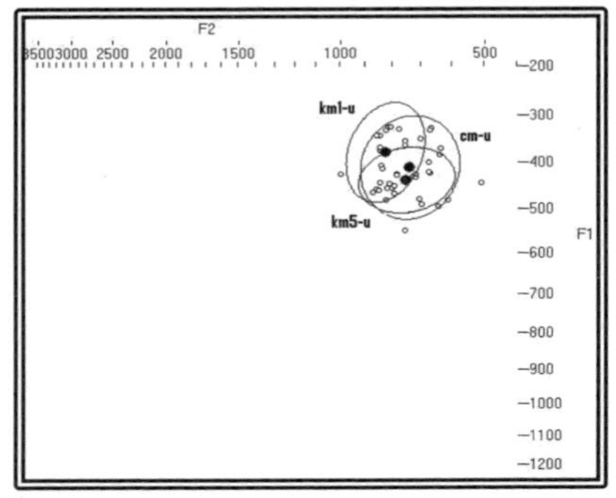

〈그림 96〉 CM-KM1-KM5의 모음 [u] 대조

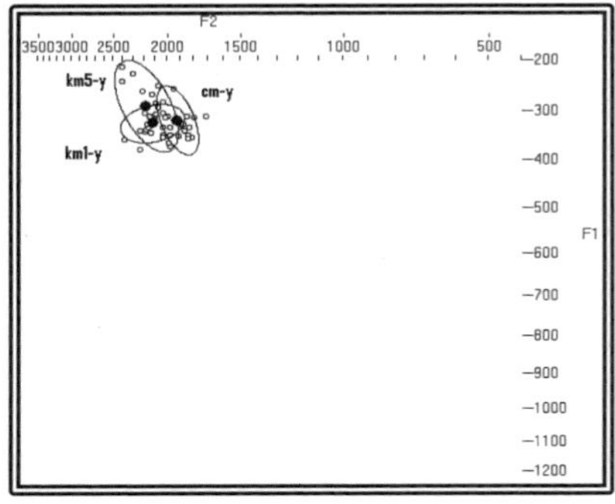

〈그림 97〉 CM-KM1-KM5의 모음 [y] 대조

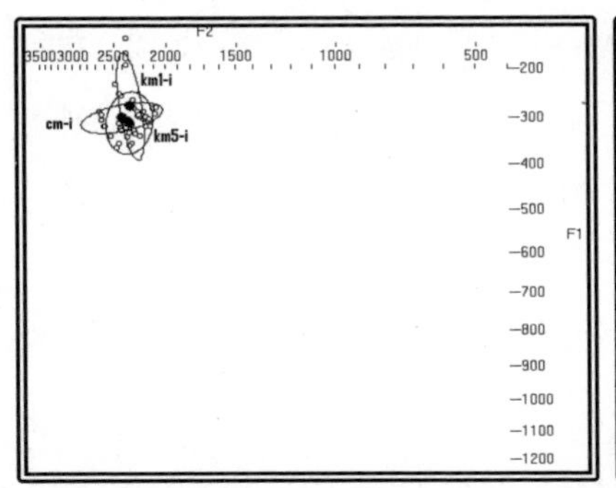

〈그림 98〉 CM-KM1-KM5의 모음 [i] 대조

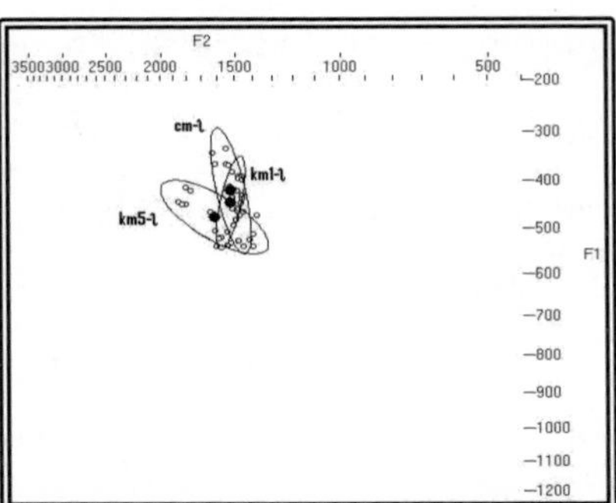

〈그림 99〉 CM-KM1-KM5의 모음 [ʅ] 대조

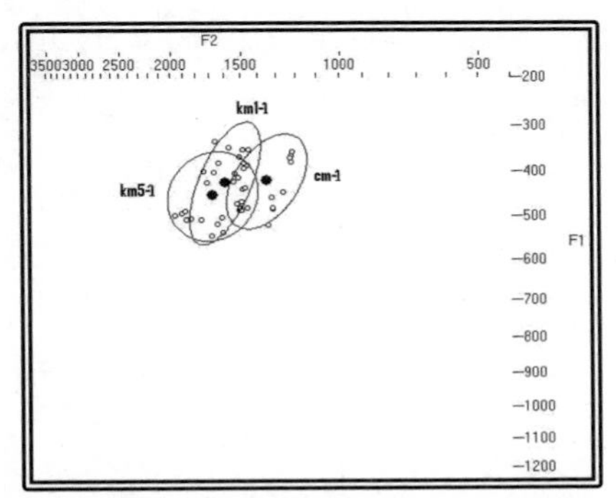

〈그림 100〉 CM-KM1-KM5의 모음 [ɿ] 대조

<그림 92>부터 <그림 93>까지는 CM, KM1, KM5의 각 모음에 대한 대조이다. 이 그림을 통해서 CM, KM1, KM5의 각 모음간의 상대적인 위치를 파악할 수 있다.

개별 모음을 살펴보면, 모음 [ɑ]의 f1의 경우, CM, KM1, KM5 세 집단의 차이가 매우 크게 나타나는데, CM의 f1이 가장 높고 KM1의 f1이 가장 낮다. 이것은 CM은 모음 [ɑ]를 발음할 때 혀의 최고점의 위치가 KM1이나 KM5와 비교해서 상대적으로 낮다는 것을 의미한다.

또한 KM1과 KM5를 비교하면, KM1의 f1이 KM5보다 더 높다. 교육의 측면에서 볼 때 한국인 남성이 중국어 모음 [ɑ]를 발음할 때에는 아래턱을 내리고 혀의 높이를 낮추어 개구도를 더 크게 해야 중국인의 모음에 근접할 수 있다.

<그림 101>은 CM, KM, KM1, KM5의 모음 [ɑ], [i], [u]에 대한 포먼트 도표이다. KM의 기술통계량은 성철재(2004)의 연구결과인 <표 19>를 참고하였다. 한국인의 한국어 모음에 대한 기술통계량은 성철재(2004) 외에도 이재강(1998)이나 안나 파라돕스카(2002)의 결과도 있지만 성철재(2004)가 이재강(1998)에 비해 비교적 최근의 연구이고, 안나 파라돕스카(2002)는 여성에 대한 통계량만 다루고 있기 때문에 참고하지 않았다.[18]

〈표 19〉 한국인의 한국어 단모음 8개에 대한 f1, f2 기술통계량(성철재 : 2004)

(단위 : Hz)

한국어 모음	성별	평균		표준편차	
		f1	f2	f1	f2
이	남	276.60	2290.64	29.35	164.63
	여	380.57	2871.06	35.79	73.20
에	남	475.50	1920.92	33.66	77.65
	여	575.09	2520.48	69.34	106.25
애	남	512.65	1896.2	17.36	129.91
	여	564.31	2460.54	56.36	52.71
아	남	760.54	1223.88	43.15	60.85
	여	1036.98	1564.14	86.65	77.50

18) 이재강(1998)과 안나 파라돕스카(2002)의 포먼트 통계량으로 도표를 작성하면, 성철재(2004)보다 그 차이는 더 명확하게 드러났지만 세 모음의 변화의 양상은 동일한 것으로 나타났다.

어	남	544.23	943.44	22.55	65.20
	여	755.67	1095.82	32.90	47.40
오	남	373.92	693.81	20.69	65.43
	여	494.34	810.86	52.20	36.91
우	남	296.86	796.87	27.30	90.70
	여	458.88	854.10	52.17	71.02
으	남	367.11	1324.58	21.08	88.39
	여	510.94	1639.94	44.85	166.36

먼저 모음 [ɑ]를 보면, CM-KM5-KM-KM1의 순으로 f1이 낮다. 원래 한국어 모음 [ɑ]를 발음하다가 학습 기간이 길어질수록 CM의 모음 [ɑ]로 혀의 위치를 점차 맞추어가는 것으로 해석할 수 있다. 즉, 중국어 학습 기간의 장단에 따라 발음의 정확도가 높아진다. 모음 [ɑ]의 f1은 전체적으로 각 피실험자의 개구도에 영향을 미치고 있는데 교육적인 측면에서 볼 때 한국인 남성이 중국어 모음 [ɑ]를 더욱 더 정확히 발음하기 위해서는 입을 더 크게 벌리고, 턱을 낮추고, 혀를 낮추어야 된다는 것을 알 수 있다.

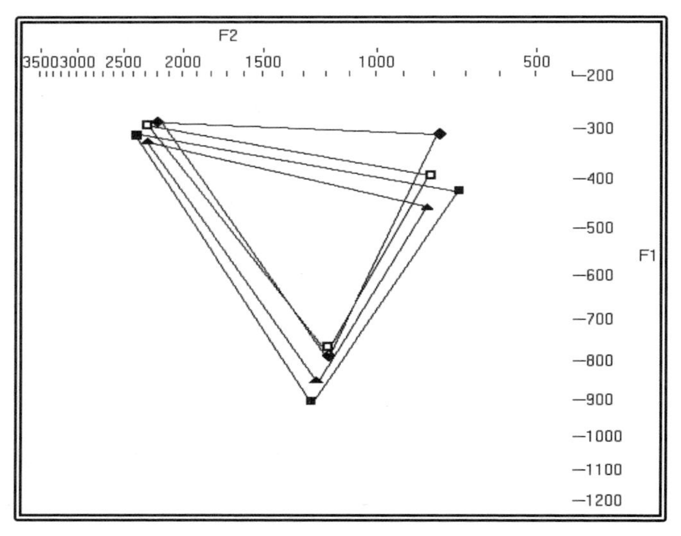

〈그림 101〉 CM, KM, KM1, KM5의 기본 모음 [ɑ], [i], [u]에 대한 포먼트 도표
(■ : CM, ◆ : KM, □ : KM1, ▲ : KM5)

모음 [i]는 CM, KM, KM1, KM5 모두 큰 차이를 보이지 않아 한국어와 중국어의 모음 [i]는 매우 유사하다고 설명할 수 있다.

모음 [u]는 통계량에서도 유의하게 나타났는데 포먼트 도표에서도 이와 마찬가지로 서로 큰 차이를 보이고 있다. f1을 보면 CM이 KM보다 약 100Hz정도 더 높게 나타났으므로 혀의 위치가 더 낮다. f2를 보면 CM과 KM은 큰 차이가 없지만 KM1과 KM5는 약 100Hz정도 차이가 나는데 이것은 KM1과 KM5는 CM의 [u]모음을 하려고 하지만 목표한 [u]에 이르지 못하는 것으로 볼 수 있다.

전체적으로 볼 때, 한국인 남성이 목표한 중국어 단모음을 조음하기 위해서 중설저모음은 혀의 높이를 낮추고, 후설고모음은 좁힘점을 연구개 뒤쪽에서 형성할 수 있도록 하여야만 목표한 모음에 가까워질 수 있다고 판단된다.

2) 중국인 여성과 한국인 여성

<표 20>은 일원배치 분산분석(one-way ANOVA-test)을 통해 산출된 CF, KF1, KF5의 [ɑ], [ɤ], [ɚ], [o], [u], [i], [ɿ], [ʅ], [y]의 f1과 f2에 대한 기술통계량 및 유의확률로 이를 근거로 CF와 KF1, KF5의 모음에 대해 대조 분석하였다.

<표 20>에서는 통계적으로 유의한 모음이 전혀 없는 것으로 나타났으며, KM1, KF1, KM5, KF5에서 동일하게 나타나는 현상은 f2값의 표준편차가 높게 나타나 후설모음의 변화가 다소 있다는 점이다. 전체적으로 볼 때 유의한 모음의 수 차이만을 고려한다면, KF1과 KF5는 KM1과 KM5보다 비교적 정확하게 발음한다고 판단할 수 있다.

〈표 20〉 중국어 단모음에 대한 CF, KF1, KF5의 f1, f2 기술통계량 및 유의확률

(단위 : Hz)

모음	피실험자	평균		표준편차		F값		유의확률 (*p〈0.05)	
		f1	f2	f1	f2	f1	f2	f1	f2
	CF	1062.05	1558.44	95.02	100.31				
[ɑ]	KF1	1013.48	1492.17	92.19	152.73	0.554	0.985	0.601	0.427
	KF5	961.80	1407.84	152.53	136.61				
	CF	636.74	1277.74	91.04	39.91				
[ɤ]	KF1	777.52	1206.04	40.69	79.70	3.413	0.651	0.102	0.555
	KF5	719.57	1206.04	57.07	125.40				
	CF	928.06	1394.29	23.41	102.55				
[ɚ]	KF1	764.18	1475.93	90.63	20.60	4.874	0.295	0.055	0.755
	KF5	829.71	1407.09	61.66	218.95				
	CF	576.41	1005.25	61.43	96.81				
[o]	KF1	610.07	946.89	56.50	75.11	0.326	4.114	0.734	0.075
	KF5	602.93	840.51	41.30	15.75				

	CF	443.08	760.39	25.66	88.61				
[u]	KF1	431.88	974.86	72.86	138.88	0.047	4.192	0.954	0.073
	KF5	438.51	750.13	8.10	86.21				
	CF	404.65	2930.47	69.60	99.46				
[i]	KF1	350.45	2897.93	64.05	80.88	2.004	0.103	0.216	0.904
	KF5	313.47	2951.75	22.40	218.87				
	CF	425.72	1674.54	97.31	132.92				
[ɿ]	KF1	450.29	1801.91	102.49	268.63	0.199	0.328	0.824	0.732
	KF5	471.08	1652.73	52.17	297.11				
	CF	513.85	1986.80	26.87	139.81				
[ʅ]	KF1	504.27	1767.22	117.63	121.94	0.032	3.016	0.968	0.124
	KF5	521.49	1802.75	77.90	83.90				
	CF	388.83	2288.65	57.51	100.02				
[y]	KF1	341.39	2290.85	55.33	76.99	0.670	0.002	0.546	0.998
	KF5	350.21	2284.75	46.66	149.08				

다음의 <그림 102>에서 <그림 110>까지는 CM, KM1, KM5의 각 모음에 대한 대조 그림인데 이를 통해서 CM, KM1, KM5의 각 모음간의 상대적인 위치를 파악할 수 있다.

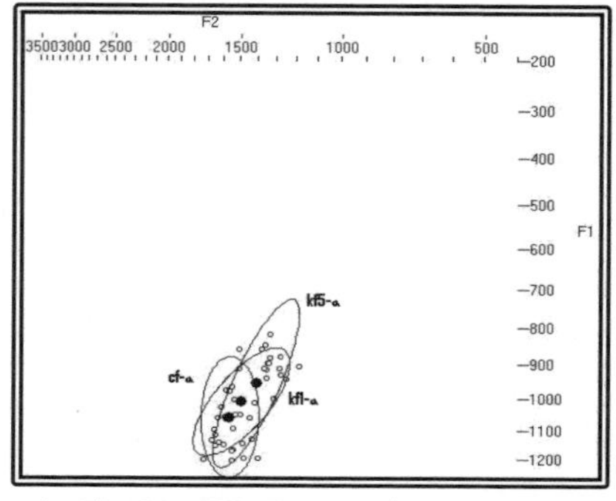

〈그림 102〉 CF-KF1-KF5의 모음 [ɑ] 대조

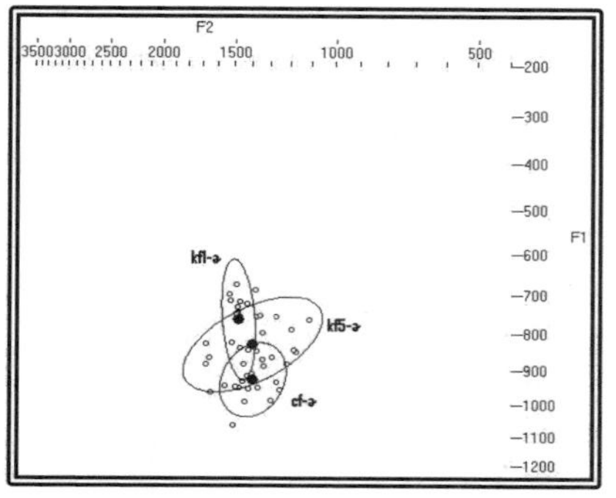

〈그림 103〉 CF-KF1-KF5의 모음 [ə] 대조

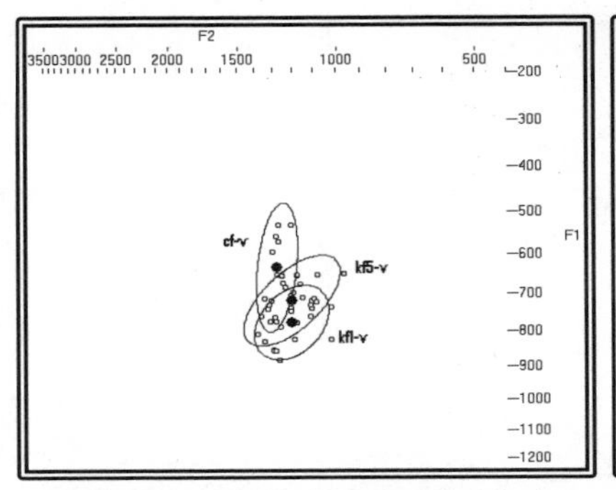

〈그림 104〉 CF-KF1-KF5의 모음 [ɤ] 대조

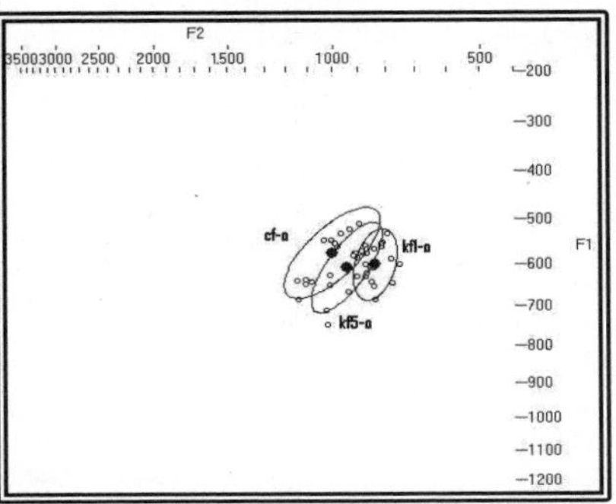

〈그림 105〉 CF-KF1-KF5의 모음 [o] 대조

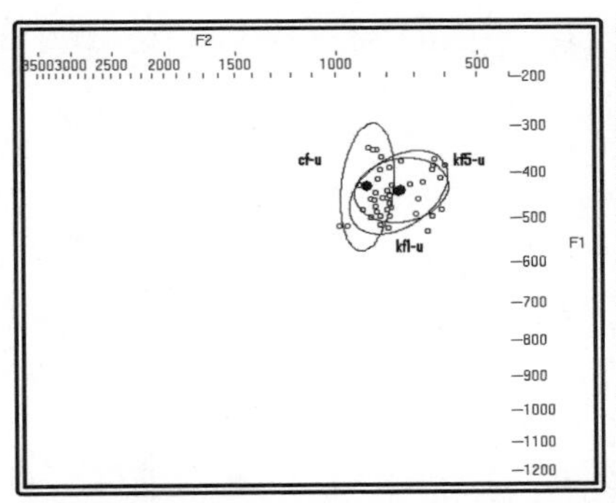

〈그림 106〉 CF-KF1-KF5의 모음 [u] 대조

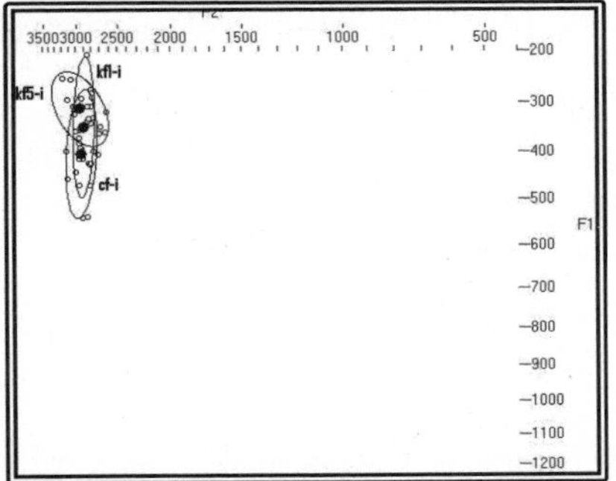

〈그림 107〉 CF-KF1-KF5의 모음 [i] 대조

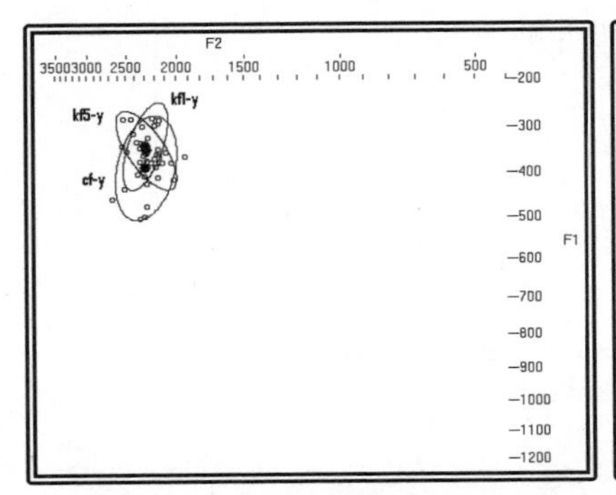

〈그림 108〉 CF-KF1-KF5의 모음 [y] 대조

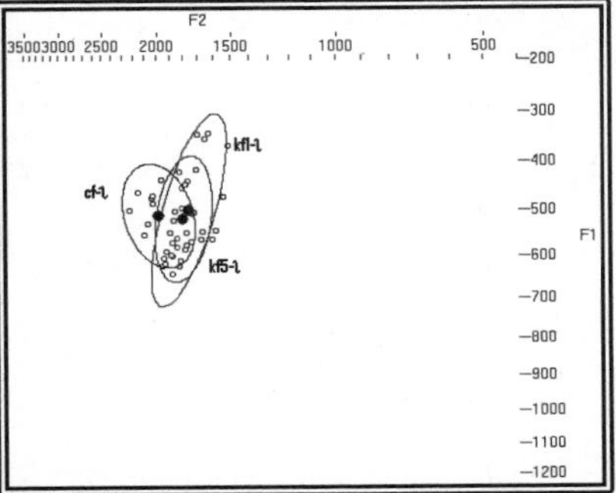

〈그림 109〉 CF-KF1-KF5의 모음 [ʅ] 대조

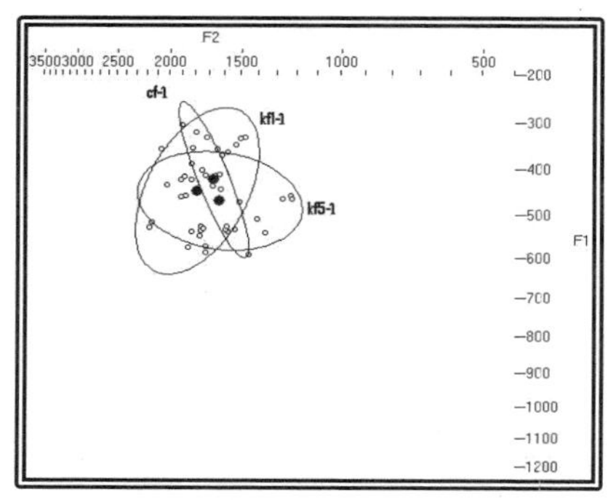

〈그림 110〉 CF-KF1-KF5의 모음 [ɿ] 대조

전반적으로 CF-KF1-KF5는 CM-KM1-KF5에 비해 각 집단별 모음 차이가 그다지 크지 않았다.

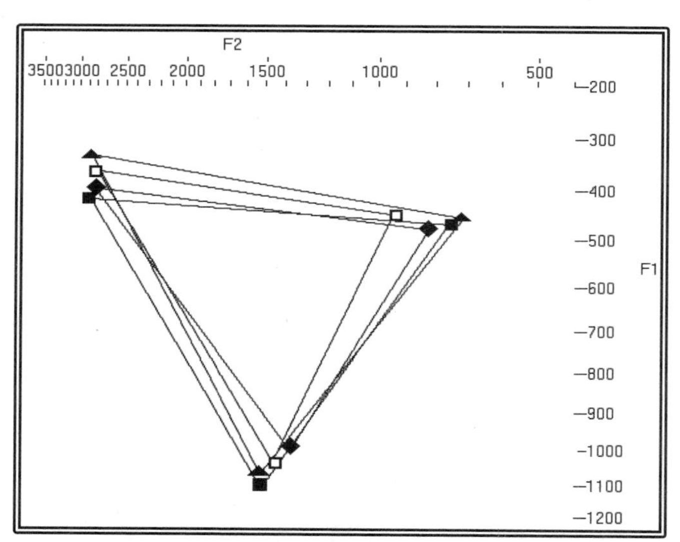

〈그림 111〉 CF, KF, KF1, KF5의 기본 모음 [ɑ], [i], [u]에 대한 포먼트 도표
(■ : CF, ◆ : KF, □ : KF1, ▲ : KF5)

<그림 111>은 CF, KF, KF1, KF5의 모음 [ɑ], [i], [u]에 대한 포먼트 도표이며, 그 중 KF의 기술통계량은 성철재(2004)[19]를 참고하였다.

먼저 모음 [ɑ]를 보면, CF-KF5-KF1-KF의 순으로 f1이 낮다. KF와 KF1은 거의 차이가 없는데, 모두 CF의 모음 [ɑ]보다는 KF의 모음 [ɑ]에 가까운 f1값을 보여주고 있으므로 한국어 모음 [ɑ]의 영향을 받고 있는 것으로 판단할 수 있다. 전체적으로 모음 [ɑ]는 각 피실험자의 개구도에 큰 영향을 미치게 된다. 모음 [ɑ]의 경우 CF와 KF의 차이가 약 120Hz정도 차이가 나는데 한국인 여성이 중국어 [ɑ]모음을 정확히 발음하기 위해서는 지금 현재보다 턱을 더 낮추고, 혀의 위치를 낮추어야 된다는 것을 알 수 있다.

모음 [i]는 f2의 경우 CF, KF, KF1, KF5와 모두 서로 비슷하며 단모음 중 한국어 모음 /이/와 매우 비슷한 것으로 관찰되었다.

모음 [u]는 KF의 f1이 CF나 KF1, KF5와 매우 비슷하였다. KF의 f2만 비교해보면 KF5는 CM의 [u]에 가깝게 조음을 하고 있으나, KF1은 혀의 최고점의 위치가 약 150Hz정도에 형성되므로 CF의 발음에 가까워지기 위해서는 최고점의 위치를 지금보다 뒤쪽에 둘 필요가 있다.

전체적으로 볼 때, 목표한 중국어 모음을 조음하기 위해서 한국인 여성은 중설저모음은 혀의 높이를 낮추고, 후설고모음은 혀의 최고점 위치를 더 뒤로 보내고, 전설고모음은 혀의 높이를 높여야 하는 것으로 분석되었다.

---

19) <표 19> 참고.

3) 소결

8절에서는 중국어 단모음에 대한 남성과 여성 집단 간의 대조 분석을 진행하였는데 그 결과는 다음과 같다.

첫째, 중국인 남성(CM), 학습 기간이 1년 미만인 한국인 남성(KM1), 학습 기간이 5년 이상인 한국인 남성(KM5)의 대조에서 모음 [ɑ]의 f1, 모음 [ɚ]의 f2, 모음 [u]의 f2가 통계적으로 유의하였다. 이와 같은 결과는 CM과 KM1의 대조에서 모음 [ɑ]의 f1, 모음 [ɚ]의 f1, 모음 [u]의 f2가 유의하였고, CM과 KM5의 대조에서 모음 [u]의 f2가 유의했던 것이 반영된 것이다. 그러나 흥미로운 점은 통계적으로 차이가 있는 [ɑ], [ɚ], [u] 등의 세 모음은 학습 기간이 길어질수록 중국인의 발음에 가까워지고 있다는 것이다. 이러한 현상은 외국어 초기 학습에 강하게 작용하던 모어의 간섭현상도 장시간의 노력을 통해 극복할 수 있다는 교육적 의미가 있다. 또한 모음 [ɤ]나 [o]의 P6만을 분석하였을 때는 유의하지 않았지만, P3, P6, P9를 종합 분석하면 중국인 남성은 음가의 변화를 볼 수 있지만 한국인 남성에게서는 확인할 수 없었다. 이것은 한국인 남성이 이 두 모음에 대해 중국인 남성과는 다르게 발음하고 있다는 것을 의미한다. 종합하면 한국인 남성은 중국어 단모음 [ɑ], [ɚ], [u], [ɤ], [o]의 발음에서 중국인 남성과 차이를 보인다.

둘째, 중국인 여성(CF), 학습 기간이 1년 미만인 한국인 여성(KF1), 학습 기간이 5년 이상인 한국인 여성(KF5)의 대조에서는 통계적으로 유의한 모음이 없었다. 그러나 모음 [ɤ]나 [o]에 대해 P6만을 분석하였을 때는 유의하지 않았지만, P3, P6, P9를 종합하여 분석하면, 중국인 여성에서 볼 수 있는 음가의 변화를 한국인 여성에게서는 확인할 수 없었다. 이것은 한국인 여성이 이 두 모음에 대해서 중국인과는 다른 발음을 하고 있다는 것을 의미한다. 종합하면, 한국인 여성은 중국어 단모음 [ɤ]와 [o]의 발음에서 중국인 여성과 차이를 보인다.

셋째, 한국인이 발음한 중국어 단모음의 개구도가 전체적으로 중국인에 비해 작다. 기본모음 [ɑ], [i], [u]를 포먼트 도표를 통해 비교하면 한국인은 남성과 여성 모두 중국인보다 개구도가 작게 나타났다. 한국인의 중국어 개구도는 한국인의 한국어 개구도보다는 크지만 중국인의 중국어 개구도보다는 작은데, 이러한 현상은 한국인이 중국어 단모음을 학습할 때 한국어 음성 체계의 영향을 받기 때문인 것으로 해석된다. 일반적으로 개구도 크기에 가장 큰 영향을 미치는 기본적인 모음은 중설저모음 [ɑ]인데 한국인 남성의 한국어 모음 [ɑ]의 f1이 중국인 남성보다 약 120Hz 정도 낮고 한국인 여성은 100Hz 정도 낮으며, 한국인 남성과 여성을 비교하면 남성의 개구도가 여성의 개구도보다 작다.

넷째, 중국인 여성과 학습 기간이 5년 이상인 한국인 여성의 대조에서 모음 [o]의 f2가 통계적으로 유의하였다.

제3부 청취실험

음향실험 결과, 첫째, 중국어 모음의 개구도가 한국어 모음의 개구도보다 커서 모음 [ɑ]는 한국어의 /아/보다 혀의 위치가 낮고, 둘째, 중국어 모음 [i]는 한국어 모음 /이/와 거의 차이가 없으며, 셋째, 모음 [u]는 한국어 /우/보다 최고점이 뒤에 위치하고, 넷째, 음성적으로 모음 [ɤ]와 [o]는 단모음이 아니라 이중모음으로 실현된다는 것을 알게 되었다. 여기에서는 음향실험을 통해 확인한 위와 같은 결과들이 청취실험에서도 나타나는지에 대해 관찰하고자 한다.

1. 실험 방법 및 실험 자료

여기에서는 청취실험의 각종 절차, 그리고 실험의 방법에 대해 기술할 것이다. 청취실험에서도 음향실험과 마찬가지로 중국어 단모음을 실험 자료로 사용하였다. 음향실험에서 이용된 단모음 데이터 중 중국인 남, 여 각 1인, 학습 기간이 1년 미만인 한국인 남, 여 각 1인, 학습 기간이 5년 이상인 남, 여 각 1인의 단모음을 청취실험에 사용하였다.

〈표 1〉 청취실험 데이터 이용자에 대한 현황

순서	기호	성명	성별	출생년도	직업
1	CM0	LY	남	1981년	대학원생
2	CF0	LC	여	1980년	대학원생
3	KM1	NSH	남	1979년	대학생
4	KF1	KSJ	여	1983년	대학생
5	KM5	SMG	남	1978년	대학원생
6	KF5	ASJ	여	1973년	대학원생

청취실험에 이용한 음성파일은 [ɑ1], [ɑ2], [ɑ3], [ɑ4], [i1], [i2], [i3], [i4], [u1], [u2], [u3], [u4], [ɤ1], [ɚ4], [o1], [ɿ1], [ʅ1], [y1] 등 총 18개이다. [o1], [ɿ1], [ʅ1]은 음향실험을 진행할 때와 마찬가지로 자음 부분을 제외하고 모음 부분만을 실험에 사용하였다. 위의 각 음성파일을 두 개씩 쌍으로 만들면 각 모음 당 9개이며, 남, 여로 나누어져 있으므로 모두 18×9×2=324개가 되고, 포일 음절(foil syllable)[1] 36개도

1) 포일 음절(foil syllable)은 피실험자가 실험에 임하는 자세를 검증하기 위해 실험과 전혀 다른 내용의 데이터를 첨부하여 실험의 신뢰도를 판단하는 하나의 기준이 되는 음절이다. c4_cf0, d1_cf0, f1_cf0, g1_cf0, h1_cf0, j1_cf0, k1_cf0, l1_cf0, m1_cf0, n1_cf0, p4_cf0, q1_cf0, s1_cf0, t1_cf0, x1_cf0, z1_cf0 16개의 포일 음절을 앞, 뒤로 배치하여 총 36개의 파일을 만들어 실험에 사용하였다. 이번 실험에서 포일 음절이 들어간 소리파일에 대해서 피실험자가 두 소리 파일을 동일한 것(same)으로 판단할 경우, 그 피실험자는 성실하게 실험에 임했다고 볼 수 없기 때문에 해당 피실험자의 실험결과는 이 글에서 사용하지 않았다.

포함되어 있으므로 총 360개의 파일이 된다. 이 파일을 프라트에서 무작위순으로 배열하여 두 번씩 실험을 진행하였다. 실험 데이터에 관한 내용은 모두 스크립트(script)로 작성하여 프라트에서 읽도록 설정하였다. 각 파일 사이에 5초 정도의 간격을 두었고, 각 실험쌍마다 5초 간격을 두어 피실험자에게 소리를 들려주었다. 120개의 파일을 들려준 후에 피실험자가 원할 경우에 따로 휴식시간을 가질 수 있도록 하였고 한 차례의 실험을 마칠 때까지 두 번의 휴식시간을 부여하였다. 피실험자가 클릭을 하여야만 다음 단계로 넘어갈 수 있기 때문에 중간에 의문사항이 있을 경우 실험자에게 질문을 할 수도 있었고, 또 각 피실험자마다 반응하는 시간이 달라서 피실험자가 실험하는데 소요된 시간은 서로 달랐다.

이 실험은 피실험자들의 프로그램 조작의 어려움으로 인한 오류 발생률을 낮추기 위해 먼저 샘플 테스트를 실시한 다음에 본 실험으로 들어갈 수 있도록 설계하였다. 샘플 테스트는 소리파일 두 쌍으로 이루어진 데이터를 6개 파일로 만들었고, 이 실험과 똑같은 방식으로 진행할 수 있도록 되어 있었다. 그리고 피실험자가 스스로 프로그램 조작이 익숙해졌다고 생각되었을 때 본 실험을 진행하도록 하였다.

이 실험에서는 먼저, 두 개의 중국어 단모음 음성파일을 들은 후 그것이 동일한지 다른지를 판단하고,[2] 두 번째, 동일한 경우는 그 파일이 중국인의 중국어 단모음 음성 파일인지 한국인의 중국어 단모음 음성파일인지 판단한다.[3] 만약 다를 경우에는[4] 첫 번째 것이 중국인

---

2) <그림 1>에서 동일하다고 판단되는 경우, 노란색으로 표시된 'same'에 마우스를 대고 클릭하면 붉은색으로 바뀌면서 'chinese'와 'korean'에 노란색이 표시된다.

3) <그림 1>에서 'chinese'와 'korean'에 노란색이 표시되면 그 중 하나를 선택하고, 선택이 끝나면 다음 파일로 넘어간다.

의 중국어 단모음 음성파일인지 두 번째 것이 중국인의 파일인지를 판단하게 하였다.5)

피실험자의 결과 데이터 중 청취 정확도를 백분율로 계산한 후 1차 실험과 2차 실험의 결과 차이가 큰 데이터는 신뢰도가 낮은 것으로 판단하여 모두 분석대상에서 제외시켰다. 결과적으로 한국인, 중국인 피실험자 데이터 중 각 2인 총4인의 데이터는 분석하지 않았다.

이 모든 실험은 S대학교 중문과 연구실 및 K대학교 컴퓨터실에서 진행되었다.

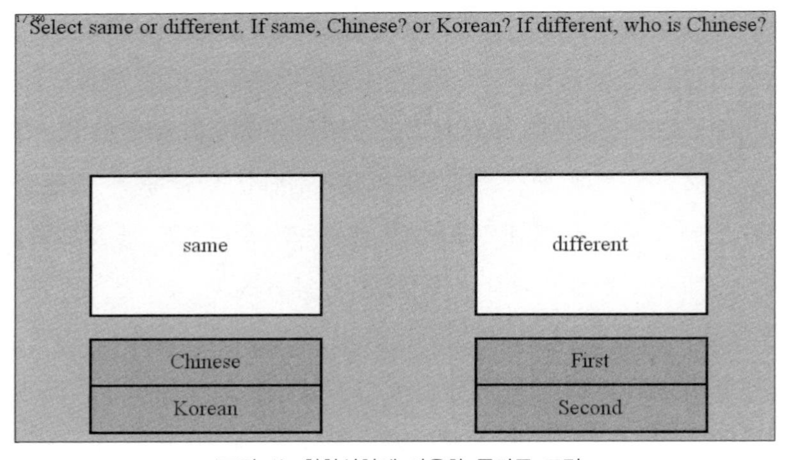

〈그림 1〉 청취실험에 사용한 프라트 그림

4) <그림 1>에서 'different'를 클릭한다.

5) <그림 1>에서 'who is chinese?'라는 질문에 맞춰 첫 번째가 중국인인지 아니면 두 번째가 중국인인지를 판단하고 'first'나 'second'를 선택한다. 그 선택이 끝나면 다음 단계로 넘어간다.

2. 피실험자

피실험자는 한국인과 중국인 두 집단으로 나누어진다. 음향실험에서 나타난 결과가 청취실험에서도 동일하게 나타나는지를 살펴보기 위해서 청취실험도 두 집단으로 나누어 진행하였다.

1) 한국인 피실험자

청취실험에 참가한 한국인 피실험자는 S대학교 중어중문학과 석사연구생과 박사연구생들로 구성되었으며, 남성 5인, 여성 17인으로 총 22인이다. 이들은 모두 일정 기간 동안 중국어를 학습하였고 중국어 청취에 있어서 별다른 문제점이 없었다. 피실험자의 결과데이터 중 청취 정확도를 백분율로 계산한 후 1차 실험과 2차 실험의 차이가 가장 큰 두 데이터는 분석대상에서 제외되었기 때문에 실제 피실험자의 인적사항은 다음과 같다.

〈표 2〉 한국인 피실험자 인적사항

순서	기호	성명	성별	직업
1	KM01	JHC	남	박사생
2	KM02	LWJ	남	석사생
3	KM03	PES	남	석사생
4	KM04	KJN	남	석사생
5	KM05	JYJ	남	박사생
6	KF01	KSH	여	석사생
7	KF02	LTE	여	박사생

8	KF03	KEJ	여	석사생
9	KF04	KJH	여	석사생
10	KF05	HSM	여	석사생
11	KF06	HYJ	여	박사생
12	KF07	KTS	여	석사생
13	KF08	LES	여	석사생
14	KF09	LSY	여	석사생
15	KF10	MSJ	여	석사생
16	KF11	PEJ	여	석사생
17	KF12	PML	여	석사생
18	KF13	PYO	여	석사생
19	KF14	RSJ	여	석사생
20	KF15	LSJ	여	석사생

2) 중국인 피실험자

청취실험에 참가한 중국인 피실험자는 S대학교 중어중문학과 석사연구생 2인, 박사연구생 1인, K대학교에 교환학생으로 온 베이징외국어대학교(北京外國語大學) 학생 5인, 지린사범대학교(吉林師范大學) 교사 2인으로 구성되어 총 10인이다. 피실험자의 결과 데이터 중 청취 정확도를 백분율로 계산한 후 1차 실험과 2차 실험의 차이가 가장 큰 두 데이터는 분석대상에서 제외하였기 때문에 실제 중국인 피실험자의 수는 총 8인이다. 그 인적사항은 다음과 같다.

〈표 3〉 중국인 피실험자 인적사항

순서	기호	성명	성별	출생년도	출생지	성장지	직업
1	CM01	ZC	남	1985	북경	북경	베이징외국어대학교 학생
2	CM02	GL	남	1985	산동성 청도시	내몽고	베이징외국어대학교 학생
3	CM03	WL	남	1985	산동성 청도시	산동성 청도시	베이징외국어대학교 학생
4	CM04	ZDH	남	1980	길림성 사평시	길림성 사평시	지린사범대학 교사
5	CM05	ZZY	남	1985	산동성 청도시	산동성 청도시	베이징외국어대학교 학생
6	CF02	GQ	여	1985	호북성 황석시	복건성 하문시	베이징외국어대학교 학생
7	CF03	QLY	여	1974	길림성 사평시	길림성 사평시	지린사범대학 교사
8	CF04	ZJY	여	1980	북경	북경	S대학교 박사생

3. 분석방법

프라트에서 청취실험을 한 데이터를 각 모음별, 각 피실험자별로 정리하여 정답과 오답으로 나누어 비율을 조사하였다. 중국인 남성과 중국인 남성, 중국인 여성과 중국인 여성, 학습 기간이 1년 미만인 한국인 남성과 학습 기간이 1년 미만인 한국인 남성, 학습 기간이 1년 미만인 한국인 여성과 학습 기간이 1년 미만인 한국인 여성, 학습 기간이 5년 이상인 한국인 남성과 학습 기간이 5년 이상인 한국인 남성, 학습 기간이 5년 이상인 한국인 여성과 학습 기간이 5년 이상인 한국인 여성의 쌍으로 이루어진 파일, 즉 동일한 음성파일로 이루어진 경우 'same'을 선택하고 해당 모음 대립쌍의 발음자(한국인 혹은 중국인)를 정확하게 선택하였을 때만 정답으로 처리하였다. 학습 기간이 1년 미만인 한국인 남성과 학습 기간이 5년 이상인 한국인 남성으로 이루어진 음성파일인 경우에도 'same'을 선택하고 해당모음 대립쌍의 발음자(한국인 혹은 중국인)를 정확하게 선택하였을 때만 정답으로 처리하였다. 또한 학습 기간이 1년 미만인 한국인 여성과 학습 기간이 5년 이상인 한국인 여성일 경우에도 동일한 방법으로 처리하였다. 중국인 남성과 학습 기간이 1년 미만인 한국인 남성, 중국인 남성과 학습 기간이 5년 이상인 한국인 남성, 중국인 여성과 학습 기간이 1년 이상인 한국인 여성, 중국인 여성과 학습 기간이 5년 이상인 한국인 여성 등과 같이 한국인과 중국인으로 구성된 대립쌍은 'different'를 선택하고 그 중 중국인을 정확하게 선택하였을 경우에만 정답으로 처리하였고 앞뒤 순서를 바꾸었을 경우에도 동일하게 적용하였다.

4. 중국어 단모음에 대한 중국인의 지각

여기에서는 청취실험을 통해 피실험자인 중국인이 중국어 단모음을 어떻게 지각하는지에 대해서 관찰하였다. 청취실험에 대한 분석은 대조대상이 동일한 실험 자료와 대조대상이 상이한 실험 자료로 나누어서 진행하였다.

<표 4>는 전체 중국인 피실험자의 청취실험에 대한 정확도를 나타낸다.

〈표 4〉 중국인 피실험자의 청취도 (단위 : %)

피실험자		CM01	CM02	CM03	CM04	CM05	CF01	CF02	CF03
정확도 (%)	1차 실험	47.5	63.0	49.7	58.0	60.2	42.6	56.5	70.4
	2차 실험	53.4	68.8	59.3	57.1	54.6	42.9	54.9	67.6
	평균(차)	50.5 (−5.9)	65.9 (15.8)	54.5 (−9.6)	57.6 (0.9)	57.4 (5.6)	42.8 (−0.3)	55.7 (1.6)	69.0 (2.8)

위의 표를 보면 중국인 피실험자의 청취도가 42.6%에서 68.8% 사이에서 분포한다. 각 피실험자의 평균은 최저 42.8%에서 최고 69.0%이며 전체 평균은 56.7%이다. 중국인 피실험자 총 8인 중 4인은 1차 실험의 정답률이 높고 나머지 4인은 2차 실험의 정답률이 높다. 그러나 1차 실험과 2차 실험의 편차가 크지 않고 0.3%에서 9.6%에 분포하여 평균 4.06%의 차이를 보인다. 이 실험 수치에 대해 한 가지 주의할 점은 <표 4>에서 나타나는 정답률이 상대적인 수치일 뿐 단모음 발음에 대한 청취력이나 한국인 발음과 중국인 발음의 좋고 나쁨을 판단할 수 있는 절대적인 수치는 아니라는 것이다.

1) 대조대상이 동일한 실험 자료

여기에서는 동일한 실험 자료, 즉 중국인 남성과 중국인 남성, 중국인 여성과 중국인 여성, 학습 기간이 1년 미만인 한국인 남성과 학습 기간이 1년 미만인 한국인 남성, 학습 기간이 1년 미만인 한국인 여성과 학습 기간이 1년 미만인 한국인 여성, 학습 기간이 5년 이상인 한국인 남성과 학습 기간이 5년 이상인 한국인 남성, 학습 기간이 5년 이상인 한국인 여성과 학습 기간이 5년 이상인 한국인 여성으로 이루어진 동일한 파일에 대한 중국인 피실험자의 청취실험 결과를 제시하고 그 결과에 대해 분석하였다.

(1) 중국인 실험 자료에 대한 중국인의 지각

CM과 CM의 대립쌍으로 이루어진 [ɑ1], [ɑ2], [ɑ3], [ɑ4], [i1], [i2], [i3], [i4], [u1], [u2], [u3], [u4]의 음성파일에 대한 중국인 피실험자의 결과를 분석하였다. 이 청취실험의 결과는 모음 [ɑ], [i], [u]의 동일한 음성파일에 대한 피실험자들의 청취도와 [ɑ], [i], [u] 세 가지 모음에 대한 성조별 청취 판단의 차이를 밝혀줄 것이다. 성조에 따른 청취실험은 하나의 단모음에 대해 네 가지 성조 중에서 두 개만을 선택하여 구성한 한 쌍의 소리 파일을 듣고 판단하는 것이므로 정확도는 전체적으로 높게 나타났다.

〈표 5〉 [ɑ], [i], [u] 성조별 중국인의 청취도(CM-CM) (단위 : %)

CM-CM		같게 들은 경우			다르게 들은 경우
		모두 한국인으로	모두 중국인으로	소계	소계
[ɑ]	1성	18.8	81.2	100.0	0.0
	2성	12.5	81.2	93.7	6.3
	3성	31.2	68.8	100.0	0.0
	4성	24.9	68.8	93.7	6.3
[i]	1성	12.5	87.5	100.0	0.0
	2성	18.8	81.2	100.0	0.0
	3성	18.8	81.2	100.0	0.0
	4성	0.0	100.0	100.0	0.0
[u]	1성	18.8	81.2	100.0	0.0
	2성	18.2	75.0	93.7	6.3
	3성	31.2	68.8	100.0	0.0
	4성	12.5	75.0	87.5	12.5

<표 5>를 보면, CM의 청취 정확도는 모음 [ɑ]에서 전체 평균 75.0%, 모음 [i]에서 전체 평균 87.5%, 모음 [u]에서 전체 평균 75.0%로 [i]의 평균이 가장 높게 나타났다. 성조를 포함해보면, [ɑ3], [ɑ4], [u3]이 68.8%로 최저를, [i4]가 100%로 최고를 기록했다. CM의 대립쌍에 대한 중국인의 청취 판단에서도 성조별 차이는 크지 않았다.

여기에서는 CM과 CM의 단모음 대립쌍에 대한 중국인 피실험자의 청취 판단에 대해 살펴보았다. <표 6>을 보면 각 모음 대부분 70%이상의 높은 정확도를 보인다. 그러나 모음 [o], [ɿ], [ʅ] 등의 모음에 대해서는 중국인으로 판단한 비율이 한국인으로 판단한 비율보다 훨씬 낮은 수치를 보였다. 이 세 모음에 대한 정확도를 보면 모음 [o]가 50.0%, [ɿ]가 25.0%, [ʅ]도 25.0%로 낮은데 그 중에서도 모음 [ɿ]과 [ʅ]는 한국인으로 판단한 비율이 모두 62.5%로 높게 나타났다. 이러한 현상은 세 단모음은 모두 단독으로 발음할 수 없다는 점이 공통점에서 그 원인을 찾을 수 있다. 즉 중국인은 이 세 모음에 대해 모음만을 단독으로 들었던 경험이 거의 없었기 때문에 모음만을 따로 떼어낸 청취 자료를 정확하게 판단할 수 없었을 것이다. 물론 모음 [o]의 경우는 단독으로 발음되는 경우가 있지만 감탄사에만 제한적으로 사용되기 때문에 중국인들이 그것을 정확하게 듣지 못하는 것으로 판단된다. 그렇지만 모음 [ɿ]과 [ʅ]보다는 정확도가 더 높게 나타났다. CM의 대립쌍에 대한 청취실험의 정확도는 평균 66.6%이다.

〈표 6〉 중국인의 청취 판단(CM-CM) (단위 : %)

CM-CM	같게 들은 경우			다르게 들은 경우
	모두 한국인으로	모두 중국인으로	소계	소계
[ɑ]	18.8	81.2	100.0	0.0
[ɤ]	31.2	68.8	100.0	0.0
[ɚ]	0.0	93.2	93.2	6.8
[o]	50.0	50.0	100.0	0.0
[u]	18.8	81.2	100.0	0.0
[i]	12.5	87.5	100.0	0.0
[ɿ]	62.5	25.0	87.5	12.5
[ʅ]	62.5	25.0	87.5	12.5
[y]	12.5	87.5	100.0	0.0

여기에서는 CF와 CF의 대립쌍으로 이루어진 [ɑ1], [ɑ2], [ɑ3], [ɑ4], [i1], [i2], [i3], [i4], [u1], [u2], [u3], [u4] 등의 음성파일에 대한 중국인 피실험자의 청취실험 결과를 분석하였다. <표 7>을 보면 CF의 대립쌍에 대한 청취 정확도는 모음 [ɑ]의 전체 평균 70.3%, 모음 [i]의 전체 평균 73.4%, 모음 [u]의 전체 평균 64.0%로 나타났다. 성조를 포함해 보면, [i1]이 93.8%로 최고를 기록했고 [ɑ3]이 43.7%로 최저를 기록하였다. 그러나 CF의 대립쌍에 대한 중국인의 청취 판단에서도 성조의 차이는 크지 않았다.

〈표 7〉 [ɑ], [i], [u] 성조별 중국인의 청취도(CF-CF) (단위 : %)

CF-CF		같게 들은 경우			다르게 들은 경우
		모두 한국인으로	모두 중국인으로	소계	소계
[ɑ]	1성	12.5	81.2	93.7	6.3
	2성	18.8	81.2	100.0	0.0
	3성	50.0	43.7	93.7	6.3
	4성	25.0	75.0	100.0	0.0
[i]	1성	6.2	93.8	100.0	0.0
	2성	37.5	50.0	87.5	12.5
	3성	18.8	81.2	100.0	0.0
	4성	25.0	68.7	93.7	6.3
[u]	1성	18.8	81.2	100.0	0.0
	2성	37.5	56.2	93.7	6.3
	3성	37.5	62.5	100.0	0.0
	4성	43.8	56.2	100.0	0.0

<표 8>를 보면 CF의 대립쌍에 대한 청취실험에서도 CM과 마찬가지로 전체적으로 70%이상의 높은 정확도를 보였다. 하지만 모음 [ɿ]의 경우 중국인으로 판단한 비율이 37.5%에 그치고 한국인으로 판단한 비율이 56.2%로 나타나 오류 정도가 매우 높았고 모음 [ʅ]도 중국인으로 판단한 정확도가 56.2%로 한국인으로 판단한 비율이 31.3%나 되었는데 이러한 결과는 위의 CM의 경우와 비슷하다. 모음 [ɚ]과 [i]를 중국인으로 판단한 비율이 93.7%로 나타나 정확도가 가장 높았는데 이것도 CM과 같은 결과이다. CF의 대립쌍에 대한 청취실험의 평균 정확도는 76.3%이다.

〈표 8〉 중국인의 청취도(CF-CF) (단위 : %)

CF-CF	같게 들은 경우			다르게 들은 경우
	모두 한국인으로	모두 중국인으로	소계	소계
[ɑ]	12.5	81.2	93.7	6.3
[ɤ]	6.3	87.4	93.7	6.3
[ɚ]	6.3	93.7	100.0	0.0
[o]	25.0	75.0	100.0	0.0
[u]	18.8	81.2	100.0	0.0
[i]	6.3	93.7	100.0	0.0
[ɿ]	56.2	37.5	93.7	6.3
[ʅ]	31.3	56.2	87.5	12.5
[y]	18.8	81.2	100.0	0.0

<그림 2>는 <표 6>의 CM 대립쌍과 <표 8>의 CF 대립쌍에 대한 중국인 피실험자의 청취실험 결과를 비교한 것이다.

<표 6>과 <표 8>을 보면 CM과 CF의 평균 정확도가 각각 66.6%, 76.3%로 나타나 CF가 CM보다 약 10.3% 더 높은 것으로 나타났다. 각 성조에 따른 특이한 점은 없었으므로 성조가 모음을 판단하는데 영향을 미치지 않는다고 판단할 수 있다. <그림 2>를 보면 [ɑ3]와 [i2]를 제외하면 다른 단모음들은 거의 비슷한 정확도를 보인다. 아래의 <그림 3>을 통해 CM의 대립쌍과 CF의 대립쌍을 비교해보면, 중국인 피실험자들은 CF의 음성을 CM의 음성보다 전체적으로 더 정확하게 판단하였다. 흥미로운 점은 CM의 대립쌍과 CF의 대립쌍을 나타내는 포락선이 비슷한 양상을 보인다는 것이다. 또한 모음 [o], [ɿ], [ʅ]의 경우, 다른 모음보다 중국인이라고 판단하는 정확도가 상대적으로 낮은데 이것은 위에서 말한 바와 같이 중국인은 이 모음들이 단독으로 발

음되는 것을 들어보지 못해서 생기는 결과라고 말할 수 있다.

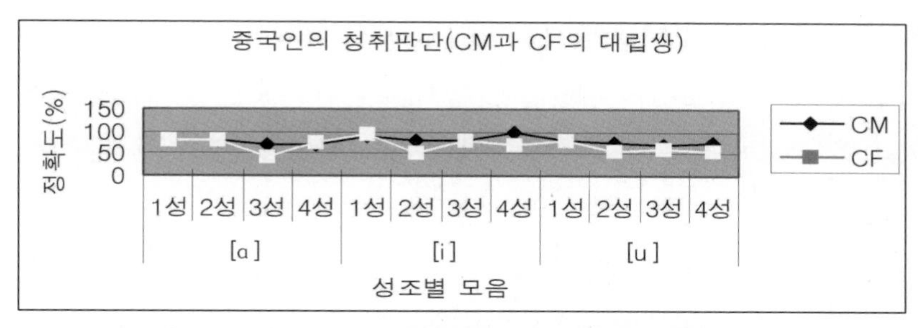

〈그림 2〉 [ɑ], [i], [u] 성조별 중국인의 청취 판단(CM-CM과 CF-CF)

(단위 : %)

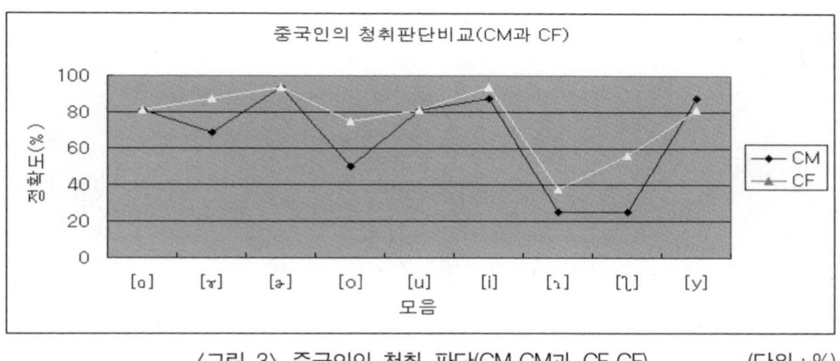

〈그림 3〉 중국인의 청취 판단(CM-CM과 CF-CF) (단위 : %)

(2) 한국인 실험 자료에 대한 중국인의 지각

다음은 한국인 실험 자료에 대한 중국인의 지각을 고찰하였다. 한국인의 중국어 단모음에 대한 대립쌍은 KM1-KM1, KM5-KM5, KF1-KF1, KF5-KF5로 구성된다. 여기에서는 구체적으로 이 대립쌍에 대한 성조별 모음, 그리고 단모음에 대한 중국인의 청취도에 대해서 대조 분석하였다.

먼저, KM1-KM1과 KF1-KF1의 대립쌍으로 이루어진 모음 [ɑ1],

[ɑ2], [ɑ3], [ɑ4], [i1], [i2], [i3], [i4], [u1], [u2], [u3], [u4] 등의 음성파일에 대한 중국인 피실험자의 청취실험 결과를 분석하였다. <표 9>에서 KM1-KM1 대립쌍의 모음을 듣고 중국인 피실험자들은 거의 대부분 한국인이라고 판단하였는데, 정확도가 이렇게 높게 나타난 것은 KM1의 중국어 모음 발음이 중국인과 많은 차이를 보인다는 것을 의미한다. KM1에 대한 중국인의 정확도를 보면, 모음 [ɑ]의 전체 평균은 92.1%, 모음 [i]의 전체 평균은 84.4%, 모음 [u]의 전체 평균은 92.2%로 모음 [i]의 평균이 가장 낮다. 성조를 포함하면, [i1]이 75.0%로 최저를 기록하였고, [ɑ1], [i2], [u4]는 100.0%로 최고를 기록하였다. KM1의 대립쌍에 대한 중국인의 청취 판단에서도 성조별 차이는 거의 없었다.

〈표 9〉 [ɑ], [i], [u] 성조별 중국인의 청취도(KM1-KM1) (단위 : %)

KM1-KM1		같게 들은 경우			다르게 들은 경우
		모두 한국인으로	모두 중국인으로	소계	소계
[ɑ]	1성	100.0	0.0	100.0	0.0
	2성	87.3	6.3	93.7	6.3
	3성	87.5	12.5	100.0	0.0
	4성	93.7	6.3	100.0	0.0
[i]	1성	68.8	31.2	100.0	0.0
	2성	100.0	0.0	100.0	0.0
	3성	75.0	25.0	100.0	0.0
	4성	93.7	6.3	100.0	0.0
[u]	1성	93.7	6.3	100.0	0.0
	2성	81.2	12.5	93.7	6.3
	3성	93.7	6.3	100.0	0.0
	4성	100.0	0.0	100.0	0.0

KM1의 동일한 대립쌍에 대한 중국인 피실험자의 청취 판단에 대해 구체적으로 살펴보자. <표 10>을 보면 각 모음에서 전체적으로 70% 이상의 높은 정확도를 보인다. 그 중 모음 [ɑ], [ɤ], [y]에 대해 중국인 피실험자들이 한국인으로 판단한 비율이 100.0%인데, 이것은 KM1이 세 모음을 중국인과는 다른 모음으로 발음한다는 것을 의미한다. 모음 [i1]는 중국인이 KM1을 한국인으로 판단한 비율이 68.8%에 불과해 가장 낮은 수치를 보이고 중국인으로 판단한 비율도 31.2%에 이르러 다른 모음들과 비교할 때 오류 정도가 가장 높다. 이런 결과는 KM1의 단모음 중 [i]를 다른 모음보다는 중국어 모음 [i]에 근접하게 발음한다는 근거가 된다. 달리 말하면 중국어의 모음 [i]이 한국어의 /이/ 모음과 음가가 서로 비슷하기 때문에 KM1이 다른 모음에 비해 중국어의 모음 [i]를 비교적 정확하게 발음한 것이라고 말할 수 있다. 모음 [ʅ]의 동일한 대립쌍에 대해 서로 다른 대립쌍으로 판단한 비율이 25.0%에 달해 중국인들이 모음 [ʅ]에 대해 청취 판단에 어려움을 겪는 것을 알 수 있다. KM1 대립쌍 모음 전체에 대한 평균 정확도는 88.2%로 중국인들이 KM1의 모음 발음을 듣고 한국인임을 비교적 정확하게 판단하고 있다.

〈표 10〉 중국인의 청취도(KM1-KM1) (단위 : %)

KM1-KM1	같게 들은 경우			다르게 들은 경우
	모두 한국인으로	모두 중국인으로	소계	소계
[ɑ]	100.0	0.0	100.0	0.0
[ɤ]	100.0	0.0	100.0	0.0
[ɚ]	87.4	6.3	93.7	6.3
[o]	87.4	6.3	93.7	6.3
[u]	93.7	0.0	93.7	6.3
[i]	68.8	31.2	100.0	0.0
[ɿ]	81.2	0.0	81.2	18.8
[ʅ]	75.0	0.0	75.0	25.0
[y]	100.0	0.0	100.0	0.0

다음으로 KM5의 대립쌍으로 이루어진 모음 [ɑ1], [ɑ2], [ɑ3], [ɑ4], [i1], [i2], [i3], [i4], [u1], [u2], [u3], [u4]의 음성파일에 대한 중국인 피실험자의 청취 결과를 분석하였다. <표 11>을 통해 청취실험 결과를 구체적으로 살펴보자. 우선 각 모음의 정확도를 보면 모음 [ɑ]의 전체 평균은 46.9%, 모음 [i]의 전체 평균은 36.0%, 모음 [u]의 전체 평균은 73.4%로 모음 [i]의 평균이 가장 낮다. 모음 [i]의 평균이 가장 낮은 것은 KM1의 대립쌍과 동일한 결과이다. 성조를 포함하면, [u3], [u4]가 모두 81.2%로 정확도가 가장 높고, [i4]는 18.7%로 가장 낮다. [ɑ4]나 [i4]는 중국인으로 판단된 비율이 75%로 나타나 KM5의 발음이 중국인에 비교적 근접한 것으로 나타났다. 전체 모음에 대한 평균 정확도는 52.1%이며, 중국인으로 판단한 비율도 44.3%에 달했다. KM5의 대립쌍도 CM이나 KM1과 마찬가지로 성조별 차이는 없었다.

〈표 11〉 [ɑ], [i], [u] 성조별 중국인의 청취도(KM5-KM5) (단위 : %)

KM5-KM5		같게 들은 경우			다르게 들은 경우
		모두 한국인으로	모두 중국인으로	소계	소계
[ɑ]	1성	56.2	43.8	100.0	0.0
	2성	37.5	62.5	100.0	0.0
	3성	68.8	31.2	100.0	0.0
	4성	25.0	75.0	100.0	0.0
[i]	1성	50.0	37.5	87.5	12.5
	2성	31.2	68.8	100.0	0.0
	3성	43.8	56.2	100.0	0.0
	4성	18.7	75.0	93.7	6.3
[u]	1성	68.7	25.0	93.7	6.3
	2성	62.5	31.2	93.7	6.3
	3성	81.2	18.8	100.0	0.0
	4성	81.2	6.3	87.5	12.5

KM5의 동일한 대립쌍에 대한 중국인 피실험자의 청취 판단 결과를 구체적으로 살펴보자. <표 12>에서 KM5의 대립쌍에 대한 중국인의 정확도(한국인으로 판단)는 모음 [o]와 [ɤ]에서 75.0%로 최고를 기록했고 모음 [ɚ]와 [y]는 43.8%로 최저를 기록했다. 모음 [o]는 앞에서 언급했던 것처럼 중국인이 제대로 판단하기 힘든 모음이고, 모음 [ɤ]는 음향실험에서도 한국인은 단모음으로 발음하였고, 중국인은 음가의 변화가 있는 이중모음으로 발음하였기 때문에 큰 차이가 있었다. 이것은 KM1의 대립쌍이나 KF1의 대립쌍에 대한 청취결과와 비슷한 양상을 보였다. 모음 [ɚ]와 [y]는 한국어에 없는 모음으로 학습에 의해 익히게 되는데, 한국어에 없는 모음이기 때문에 더 정확히 학습한 것으로 판단된다. 심지어 [y]는 중국인으로 판단된 비율도 56.2%나 된다.

즉, 중국인은 모음 [ɚ]와 [y]에 대한 KM5의 대립쌍에 대해 한국인과 중국인의 차이를 거의 느끼지 못하고 있다. KM5의 모음 [ɚ]와 [y]의 대립쌍에 대한 중국인 피실험자의 이러한 결과는 Flege(1987)과도 부합된다. 모음 전체에 대한 평균정확도는 59.7%로 나타났다.

〈표 12〉 중국인의 청취도(KM5-KM5) (단위 : %)

KM5-KM5	같게 들은 경우			다르게 들은 경우
	모두 한국인으로	모두 중국인으로	소계	소계
[ɑ]	56.2	43.8	100.0	0.0
[ɤ]	75.0	25.0	100.0	0.0
[ɚ]	43.8	50.2	93.7	6.3
[o]	75.0	25.0	100.0	0.0
[u]	68.7	25.0	93.7	6.3
[i]	50.0	37.5	87.5	12.5
[ɿ]	68.7	12.5	81.2	18.8
[ʅ]	56.3	31.2	87.5	12.5
[y]	43.8	56.2	100.0	0.0

<표 13>을 보면 KF1의 대립쌍에 대해 중국인 피실험자들이 한국인으로 판단한 비율이 상당히 높은 모음도 있지만, 한국인인지 중국인인지의 판단에서 유보적인 모음도 많이 발견된다. 이런 결과를 KM1의 대립쌍과 비교하면, KF1의 모음 [ɑ], [i], [u] 등의 각 성조별 발음이 중국인에 비교적 근접해있다는 것을 의미한다. KF1의 모음 대립쌍에 대한 중국인의 정확도를 살펴보면, 모음 [ɑ]의 전체 평균은 62.5%, 모음 [i]의 전체 평균은 70.3%, 모음 [u]의 전체 평균은 64.2%이다. 세 모음 대립쌍 중 모음 [u]의 평균이 가장 낮다. 성조를 포함해

서 보면, [ɑ1], [i2], [u4]가 43.7%로 최저를 기록했고, [ɑ3], [i3], [u3]이 100%로 최고를 기록했다. 성조만을 놓고 보면, 세 모음의 3성에 대해 한국인으로 판단한 정확도가 100%를 기록하는데, 이것은 KM1의 3성이 중국인과 가장 큰 차이를 보인다는 것을 의미한다. 세 모음에 대한 각 성조의 전체 평균 정확도는 65.6%이다.

〈표 13〉 [ɑ], [i], [u] 성조별 중국인의 청취도(KF1-KF1) (단위 : %)

KF1-KF1		같게 들은 경우			다르게 들은 경우
		모두 한국인으로	모두 중국인으로	소계	소계
[ɑ]	1성	43.7	56.3	100.0	0.0
	2성	50.0	50.0	100.0	0.0
	3성	100.0	0.0	100.0	0.0
	4성	56.2	37.5	93.7	6.3
[i]	1성	50.0	50.0	100.0	0.0
	2성	43.7	50.0	93.7	6.3
	3성	100.0	0.0	100.0	0.0
	4성	87.5	12.5	100.0	0.0
[u]	1성	62.5	37.5	100.0	0.0
	2성	50.0	50.0	100.0	0.0
	3성	100.0	0.0	100.0	0.0
	4성	43.7	50.0	93.7	6.3

KF1의 동일한 대립쌍에 대한 중국인 피실험자의 청취 판단 결과를 구체적으로 살펴보자. <표 14>를 보면 KF1의 각 모음의 대립쌍에 대해 중국인 피실험자가 동일한 한국인으로 판단한 평균이 63.2%이고, 동일한 중국인 대립쌍으로 판단한 평균은 32.6%이다. 이 결과를 KM1의 대립쌍과 비교하면 KF1의 발음이 KM1보다 중국인의 발음에 근접

한 것을 알 수 있다. KF1의 대립쌍에 대한 중국인의 정확도는 모음 [ɑ]에서 43.7%로 최저를 기록했고, [ɤ], [o], [ɿ], [ʅ] 등에서 75.0%로 최고를 기록했다. 이것은 KM1과 KF1이 모두 모음 [ɤ]의 음가를 부정확하게 파악하여 중국인과 서로 다른 모음으로 발음한다는 것을 의미한다. 모음 [o], [ɿ], [ʅ] 등은 중국인 피실험자가 CM과 CF의 대립쌍에서도 정확하게 판단하지 못하였는데 이러한 결과는 KF1의 모음 [ɤ]의 대립쌍에 대한 청취실험에서도 확인되었다.

〈표 14〉 중국인의 청취도(KF1-KF1) (단위 : %)

KF1-KF1	같게 들은 경우			다르게 들은 경우
	모두 한국인으로	모두 중국인으로	소계	소계
[ɑ]	43.7	56.3	100.0	0.0
[ɤ]	75.0	25.0	100.0	0.0
[ɚ]	50.0	50.0	100.0	0.0
[o]	75.0	25.0	100.0	0.0
[u]	62.5	37.5	100.0	0.0
[i]	50.0	50.0	100.0	0.0
[ɿ]	75.0	12.5	87.5	12.5
[ʅ]	75.0	0.0	75.0	25.0
[y]	62.5	37.5	100.0	0.0

<표 15>를 구체적으로 살펴보자. KF5의 대립쌍에 대한 중국인 피실험자의 정확도를 보면, 모음 [ɑ]의 전체 평균은 70.3%, 모음 [i]의 전체 평균은 59.4%, 모음 [u]의 전체 평균은 67.2%로 모음 [i]의 평균이 가장 낮다. 이것은 KM1이나 KF1, KM5의 모음 대립쌍의 실험에서와 동일한 결과이다. 성조를 포함해서 살펴보면, [ɑ3]이 100.0%로 청

취 정확도가 가장 높으며, [i2]는 31.2%로 가장 낮아서 [i2]는 중국인으로 판단된 비율이 62.5%로 나타나 KF5의 발음 중 중국인의 발음에 가장 근접한 것으로 나타났다. KF5도 KF1과 마찬가지로 3성이 중국인과 차이가 있는 것으로 보인다. 모음 [ɑ], [i], [u]의 각 성조별 발음에 대한 중국인 피실험자의 청취실험에서 KF5와 KF1의 대립쌍은 거의 비슷하게 분석되었다. 전체 모음에 대한 평균 정확도는 65.6%이고 중국인으로 잘못 판단한 비율은 32.8%에 달했다.

〈표 15〉 [ɑ], [i], [u] 성조별 중국인의 청취도(KF5-KF5) (단위 : %)

KF5-KF5		같게 들은 경우			다르게 들은 경우
		모두 한국인으로	모두 중국인으로	소계	소계
[ɑ]	1성	50.0	50.0	100.0	0.0
	2성	75.0	18.7	93.7	6.3
	3성	100.0	0.0	100.0	0.0
	4성	56.2	43.8	100.0	0.0
[i]	1성	50.0	50.0	100.0	0.0
	2성	31.2	62.5	93.7	6.3
	3성	93.7	0.0	93.7	6.3
	4성	62.5	37.5	100.0	0.0
[u]	1성	75.0	25.0	100.0	0.0
	2성	43.8	56.2	100.0	0.0
	3성	87.5	12.5	100.0	0.0
	4성	62.5	37.5	100.0	0.0

KF5의 동일한 대립쌍에 대한 중국인 피실험자의 청취 판단 결과를 구체적으로 살펴보자. <표 16>을 보면 KF5의 모음 대립쌍에 대한 중국인의 청취 정확도는 모음 [ɿ]가 81.2%로 가장 높고, 모음 [ɑ], [i], [ɚ], [ʅ] 등은 50.0%로 상대적으로 모두 낮다. 모음 [ɿ]의 대립쌍에 대한 청취 정확도가 높은 것은 앞에서도 언급한 것처럼 이 모음이 현대 중국어에서 단독으로 발음되지 않아 중국인이 판단하기에 어려운 모음 중의 하나이기 때문이다. 모음 [ɑ]의 대립쌍에 대한 정확도가 낮은 것은 KF1에 대한 실험에서도 동일한 결과를 보였는데 KF의 [ɑ] 모음이 중국인의 [ɑ] 모음과 비슷하기 때문으로 생각된다. 모음 [i]는 KM이나 KF의 실험에서 모두 중국어의 발음과 큰 차이를 보이지 않는 것으로 분석된다. 모음 [ɚ]의 대립쌍도 KF1에서와 비슷한 결과를 보인다. 모음 [ʅ]는 중국인 대립쌍에 대한 실험에서도 판단이 부정확했던 모음이다. KF5의 전체 모음에 대한 중국인 피실험자의 청취 판단 정확도는 61.1%로 나타났다.

〈표 16〉 중국인의 청취도(KF5-KF5) (단위 : %)

KF5-KF5	같게 들은 경우			다르게 들은 경우
	모두 한국인으로	모두 중국인으로	소계	소계
[ɑ]	50.0	50.0	100.0	0.0
[ɤ]	62.5	18.7	81.2	18.8
[ɚ]	50.0	43.8	93.7	6.3
[o]	75.0	25.0	100.0	0.0
[u]	75.0	25.0	100.0	0.0
[i]	50.0	50.0	100.0	0.0
[ɿ]	81.2	6.3	87.5	12.5
[ʅ]	50.0	37.5	87.5	12.5
[y]	56.2	31.3	87.5	12.5

다음으로 중국어 학습 기간이 1년 미만인 한국인 남녀에 대한 중국

인의 청취실험 결과를 비교해보자.

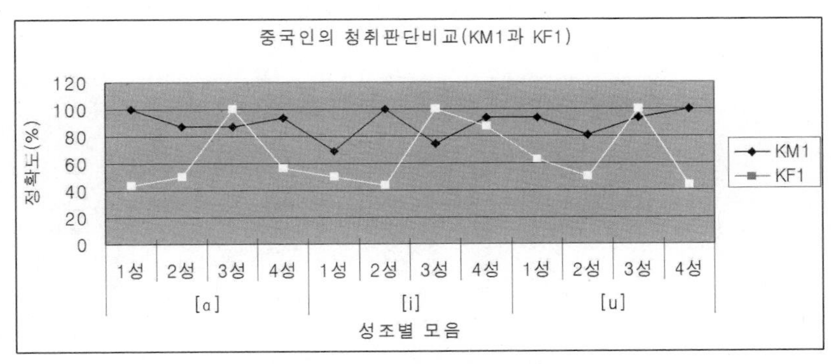

〈그림 4〉 [ɑ], [i], [u] 성조별 중국인의 청취 판단(KM1-KM1과 KF1-KF1)(단위 : %)

<그림 4>는 KM1과 KF1의 모음 [ɑ], [i], [u]의 각 성조별 대립쌍에 대한 중국인의 청취실험 결과이다. 전체적으로 중국인 피실험자의 청취 정확도는 KM1이 KF1의 경우보다 높게 나타났다. KF1은 각 모음 대립쌍에 대한 중국인의 청취 정확도가 전체적으로 높았으나 KM1은 [ɑ], [i], [u]의 3성에서만 높다. 이것은 음향실험의 결과와 함께 고려하면 모음의 발음상에 대한 문제 때문이라기보다는 중국어 3성이라는 성조에 대한 부정확함 때문인 것으로 보인다.

<그림 5>를 보면 KF1의 [ɑ], [i], [u] 등의 모음 대립쌍에 대해 중국인 피실험자가 중국인으로 판단한 비율은 [i2], [u4]의 0.0%에서 [ɑ1]의 56.3%까지 분포한다. 중국인으로 판단한 비율 중 KM1은 [i1]에서 가장 높았고, KF1은 [ɑ1], [ɑ2], [i1], [i2], [u2], [u4] 등에서 모두 높게 나타났다. 이런 결과는 중국인 피실험자들이 KM1과 KF1의 모음 [ɑ], [i], [u]의 대조에서 KM1보다 KF1을 중국인의 발음에 더 근접한

것으로 판단한 것이다. KF1의 경우, 중국어 성조 중 1성과 2성이 비교적 중국인에 근접한 것으로 나타났다.

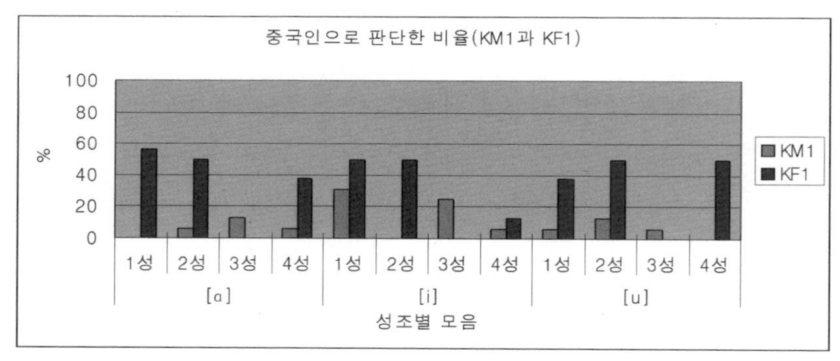

〈그림 5〉 중국인이 [ɑ], [i], [u]에 대해 중국인으로 판단한 비율(KM1-KM1과 KF1-KF1) (단위 : %)

<그림 6>을 통해 KM1과 KF1의 모음 대립쌍에 대한 중국인 피실험자의 청취결과를 비교해보자. KM1의 포락선이 KF1보다 위에 위치하고 있는데, 이것은 중국인이 KM의 대립쌍에 대해 판단할 때 KF1보다 더 정확하게 한국인임을 판별해낸다는 것을 의미한다. 또한 모음 [ɑ], [ɤ], [ɚ], [u], [y] 등의 대립쌍에 대한 중국인의 정확도에 있어서 KM1과 KF1은 큰 차이를 보이고 모음 [ʅ]은 KM1과 KF1 모두 동일한 결과가 확인된다.

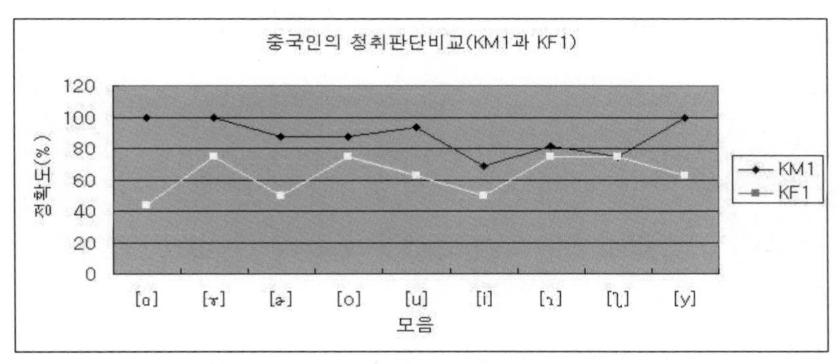

〈그림 6〉 중국인의 청취 판단(KM1-KM1과 KF1-KF1)(단위 : %)

<그림 7>을 보자. 흥미로운 점은 KM1의 경우 중국인이 모음 [i] 대립쌍에 대해 중국인으로 판단한 비율이 다른 모음들에 비해 상대적으로 높은데, 이것은 모음 [i]가 한국어와 중국어에 공통적으로 존재하고 그 실제 음가에 있어서도 큰 차이가 없기 때문인 것으로 판단된다. 반면, KF1의 경우는 중국인으로 판단한 비율이 KM1의 경우보다 훨씬 높다.

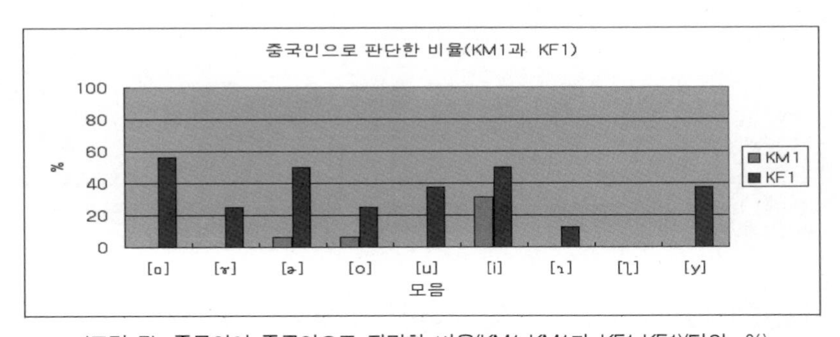

〈그림 7〉 중국인이 중국인으로 판단한 비율(KM1-KM1과 KF1-KF1)(단위 : %)

특히, 모음 [ɑ]는 56.3%, 모음 [ɚ]와 [i]는 50.0%의 정확도를 보여 중국인도 한국인임을 정확하게 판별하기 힘든 것으로 나타났다. 또한, 모음 [u]와 [y] 등에서도 37.5%로 비교적 높은 수치를 보였다. 즉, KF1의 모음 대립쌍에는 중국인이 판단하기 어려울 정도로 중국어에 근접한 모음들이 많이 발견된다.

<그림 8>을 살펴보자. KM5에 대한 정확도가 52.1%, KF5의 정확도는 65.6%인데, 이것은 중국인 피실험자가 KF5보다는 KM5를 중국인에 더 근접한 발음으로 판단한 것이다. [i]모음 대립쌍에 대한 청취 결과는 두 집단 모두 중국인에 근접한 것으로 확인되었다. 성조별 대립쌍에 대한 결과를 보면, 두드러지지는 않지만 3성에 대한 정확도가 비교적 높았는데, 특히 KM5와 KF5의 [ɑ3], [i3], [u3]에 대한 정확도가 높아 중국인의 발음과 비교적 큰 차이를 보이는 것으로 확인되었다.

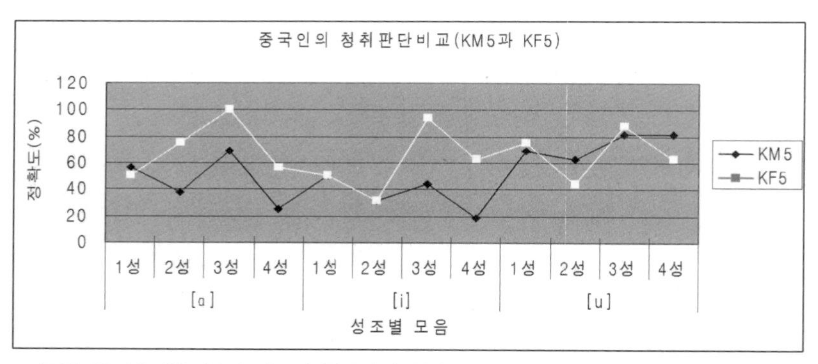

〈그림 8〉 [ɑ], [i], [u]의 성조별 중국인의 청취 판단(KM5-KM5와 KF5-KF5)(단위 : %)

중국인이 KM5와 KF5 각각의 동일한 대립쌍에 대해 중국인으로 판단한 비율을 도표로 나타낸 <그림 9>를 살펴보자. 특이한 점은 KF5의 [i3]의 대립쌍에 대해 중국인으로 판단한 것이 없는 것을 제외하면,

모음 [i] 대립쌍을 중국인으로 판단한 비율이 KM5와 KF5에서 모두 모음 [ɑ]나 [u]보다 더 높게 나타났다. KM5와 KF5의 대립쌍 중에서 모음 [ɑ2], [ɑ4], [i4] 등은 차이가 비교적 컸고 [u1]은 차이가 없다.

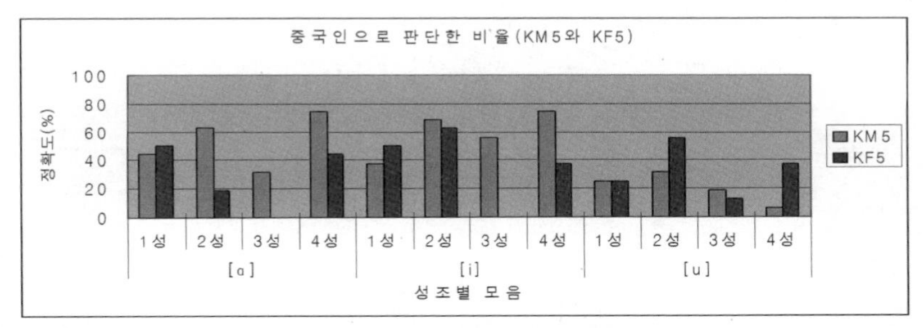

〈그림 9〉 중국인이 [ɑ], [i], [u]에 대해 중국인으로 판단한 비율(KM5-KM5와 KF5-KF5)
(단위 : %)

<그림 10>를 보면 중국인이 KM5와 KF5에 대해 한국인으로 판단한 정확도에 대한 포락선이 거의 비슷한 양상을 보인다. KM5에 대한 중국인의 평균 정확도는 59.7%이고, KF5는 61.6%인데, 중국인 피실험자의 판단에 따르면 KM5와 KF5의 중국인에 대한 모음 음가 차이는 전체적으로 서로 비슷한 것으로 보인다. 즉 평균정확도와 포락선의 모양을 종합하면, KM5에서 중국인에 근접한 발음은 KF5에서도 근접한 것으로 나타나고, 그 반대의 경우도 동일한 것으로 나타났다.

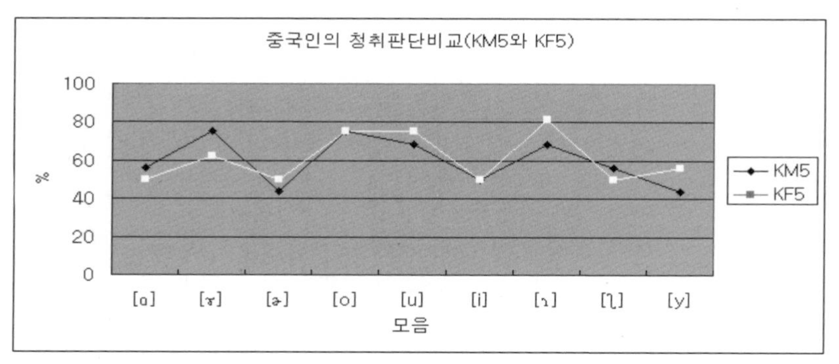

〈그림 10〉 중국인의 청취 판단(KM5-KM5와 KF5-KF5)(단위 : %)

<그림 11>은 중국인 피실험자가 KM5와 KF5의 동일한 대립쌍을 중국인으로 판단한 비율이다. 그 비율은 모음별로 비슷한 양상을 보이는데, 두 집단 간의 편차가 가장 큰 모음 [y]의 대립쌍에서도 24.9%의 차이만을 보였고, 모음 [o]와 [u]의 대립쌍에서는 편차가 전혀 확인되지 않았다. 이것은 KM5와 KF5의 두 집단의 단모음 대립쌍에 대해 중국인 피실험자가 거의 비슷한 반응을 보인다는 의미이다.

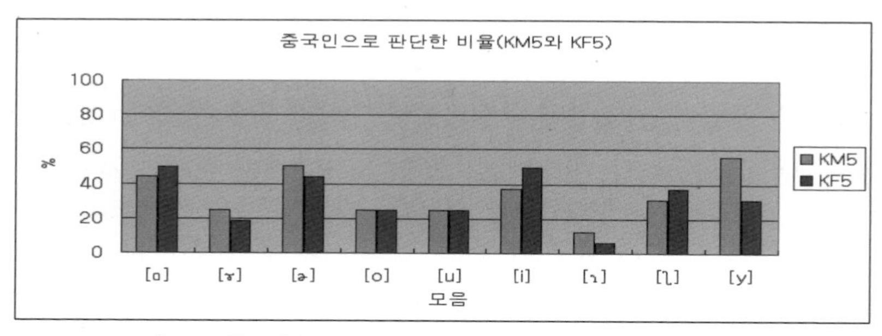

〈그림 11〉 중국인이 중국인으로 판단한 비율(KM5-KM5와 KF5-KF5)
(단위 : %)

2) 대조대상이 상이한 실험 자료

다음은 각 모음에 대한 CM과 KM1, CM과 KM5, CF와 KF1, CF와 KF5, 그리고 KM1과 KM5, KF1과 KF5에 대한 청취실험 결과에 대해 살펴보겠다. 우리는 이번 실험을 통해 한국인과 중국인의 단모음 발음이 청취 판단에 있어서도 차이가 나는지, 차이가 난다면 얼마나 나는지, 또한 어떤 이유로 그런 현상이 생겨나는지에 대해 설명할 수 있을 것으로 기대한다. 먼저, CM과 KM1 그리고 CF와 KF1에 대한 중국인 피실험자의 청취실험결과를 분석하여 해당 모음에 대한 피실험자의 정확도와 오류도를 살펴본다. 실험에서는 CM-KM1과 KM1-CM, CF-KF1, KF1-CF의 순서를 모두 청취실험에 사용함으로써 CM-KM1이나, CM-KM5의 순서만으로 이루어진 대립쌍에 의해 발생할 수 있는 실험의 오류를 최소화하였다.

(1) 중국인 남성과 학습 기간이 1년 미만인 한국인 남성

<표 17>에서 CM-KM1의 대립쌍을 살펴보면, 중국인 피실험자가 CM이 중국인이라고 정확하게 판단한 비율이 평균 73.5%로 상당히 높았다. 이것은 CM과 KM1의 단모음 발음차이가 커서 KM1의 발음이 중국인의 발음과는 매우 다르다는 것을 의미한다. 모음 [ɚ]의 대립쌍에서 90.5%로 정확도가 가장 높았고, 모음 [ɿ]는 53.1%로 정확도가 가장 낮았다. 특이한 점은 모음 [o]는 대립쌍의 두 소리를 동일인으로 판단한 경우와 KM1을 중국인으로 판단한 경우 모두 높다는 것이다. 이것은 중국인이 모음 [o]을 단독으로 들었을 때 그것의 음가를 정확하게 판단하지 못한다는 것을 의미하며 동일한 대립쌍 실험과도 같은

결과이다. 모음 [ɿ]와 [y]에서도 KM1을 중국인으로 판단한 비율이 각각 21.9%, 15.6%이고 동일한 음으로 판단한 비율과 합하면 각각 26.9%, 31.3%가 되어 상대적으로 높은 비율을 보였다.

〈표 17〉 중국인의 청취도(CM-KM1) (단위 : %)

CM-KM1	같게 들은 경우			다르게 들은 경우		
	모두 한국인으로	모두 중국인으로	소계	CM을 중국인으로	KM1를 중국인으로	소계
[ɑ]	3.2	3.2	6.4	87.3	6.3	93.6
[ɤ]	12.4	3.2	15.6	81.2	3.2	84.4
[ɚ]	3.2	0.0	3.2	90.5	6.3	96.8
[o]	28.1	12.4	40.5	56.3	3.2	59.5
[u]	15.6	3.2	18.8	71.8	9.4	81.2
[i]	12.5	15.6	28.1	68.7	3.2	71.9
[ɿ]	25.0	0.0	25.0	53.1	21.9	75.0
[ʅ]	9.3	3.2	12.5	84.3	3.2	87.5
[y]	3.2	12.5	15.7	68.7	15.6	84.3

(2) 중국인 남성과 학습 기간이 5년 이상인 한국인 남성

<표 18>을 통해 CM과 KM5의 대립쌍을 살펴보면, 중국인 피실험자가 CM을 중국인이라고 정확하게 판단한 비율이 평균 54.9%이다. 이것은 CM과 KM5가 단모음 발음에서 그 차이가 그다지 크지 않다는 것을 의미한다. 청취 정확도는 모음 [u]의 대립쌍이 78.1%로 가장 높았고, 모음 [ɑ]는 40.6%로 가장 낮았다. 모음 [ɑ]의 경우, KM5를 중국인으로 판단한 비율이 3.2%, 그리고 두 음을 모두 중국인으로 판단한 비율이 46.9%로 나타나 KM5가 중국인으로 판단된 비율이 50.1%나 되었다. 이것은 KM5는 모음 [ɑ]의 경우 중국인과의 음성 차이가 그다

지 크지 않다는 것을 의미한다. 그 밖에 모음 [ʅ]와 [y]의 대립쌍을 보면, KM5를 중국인으로 판단한 비율이 모두 31.2%이고, 모두 중국인으로 판단한 비율이 각각 15.6%, 21.9%이며, 이것을 모두 합한 비율은 각각 46.8%, 53.1%이다. 이것은 이 두 모음에 대해서도 모음 [ɑ]와 마찬가지로 중국인과의 음성차이가 분명하지 않다는 것을 의미한다. 하지만 모음 [ʅ]의 경우는 모음 자체의 특성으로 중국인의 청취가 정확하다고 말할 수는 없다.

〈표 18〉 중국인의 청취도(CM-KM5) (단위 : %)

CM-KM5	같게 들은 경우			다르게 들은 경우		
	모두 한국인으로	모두 중국인으로	소계	CM을 중국인으로	KM5를 중국인으로	소계
[ɑ]	9.3	46.9	56.2	40.6	3.2	43.8
[ɤ]	12.5	0.0	12.5	75.1	12.4	87.5
[ɚ]	3.2	31.2	34.4	53.1	12.5	65.6
[o]	12.5	21.9	34.4	50.0	15.6	65.6
[u]	6.2	3.2	9.4	78.1	12.5	90.6
[i]	12.5	28.1	40.6	43.8	15.6	59.4
[ɿ]	18.7	3.2	21.9	59.4	18.7	78.1
[ʅ]	6.3	15.6	21.9	46.9	31.2	78.1
[y]	0.0	21.9	21.9	46.9	31.2	78.1

모음 [i] 대립쌍도 KM5를 중국인으로 판단한 비율이 15.6%, 모두 중국인으로 판단한 비율이 40.6%로, KM5가 중국인으로 판단한 비율이 56.2%이다. 모음 [ɚ]에 대해서도 KM5를 중국인으로 판단한 비율이 12.5%, 모두 중국인으로 판단한 비율이 34.4%로, KM5가 중국인으로 판단된 비율은 총 46.9%이다. 결론적으로 KM5의 [ɑ], [ʅ], [y], [i], [ɚ]모음에 대해 중국인과의 음성차이가 크지 않다고 중국인 피실험자들은 판단하고 있다.

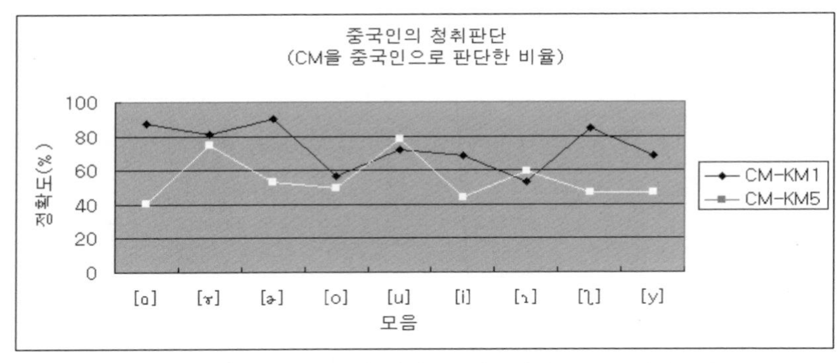

〈그림 12〉 중국인의 청취 판단(CM-KM1과 CM-KM5)(단위 : %)

<그림 13>은 중국인 피실험자들이 KM1이나 KM5를 중국인으로 판단한 비율로 KM1이나 KM5를 중국인으로 판단한 것과 모두 중국인으로 판단한 통계량을 합한 것이다.

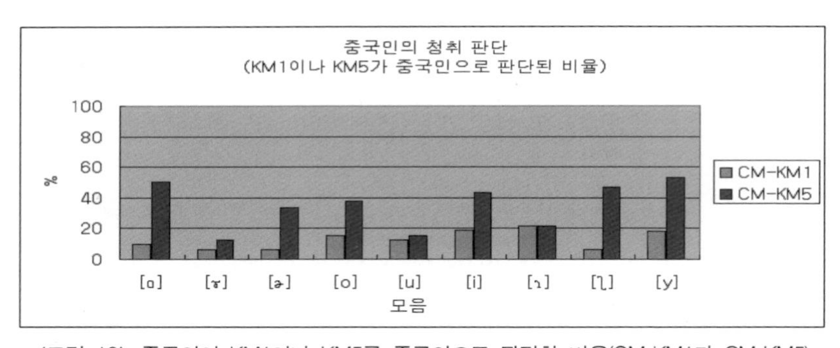

〈그림 13〉 중국인이 KM1이나 KM5를 중국인으로 판단한 비율(CM-KM1과 CM-KM5)
(단위 : %)

이 통계량을 기준으로 CM과 KM1, CM과 KM5의 대립쌍에 대해 살펴보자. 전반적으로 KM5의 대립쌍이 KM1보다 중국인으로 판단된 비율이 높게 나타났으며 그 중 KM5의 [ɑ], [i], [ʅ], [y] 등의 모음 대립쌍이 현저하게 높았다. 모음 [ɑ], [i], [y] 등은 학습 기간이 길어지면서 중국인의 발음에 가까워졌을 가능성이 높다. 모음 [ʅ]는 KM5와 KM1의 대립쌍 사이에서 상당한 차이를 확인할 수 있는데, 이것은 지속적인 학습의 결과로 볼 수도 있지만 모음 자체의 특성으로 중국인의 청취 판단을 신뢰할 수 없다. [ɚ]과 [o] 등의 모음에서도 상당한 차이를 확인할 수 있다. 그러나 모음 [u]는 KM1과 KM5에 대해 중국인으로 판단한 비율이 낮고 서로간의 차이도 거의 없다. 결론적으로 KM5가 중국인으로 판단된 비율이 KM1보다 높게 나타나는데, 이를 통해 학습 기간이 길어질수록 발음이 좋아질 수 있다는 교육적인 가능성을 확인할 수 있다.

(3) 학습 기간별 한국인 남성

<표 19>는 중국인 피실험자가 KM1과 KM5의 대립쌍의 음성에 대해 청취 판단한 결과이다. 실험 자료는 KM1과 KM5, KM5와 KM1의 순서를 모두 채택하여 KM1과 KM5나 혹은 KM5나 KM1만을 채택하였을 때의 발생할 수 있는 오류를 최소화하였다.

중국인 피실험자가 KM1과 KM5의 대립쌍의 음성을 듣고 모두 한국인으로 판단한 비율은 24.7%로 매우 낮은 정확도를 나타냈다. 그 중 모음 [ɤ]와 [o]이 가장 높은 정확도 34.4%의 수치를 보였고, 모음 [i]가 가장 낮은 3.1%를 나타냈다. 모음 [ɤ]는 한국인이 정확한 음가를 파악하고 있지 못하기 때문에 KM과 KF에서 공통적으로 정확도가 높

게 나타난 것으로 보인다. 모음 [o]는 중국인의 정확도를 신뢰할 수가 없다. 모음 [i]는 음향실험에서 KM와 KF가 비교적 중국인에 가까운 발음을 하고 있는 것으로 판단되는 모음이기 때문에 중국인들이 그 두 음성을 듣고 한국인으로 판단하지 않고 중국인으로 판단하였다. KM1과 KM5에 대해서 모두 한국인이라고 판단한 비율이 24.7%라면 그 나머지 비율은 어디에 속하는지 살펴보아야 한다. 중국인들이 KM1을 중국인으로 판단한 비율인 각 모음의 평균이 16.3%이고, KM5를 중국인으로 판단한 비율인 각 모음의 평균이 58.7%로 나타났다. 즉, 중국인 피실험자들은 상당수가 KM5의 음성을 중국인이라고 판단하였다. 그 중 모음 [ɚ]와 [y]는 중국인의 75%가 KM5를 중국인으로 판단하고 있다. 즉, KM1과 KM5에서는 KM5의 모음 [ɚ]와 [y]의 발음을 KM1에 비해 월등히 중국인에 가깝다고 판단하고 있는 것이다. 모음 [u]은 KM5가 중국인으로 판단된 비율이 가장 낮은 모음으로 28.1%를 기록하고 있는데 반해, KM1의 [u]모음이 중국인으로 판단된 비율은 43.8%를 보이고 있다. CM과 KM1, CM과 KM5에서는 중국인과 한국인의 차이가 매우 크게 났고, KM1과 KM5의 차이가 크지 않았다. 하지만 KM1과 KM5의 대립쌍에서는 KM1의 모음 [u]가 KM5보다 더 중국인에 가까운 것으로 중국인이 청취 판단하였다.

〈표 19〉 중국인의 청취도(KM1-KM5) (단위 : %)

KM1-KM5	같게 들은 경우			다르게 들은 경우		
	모두 한국인으로	모두 중국인으로	소계	KM1을 중국인으로	KM5를 중국인으로	소계
[ɑ]	18.8	0.0	18.8	9.3	71.9	81.2
[ɤ]	34.4	3.1	37.5	9.4	53.1	62.5
[ɚ]	15.6	0.0	15.6	9.4	75.0	84.4
[o]	34.4	3.1	37.5	12.5	50.0	62.5
[u]	25.0	3.1	28.1	43.8	28.1	71.1
[i]	3.1	12.6	15.7	15.6	68.7	84.3
[ʅ]	28.1	0.0	28.1	34.4	37.5	81.9
[ʮ]	21.9	0.0	21.9	9.3	68.8	78.1
[y]	21.9	0.0	21.9	3.1	75.0	78.1

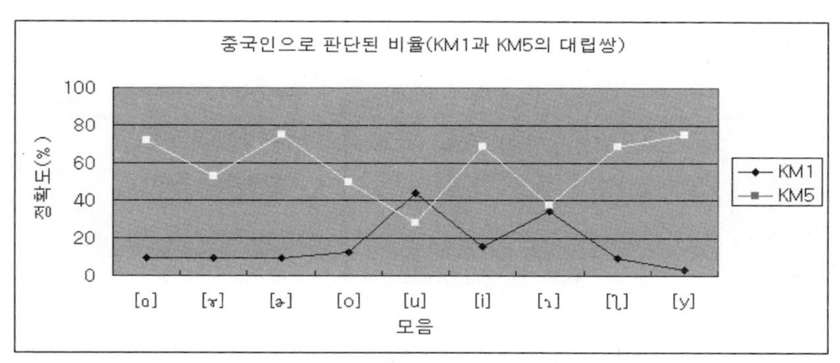

〈그림 14〉 중국인이 중국인으로 판단한 비율(KM1-KM5) (단위 : %)

(4) 중국인 여성과 학습 기간이 1년 미만인 한국인 여성

다음은 CF와 KF1에 대한 중국인 피실험자의 청취실험 결과를 분석하고자 한다. 각 모음에 대한 피실험자의 정확도와 오류도, 또 오류도 중에 어떤 다른 현상이 있는지 살펴본다. 이번 실험에서는 CF와 KF1, KF1과 CF의 순서를 모두 청취실험에 사용함으로써 한 가지의 형태,

즉 CF와 KF1의 순서만으로 이루어진 대립쌍에서 발생할 수 있는 실험의 오류를 최소화하였다.

〈표 20〉 중국인의 청취도(CF-KF1의 대립쌍) (단위 : %)

CF-KF1	같게 들은 경우			다르게 들은 경우		
	모두 한국인으로	모두 중국인으로	소계	CF을 중국인으로	KF1를 중국인으로	소계
[ɑ]	0.0	12.5	12.5	68.8	18.7	87.5
[ɤ]	3.2	9.3	12.5	75.0	12.5	87.5
[ɚ]	6.3	12.5	18.8	78.0	3.2	81.2
[o]	12.4	3.2	15.6	53.2	31.2	84.4
[u]	3.2	18.7	21.9	62.5	15.6	78.1
[i]	3.2	18.7	21.9	62.5	15.6	78.1
[ɿ]	6.3	9.3	15.6	65.6	18.8	84.4
[ʅ]	6.3	18.7	25.0	65.7	9.3	75.0
[y]	12.5	9.4	21.9	56.2	21.9	78.1

<표 20>에서 CF와 KF1의 대립쌍을 살펴보면, 중국인 피실험자가 CF를 중국인이라고 정확하게 판단한 비율이 평균 65.3%로 비교적 높은 수준을 유지하고 있고 KF1을 중국인으로 판단한 비율은 16.3%에 그치고 있다.

이것은 KF1의 발음이 CF의 발음과 어느 정도 차이가 난다는 것을 보여준다. 중국인 피실험자가 CF를 중국인으로 정확하게 판단한 비율은 비교적 고르게 최저 53.2%에서 최고 78.0%까지 분포하였다. 개별 모음에서 중국인이 CF를 중국인으로 판단한 비율이 가장 낮은 것은 모음 [o]로 53.2%를 나타내고 있고 KF1을 중국인으로 판단한 비율이 31.2%, 모두 중국인으로 판단한 비율이 3.2%로 중국인으로 판단된 비

율은 모두 34.4%로 조사되었다. 그리고 두 음성을 모두 한국인으로 판단한 경우도 12.4%로 다른 모음에 비해 비교적 높은 통계량이다. 중국인의 모음 [o]에 대한 청취 판단에 있어 신뢰도가 낮기 때문에 KF1의 발음의 좋고 나쁨은 평가할 수 없다. CF를 중국인으로 판단한 비율이 가장 높은 것은 [ɚ]모음으로 나타났고 한국인 여성의 [ɚ]모음은 중국인과 큰 차이를 보이지 않는 것으로 분석된다.

(5) 중국인 여성과 학습 기간이 5년 이상인 한국인 여성

<표 21>에서 CF와 KF5의 대립쌍을 살펴보면 중국인 피실험자가 CF를 중국인이라고 정확하게 판단한 비율은 평균 65.3%로 비교적 높은 수준을 유지하고 있지만 KF5를 중국인으로 판단한 비율은 KF1의 16.3%보다는 약간 높은 22.2%에 그치고 있다.

〈표 21〉 중국인의 청취도(CF-KF5) (단위 : %)

CF-KF5	같게 들은 경우			다르게 들은 경우		
	모두 한국인으로	모두 중국인으로	소계	CF을 중국인으로	KF5를 중국인으로	소계
[ɑ]	3.2	6.3	9.5	59.3	31.2	90.5
[ɤ]	0.0	0.0	0.0	81.4	18.6	100.0
[ɚ]	0.0	34.4	34.4	50.0	15.6	65.6
[o]	3.2	3.2	6.4	59.3	34.3	93.6
[u]	3.2	9.3	12.5	75.0	12.5	87.5
[i]	3.2	6.3	9.5	75.0	15.5	90.5
[ɿ]	3.2	15.6	18.8	40.6	40.6	81.2
[ʅ]	6.3	3.2	9.5	71.8	18.7	90.5
[y]	0.0	12.5	12.5	75.0	12.5	87.5

중국인 피실험자가 CF를 중국인으로 정확하게 판단한 비율은 최저 40.6%에서 최고 81.4%까지 분포하였다. 개별 모음에서 중국인이 CF를 중국인으로 판단한 비율이 가장 낮은 것은 모음 [ɿ]으로 40.6%를 나타내고 있다. 모음 [ɿ]의 경우, KF5를 중국인으로 판단한 비율도 40.6%이고, 그리고 모두 중국인으로 판단한 비율은 15.6%로 CF와 KF5와 중국인으로 판단된 비율은 모두 56.2%로 조사되었다. 앞에서 언급한 바와 같이 중국인의 [ɿ]모음에 대한 청취 판단에 있어 신뢰도가 낮기 때문에 KF5의 발음의 좋고 나쁨을 평가할 수 없다. CF를 중국인으로 판단한 비율이 가장 높은 것은 [ɤ]모음으로 나타났는데 이는 KM과 KF와의 대립쌍에서 공통적으로 나타나는 현상이므로 한국인의 모음 [ɤ]는 학습 기간이나 성별에 관계없이 발음이 정확하지 않다는 것을 알 수 있다. 그 외에도 모음 [ɚ]은 모두 중국인으로 판단한 경우가 34.4%나 되므로 KF5의 [ɚ]모음은 중국인에 가깝다는 것을 알 수 있다.

<그림 15>에서 CF와 KF1, 그리고 CF와 KF5의 대립쌍를 비교해보면 CF의 정확도가 별다른 차이를 보이지 않고 있다. 그러나 전체적으로 볼 때, CF와 KF5의 대립쌍에서 CF의 정확도가 조금 낮게 나타나는 것으로 보아 KF5가 더 발음이 좋다고 볼 수 있다. 모음 [ɚ]과 [ɿ]은 CF와 KF1의 대립쌍에서 CF가 중국인으로 판단되는 비율이 더 낮기 때문에 KF1의 발음이 더 좋다고 할 수 있다. 그 외의 나머지 모음들은 약간의 차이로 CF와 KF1의 대립쌍에서의 CF를 중국인으로 판단한 정확도가 높게 나타나고 있다.

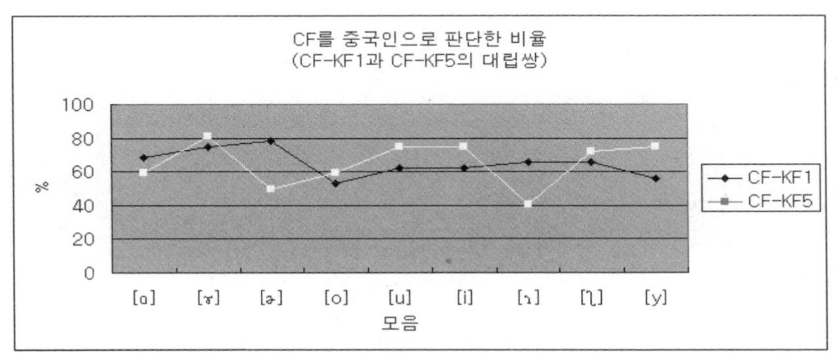

〈그림 15〉 중국인이 CF를 중국인으로 판단한 비율(CF-KF1과 CF-KF5)
(단위 : %)

<그림 16>는 중국인이 KF1이나 KF5를 중국인으로 판단한 비율을 나타낸 그림이다. <표 20>과 <표 21>에서 중국인이 KM1이나 KM5를 각각 중국인으로 판단한 것과 모두 중국인으로 판단한 통계량을 합한 것이다. 이 통계량을 기준으로 CF와 KF1, CF와 KF5의 대립쌍에 대해 살펴보면, KF5가 KF1보다 중국인으로 판단한 비율이 높게 나타나는 특정 모음이 있긴 하지만 전반적으로 큰 차이를 보이지 않는다. 즉 KF1과 KF5가 중국인 피실험자에게 중국인으로 판단되는 비율이 거의 비슷하기 때문에 한국인 여성의 중국어 발음이 중국인 여성과 큰 차이를 보이지 않는다고 볼 수 있다. 비교적 차이가 큰 모음으로는 [ɚ]과 [ɿ]이 있는데 이 두 모음의 경우 KF5의 발음이 중국인으로 판단한 비율이 높으므로 학습 기간이 길어질수록 발음이 좋아진다고 판단할 수 있다. 모음 [u], [i], [ʅ], [y]는 KF1이 KF5보다 더 중국인 발음에 가깝게 분석되었지만 큰 차이를 보이지 않고 있다. 전반적으로 KF1과 KF5의 발음을 비교하면 KF5가 더 좋기는 하지만 큰 차이는 없다.

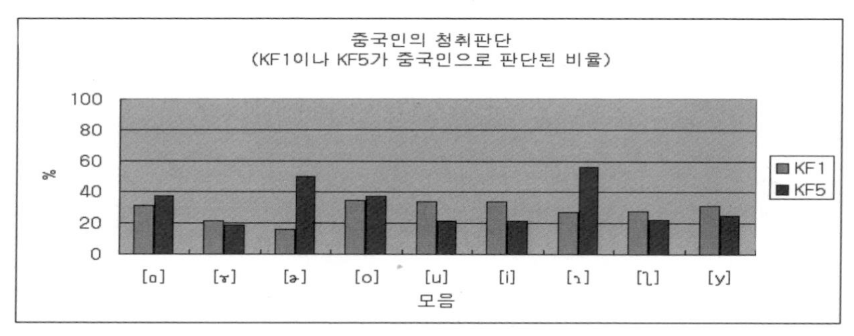

〈그림 16〉 중국인이 KF1이나 KF5를 중국인으로 판단한 비율(CF-KF1과 CF-KF5)
(단위 : %)

(6) 학습 기간별 한국인 여성

<표 22>는 중국인 피실험자가 KF1과 KF5의 대립쌍의 음성에 대해 청취 판단한 결과이다. 실험 자료는 KF1과 KF5, KF5와 KF1의 순서를 모두 채택하여 KF1과 KF5나 혹은 KF5나 KF1만을 채택하였을 때 나타날 수 있는 오류를 최소화하였다.

중국인 피실험자가 KF1과 KF5 대립쌍의 음성을 듣고 모두 한국인으로 판단한 비율은 14.6%로 매우 낮은 정확도를 나타냈다. 모음 [o]와 [ɿ]는 25.0%로 가장 높은 정확도를 보였고, 모음 [ɑ]와 [u]는 6.2%를 나타냈다. 앞에서 살펴본 바와 같이 모음 [o]과 [ɿ]은 중국인의 판단 정확도를 신뢰할 수가 없다. KF1과 KF5에 대해서 모두 한국인이라고 판단한 비율이 24.7%라면 그 나머지 비율은 어디에 속하는지 살펴보아야 하는데 중국인들이 KF1을 중국인으로 판단한 비율은 각 모음의 평균이 34.7%이고 KF5를 중국인으로 판단한 비율인 각 모음의 평균은 41.0%로 나타났다. 즉, 중국인 피실험자들은 상당수가 KF5의 음성을 중국인의 음성으로 판단하고 있지만, KF1을 중국인으로 판단

한 경우도 적지 않다. 그 중 중국인은 모음 [ɑ]에 대해 59.4%가 KF5를 중국인이라고 판단하였고, 모음 [ʅ]은 50.0%가 KF5를 중국인이라고 판단하였다. 모음 [y]의 경우는 53.1%의 중국인이 KF1의 음성이 중국인에 가까운 것으로, 모음 [u]와 [ɤ]은 중국인 피실험자의 50.0%가 KF1의 음성이 중국인에 가까운 것으로 판단하고 있다.

〈표 22〉 중국인의 청취도(KF1-KF5) (단위 : %)

KF1-KF5	같게 들은 경우			다르게 들은 경우		
	모두 한국인으로	모두 중국인으로	소계	KF1을 중국인으로	KF5를 중국인으로	소계
[ɑ]	6.2	12.5	18.7	21.9	59.4	81.3
[ɤ]	12.5	0.0	12.5	50.0	37.5	87.5
[ɚ]	21.9	21.9	43.8	15.2	41.0	56.2
[o]	25.0	3.1	28.1	40.6	31.3	71.9
[u]	6.2	9.4	15.6	50.0	34.4	84.4
[i]	12.5	18.7	31.2	21.9	46.9	68.8
[ɿ]	25.0	12.5	37.5	25.0	37.5	62.5
[ʅ]	12.5	3.1	15.6	34.4	50.0	84.4
[y]	9.4	6.3	15.7	53.1	31.2	84.3

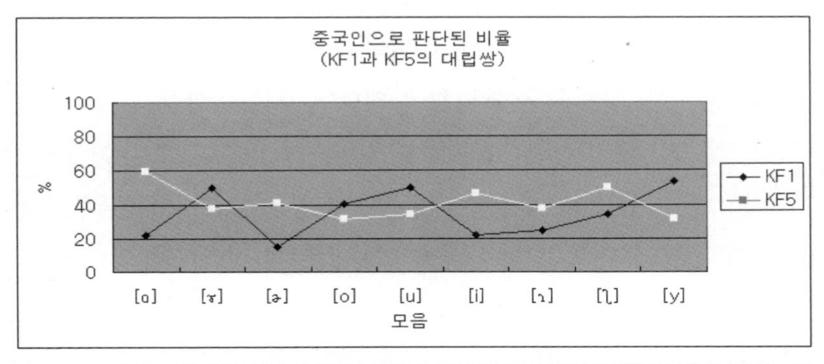

〈그림 17〉 중국인이 KF1이나 KF5를 중국인으로 판단한 비율(KF1-KF5) (단위 : %)

3) 소결

4장은 중국어 단모음 실험 자료에 대한 중국인의 청취실험을 분석하였는데 그 결과는 다음과 같다.

첫째, 중국어 기본모음 [ɑ], [i], [u]의 성조별 차이에 대한 청취실험에서 중국인 피실험자는 CM-CM, CF-CF의 대립쌍에 대해 매우 높은 정확도를 보였다. 즉, 청취 판단에 있어서 이 세 모음의 각 성조별 차이는 크지 않았는데 이것은 중국인들이 모음에 상관없이 성조를 정확하게 발음하고 있기 때문인 것으로 보인다. 그러나 상대적으로 볼 때, 세 모음 중 모음 [u]에 대한 정확도는 다른 두 모음보다 낮은데 이것은 모음 [u]는 후설고모음이기 때문에 공명도가 크지 않아서 판단에 어려움이 있었기 때문으로 해석할 수 있다.

둘째, 한국인의 기본모음 [ɑ], [i], [u]의 성조별 차이에 대해 중국인 피실험자들은 학습 기간이 1년 미만인 한국인 남성에 대한 정확도는 매우 높지만, 학습 기간이 5년 이상인 한국인 남성 혹은 한국인 여성(학습 기간에 상관없이)에 대한 정확도는 그다지 높지 않았다. 이런 현상은 음향실험에서 KM1의 [ɑ]의 f1과 모음 [u]의 f2가 통계적으로 유의하였던 것과 관련이 있는 것으로 보인다. 그러나 전체적으로 볼 때, KM1의 중국어 기본 모음 대립쌍에 대한 중국인 피실험자의 청취 판단에서 성조별 차이점이나 공통점은 발견되지 않았다. 또한 한국인의 모음 [ɑ], [i], [u] 등의 성조별 대립쌍에서 중국인 피실험자들은 모음 [i]에 대한 판단 오류가 높아 다른 모음에 비해 정확도가 상대적으로 낮았는데 음향실험에서도 모음 [i]에서만 유의한 결과가 나오지 않았는데 이는 한국인이 중국인의 발음에 가깝다는 것을 의미한다. 그리고 KF1의 기본모음의 성조별 대립쌍에 대한 중국인의 청취 실험에서 3성에 대한 정확도는 모두 100%를 기록하여 KF1의 중국어 3성의 발음이 정확하지 않았고, 나머지는 정확도가 그다지 높지 않았다. KM5의 대립쌍에 대한 중국인의 청취 판단에서 정확도가 그다지 높지 않았는데, 그 중 모음 [i]는 잘못 판단한 경우가 다른 모음에 비해 상대적으로 매우 높았는데 이는 중국인의 발음과 유사했기 때문이다. 마지막으로 KF5에 대한 중국인의 청취 판단 실험에서 KF1의 대립쌍과 마찬가지로 3성의 정확도가 매우 낮게 나타나 KF5의 3성도 정확하지 않은 것으로 분석되었다.

셋째, 중국인 대립쌍에 대한 중국인의 청취 실험에서, 모음 [ɑ], [ɣ], [ɚ], [i], [u], [y]에 대한 정확도는 매우 높았지만 모음 [o], [ʅ], [ʅ]에 대한 정확도는 낮았다. 이런 현상은 전자가 하나의 모음으로 하나의 음절을 구성할 수 있는 모음인 반면, 후자는 자음과 결합해야만 음절을 구성할 수 있기 때문에 중국인 피실험자도 정확하게 판단하기 어렵다고 판단한다.

넷째, 한국인의 중국어 단모음에 대한 중국인의 청취 실험에서, 학습 기간이 1년 미만인 한국인 남성의 대립쌍에 대한 정확도는 매우 높게 나타났지만, 학습 기간이 5년 이상인 한국인 남성, 한국인 여성(학습 기간에 상관없이)의 대립쌍에 대해서는 그다지 높지 않았다. KM1의 대립쌍에 대한 중국인의 청취 실험에서는 모음 [i]에 대한 청취 오류가 가장 높게 나타나서 정확도가 낮은데 이것은 음향실험에서의 모음 결과와 동일하였다. KF1의 대립쌍에 대한 중국인의 청취 실험에서는 [ɣ], [o], [ʅ], [ʅ] 등에 대한 정확도가 비교적 높게 나타났는데, 모음 [ɣ]와 [o]의 경우 한국인에게서 음가 변화를 확인할 수 없으며, 모음 [ʅ]와 [ʅ]의 경우는 중국인의 중국어 단모음에 대한 중국인의 청취 실험에서 정확도가 낮았기 때문에 신뢰할 수 없다. KM5의 대립쌍에 대한 중국인의 청취 실험에서는 모음 [ɤ], [o], [u], [ʅ] 등에 대한 청취도가 비교적 높게 나타났는데 이것은 모음 [ɤ]와 [o]는 KM1의 대립쌍과 마찬가지로 음가 변화가 없어 중국인들이 판단하기 용이했고, 모음 [u]는 음향실험에서 유의한 모음으로 확인되었던 것처럼 한국인과 중국인의 발음이 매우 다르기 때문이다. 모음 [ʅ]는 중국인의 판단 자체를 신뢰하기 어렵다. KF5의 대립쌍에 대한 중국인의 청취 실험에서도 모음 [ɤ], [o], [ʅ], [u] 등에 대한 정확도가 비교적 높아 KM5의 청취실험과 동일한 결과를 보인다. 흥미로운 점은 음향실험에서 유의한 모음이 아니었던 모음 [u]의 대립쌍에 대한 청취 실험에서 정확도가 높게 나타났는데 이것은 모음 [u]가 후설고모음으로 공명도가 작아 청취 판단에 어려움이 있었기 때문이다.

다섯째, 상이한 실험 자료인 CM-KM1의 대립쌍에서 CM을 중국인으로 판단한 중국인의 피실험자의 정확도가 모음 [o]와 [ʅ]를 제외하고 전반적으로 매우 높게 나타났다. 모음 [o]와 [ʅ]는 위에서 언급한 바와 같이 중국인의 청취에 대한 신뢰도가 낮은 모음이므로 중국인의 판단을 신뢰하기 어렵다.

여섯째, 상이한 실험 자료인 CM-KM5의 대립쌍에서 CM을 중국인으로 판단한 중국인의 정확도를 보면, 모음 [ɤ], [u], [ʅ] 등에서만 높고 나머지 모음들은 낮다. 모음 [ɤ]는 KM5에서 음가 변화를 확인할 수 없고, 모음 [u]는 음향실험에서 유의했던 것처럼 중국인 발음과의 차이가 비교적 명확하여 판단하며, 모음 [ʅ]에 대해서는 중국인의 청취에 대한 신뢰도가 낮아 청취의 정확도를 언급하기 어렵다.

일곱째, 상이한 실험 자료인 KM1-KM5의 대립쌍에서 중국인이 모두 한국인으로 판단한 정확도는 그다지 높지 않았고, KM5를 중국인으로 판단한 비율은 상대적으로 높았다. 모두 한국인으로 판단한 비율이 비교적 높은 모음은 [ɤ]와 [o]인데 이 두 모음은 한국인에게서 음가의 변화를 거의 확인할 수 없기 때문에 중국인들이 한국인으로 판단한 비율이 높았다. 또한 모음 [ʅ]의 경우는 모두 한국인으로 판단한 비율, KM1을 한국인으로 판단한 비율, KM5를 한국인으로 판단한 비율이 거의 비슷하게 나타났는데 이를 통해서 중국인 피실험자들이 모음 [ʅ]를 청취 판단하는데 어려움을 느낀다는 것을 알 수 있다.

여덟째, 상이한 실험 자료인 CF-KF1의 대립쌍에서 CF를 중국인으로 판단한 중국인의 정확도는 모음 [o]와 [y]를 제외하고는 전반적으로 높았다. 모음 [y]는 전설고모음으로 공명도가 크지 않아서 청취 판단에 어려움이 있는 모음이고, 모음 [o]는 중국인의 청취에 대한 신뢰도가 낮은 모음이다.

아홉째, 상이한 실험 자료인 CF-KF5의 대립쌍에서 CF를 중국인으로 판단한 중국인의 정확도는 모음 [ə]과 [ʅ]를 제외하고는 전반적으로 높았다. 중설 모음 [ə]의 중국인의 청취 정확도가 낮은 것은 KF5의 모음 [ə]의 발음이 중국인의 근접할 수준으로 혀의 위치가 낮다는 것을 의미한다. 또한 모음 [ʅ]는 중국인의 정확도가 낮았는데 이것은 중국인의 청취 신뢰도가 낮기 때문에 한국인 발음의 정확도를 판단할 수 없다.

열 번째, 상이한 실험 자료인 KF1-KF5의 대립쌍에서 모두 한국인으로 판단한 중국인의 정확도가 그다지 높지 않고, KF1이나 KF5를 중국인으로 판단한 비율도 비슷하게 나타나서 KF1이나 KF5의 발음에 큰 차이가 없음을 알 수 있었다.

5. 중국어 단모음에 대한 한국인의 지각

한국인 피실험자 20명의 청취실험 결과에 대한 정확도는 다음 <표 23>과 같다.

<표 23>을 보면 한국인 피실험자의 청취실험 정확도는 33.0%에서 75.3%까지 분포되어 있다. 각 피실험자의 평균은 최저 33.3%에서 최고 68.8%이고, 전체 평균은 48.8%로 중국인 피실험자의 정확도 평균인 56.7%보다 7.8% 낮다. 7명의 피실험자는 1차 실험의 정확도가 높고, 17명은 2차 실험의 정확도가 높았다. 또 1차와 2차 실험의 차이는 0.6%에서 15.1% 사이에 분포하고 있다. 실험의 차이가 10%가 넘는 피실험자는 3명이었고, 나머지 피실험자들은 비교적 낮고 안정적인 분포를 보이고 있으므로 신뢰도가 높다고 판단할 수 있다. <표 23>에서 나타나는 정확도는 상대적인 수치일 뿐 단모음 발음에 대한 청취력이나 한국인 발음과 중국인 발음의 좋고 나쁨을 판단할 수 있는 절대적인 수치로 볼 수는 없다. 한국인 피실험자에 대해서 남성과 여성을 KM와 KF로 표시하였으나, 청취에 있어서 남녀를 구분하지는 않고 모두 한국인 피실험자로 설정하였다.

〈표 23〉 한국인 피실험자의 청취 정확도 (단위 : %)

피실험자		KM01	KM02	KM03	KM04	KM05	KF01	KF02	KF03	KF04	KF05
정확도 (%)	1차 실험	47.5	43.8	43.8	53.1	57.4	45.1	44.1	43.5	54.9	50.3
	2차 실험	46.3	38.9	46.6	50.9	56.2	53.7	50.0	36.1	59.0	56.8
	평균 (차)	46.9 (1.2)	41.4 (4.9)	45.2 (2.8)	52.0 (2.2)	56.8 (1.2)	49.4 (8.6)	47.1 (5.9)	39.8 (7.4)	57.0 (4.1)	53.6 (6.5)
피실험자		KF06	KF07	KF08	KF09	KF10	KF11	KF12	KF13	KF14	KF15
정확도 (%)	1차 실험	44.4	58.3	59.3	38.9	59.9	33.3	39.8	39.2	33.6	62.3
	2차 실험	51.5	60.8	48.5	43.8	61.4	36.1	54.9	39.8	33.0	75.3
	평균 (차)	48.0 (7.1)	59.6 (2.5)	53.9 (10.8)	41.4 (4.9)	60.7 (1.5)	34.7 (2.8)	47.4 (15.1)	39.5 (0.6)	33.3 (0.6)	68.8 (13.0)

1) 대조대상이 동일한 실험 자료

다음은 동일한 실험 자료, 즉 중국인 남성과 중국인 남성, 중국인 여성과 중국인 여성, 학습 기간이 1년 미만인 한국인 남성과 학습 기간이 1년 미만인 한국인 남성, 학습 기간이 1년 미만인 한국인 여성과 학습 기간이 1년 미만인 한국인 여성, 학습 기간이 5년 이상인 한국인 남성과 학습 기간이 5년 이상인 한국인 남성, 학습 기간이 5년 이상인 한국인 여성과 학습 기간이 5년 이상인 한국인 여성으로 이루어진 동일한 파일에 대한 한국인 피실험자의 청취실험 결과에 대해 분석한 결과를 보여준다.

(1) 중국인 실험 자료에 대한 한국인의 지각

한국인 피실험자가 CM과 CM의 대립쌍으로 이루어진 [ɑ1], [ɑ2], [ɑ3], [ɑ4], [i1], [i2], [i3], [i4], [u1], [u2], [u3], [u4]의 음성파일을 청취한 후의 결과를 분석하였다. 모음 [ɑ], [i], [u]의 동일한 음성파일에 대한 피실험자들의 청취능력을 가늠해 볼 수 있고, [ɑ], [i], [u] 세 가지 모음에 대한 성조별 청취 판단의 차이를 검증해볼 수 있다.

전체적으로 볼 때, 단모음 하나씩 두 개의 소리 파일을 들었을 경우이므로 정확도가 높게 나타났다. <표 24>에서 한국인의 CM 단모음에 대한 정확도를 보면, 모음 [ɑ]의 전체 평균은 77.8%, 모음 [i]의 전체 평균은 76.3%, 모음 [u]의 전체 평균은 71.9%로 모음 [ɑ]의 평균이 가장 높게 나타났는데 중국인의 청취 판단에서 모음 [i]가 가장 높은 것과는 다른 결과이다. 그 중 [u4]가 55.0%로 최저를 기록했고, [ɑ3]이 85.0%로 최고를 기록했다. CM의 대립쌍에 대한 한국인의 청취 판단에 있어서 성조별 차이나 공통점은 거의 나타나지 않았고 전체 평균은 75.3%로 분석되었다.

〈표 24〉 [ɑ], [i], [u] 성조별 한국인의 청취도(CM-CM) (단위 : %)

CM-CM		같게 들은 경우		다르게 들은 경우	
		모두 한국인으로	모두 중국인으로	소계	소계
[ɑ]	1성	25.0	72.5	97.5	2.5
	2성	27.5	72.5	100.0	0.0
	3성	15.0	85.0	100.0	0.0
	4성	25.0	65.0	90.0	10.0
[i]	1성	20.0	80.0	100.0	0.0
	2성	27.5	70.0	97.5	2.5
	3성	17.5	77.5	95.0	5.0

	4성	22.5	77.5	100.0	0.0
[u]	1성	40.0	55.0	95.0	5.0
	2성	25.0	75.0	100.0	0.0
	3성	15.0	82.5	97.5	2.5
	4성	22.5	75.0	97.5	2.5

CM과 CM의 동일한 대립쌍에 대한 한국인 피실험자의 청취 판단에 대해 살펴보자.

<표 25>를 보면 각 모음의 평균이 68.6%로 비교적 높은 정확도를 보여 주었다. 모음 [u]가 55.0%로 가장 낮은 정확도를 보였고 모음 [ɚ]이 가장 높은 정확도를 보였다. 이는 중국인의 청취 판단과 다른 결과이다. 중국인의 CM 대립쌍에 대한 청취결과를 보면, 모음 [o], [ɿ], [ʅ]를 한국인으로 판단한 비율이 중국인으로 판단한 비율보다 더 높았지만 한국인의 청취에서 이와 같은 결과를 확인할 수 없었다.

〈표 25〉 한국인의 청취도(CM-CM) (단위 : %)

CM-CM	같게 들은 경우			다르게 들은 경우
	모두 한국인으로	모두 중국인으로	소계	소계
[ɑ]	25.0	72.5	97.5	2.5
[ɤ]	35.0	57.5	92.5	7.5
[ɚ]	17.5	80.0	97.5	2.5
[o]	30.0	70.0	100.0	0.0
[u]	40.0	55.0	95.0	5.0
[i]	27.5	70.0	77.5	2.5
[ɿ]	37.5	60.0	97.5	2.5
[ʅ]	22.5	77.5	100.0	0.0
[y]	25.0	75.0	100.0	0.0

한국인 피실험자가 CF와 CF의 대립쌍으로 이루어진 [ɑ1], [ɑ2], [ɑ3], [ɑ4], [i1], [i2], [i3], [i4], [u1], [u2], [u3], [u4]의 음성파일을 청취한 후의 결과를 분석하였다. 모음 [ɑ], [i], [u]의 동일한 음성파일에 대한 피험자들의 청취능력을 가늠해 볼 수 있고, [ɑ], [i], [u] 세 가지 모음에 대한 성조별 청취 판단의 차이를 검증해볼 수 있다.

<표 26>에서 CF의 전체 단모음에 대한 한국인 피실험자의 정확도를 보면, 모음 [ɑ]의 전체 평균은 69.4%, 모음 [i]의 전체 평균은 70.0%, 모음 [u]의 전체 평균은 63.8%이며 전체 평균은 67.8%로 나타났는데, 이것은 중국인의 CF에 대한 청취 정확도와 거의 비슷한 결과이다. 그 중 [ɑ2]의 정확도가 32.5%에 그치고 반면 KF로 판단한 비율은 67.5%이며 [i2]는 정확도가 57.5%이고, [u4]는 45.0%를 기록하여 모두 한국인의 CF에 대한 청취 정확도가 낮은 것으로 나타났다. [ɑ3]의 청취 정확도는 87.5%로 가장 높은 통계량을 기록하였다. CF 대립쌍에 대한 한국인의 청취 판단에 있어 3성이 다른 성조에 비해 높은 정확도를 나타났는데, 이것은 중국인의 청취 판단과는 상반된 결과이다.

〈표 26〉 [ɑ], [i], [u] 성조별 한국인의 청취도(CF-CF) (단위 : %)

CF-CF		같게 들은 경우			다르게 들은 경우
		모두 한국인으로	모두 중국인으로	소계	소계
[ɑ]	1성	22.5	75.0	97.5	2.5
	2성	67.5	32.5	100.0	0.0
	3성	12.5	87.5	100.0	0.0
	4성	15.0	82.5	97.5	2.5
[i]	1성	27.5	70.0	97.5	2.5
	2성	40.0	57.5	97.5	2.5
	3성	12.5	82.5	95.0	5.0

	4성	30.0	70.0	100.0	0.0
[u]	1성	32.5	62.5	95.0	5.0
	2성	30.0	70.0	100.0	0.0
	3성	20.0	77.5	97.5	2.5
	4성	52.5	45.0	97.5	2.5

<표 27>를 보면 CF도 CM과 마찬가지로 68.9%의 비교적 높은 정확도를 보이며 정확도가 전체적으로 고르게 나타났다.

모음 [ʅ]의 정확도는 57.7%로 가장 낮고, 모음 [ɚ]의 정확도는 가장 높다. 한국인의 CF에 대한 정확도는 중국인의 76.3%에 비해 7.4% 낮은데 이것은 한국인의 정확도가 중국인에 비해 떨어지다는 것을 의미한다. 중국인의 청취 판단에서 모음 [o], [ɿ], [ʅ]의 정확도가 현저히 낮았는데 한국인의 청취에서는 그러한 결과는 나타나지 않았다.

〈표 27〉 한국인의 청취도(CF-CF) (단위 : %)

CF-CF	같게 들은 경우			다르게 들은 경우
	모두 한국인으로	모두 중국인으로	소계	소계
[ɑ]	22.5	75.0	97.5	2.5
[ɤ]	20.0	72.5	92.5	7.5
[ɚ]	17.5	82.5	100.0	0.0
[o]	30.0	70.0	100.0	0.0
[u]	32.5	62.5	95.0	5.0
[i]	27.5	70.0	97.5	2.5
[ɿ]	35.0	65.0	100.0	0.0
[ʅ]	40.0	57.7	97.5	2.5
[y]	35.0	65.0	100.0	0.0

<그림 18>에서 CM과 CM 그리고 CF와 CF의 대립쌍을 비교해보면,

전자의 평균 정확도는 75.3%, 후자는 67.8%로 CM이 CF보다 7.50% 더 높게 분석되었다. 이것은 CM보다는 CF의 경우 판단의 오류가 높아진 것이므로 한국인이 판단하기에 CM의 발음이 CF의 발음보다 부정확한 것으로 볼 수 있다. [ɑ], [i], [u]에서 3성의 청취 정확도가 높게 나타났다. 모음 [ɑ2]는 CM과 CF에 대한 청취 정확도에서 40.0%의 차이를 보인다.

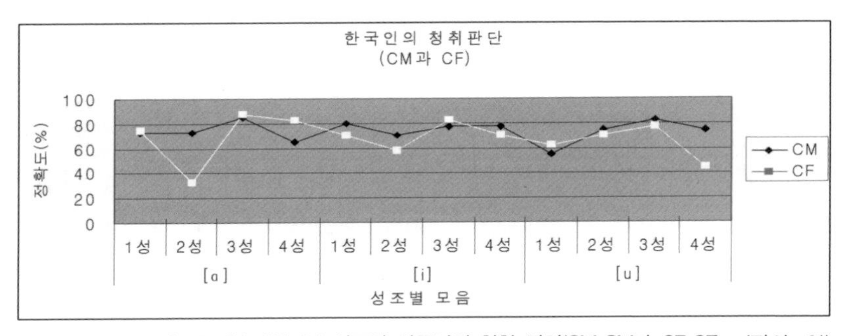

〈그림 18〉 [ɑ], [i], [u] 성조별 한국인의 청취 판단(CM-CM과 CF-CF) (단위 : %)

<그림 19>에서 CM과 CF를 비교해보면, 한국인 피실험자가 CM과 CF의 모음에 대한 청취 판단은 포락선의 형태가 거의 비슷하게 나타나서 일부 모음 [ʅ]을 제외하고 큰 차이를 보이지 않는다. 포락선의 형태로 볼 때, CF에 대한 정확도가 약간 높은데 한국인이 청취 판단에서 CF가 CM보다 조금 더 정확하게 발음하는 것으로 볼 수 있다.

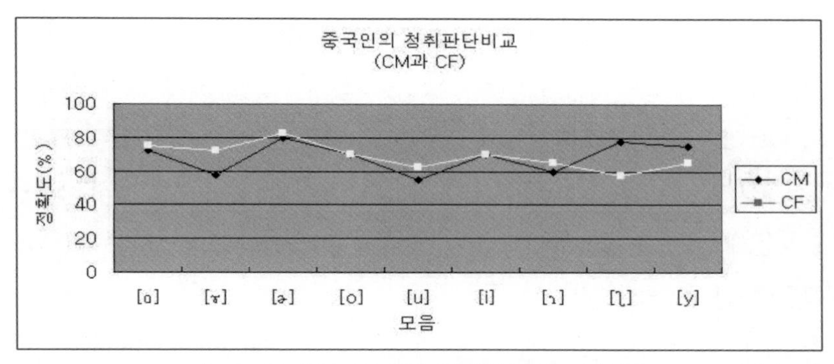

〈그림 19〉 한국인의 청취 판단(CM-CM과 CF-CF) (단위 : %)

(2) 한국인 실험 자료에 대한 한국인의 지각

한국인 피실험자가 KM1과 KM1, 그리고 KF1과 KF1의 대립쌍으로 이루어진 [ɑ1], [ɑ2], [ɑ3], [ɑ4], [i1], [i2], [i3], [i4], [u1], [u2], [u3], [u4]의 음성파일을 들은 후의 결과를 분석하였다. 모음 [ɑ], [i], [u]의 동일한 음성파일에 대한 청취실험으로 피험자들의 학습 기간이 1년 미만인 한국인의 중국어 단모음에 대한 청취능력을 가늠해 볼 수 있고, [ɑ], [i], [u] 세 가지 모음에 대한 성조별 청취 판단의 차이를 검증해볼 수 있다.

<표 28>에서 KM1과 KM1의 대립쌍의 모음을 듣고 한국인 피실험자들은 거의 대부분 한국인이라고 확신하고 있지만, [i4]는 37.5%로 한국인으로 판단한 비율보다 중국인으로 판단한 비율이 57.5%로 더 높다. 중국인의 청취실험에서 중국인이 KM1의 모음 [u]에 대한 정확도가 높게 나타났는데, 한국인의 청취실험에서 정확도가 낮게 나타났다면 이것은 한국인이 모음 [u]의 정확한 음가를 알지 못하고 있는 것이다. 다시 말해, KM1의 모음 [u]는 중국인과 많이 차이가 나는데도

불구하고 중국인의 발음이라고 생각하는 것이다. 한국인의 KM1의 정확도를 보면, 모음 [ɑ]의 전체 평균은 88.1%, 모음 [i]의 전체 평균은 61.3%, 모음 [u]의 전체 평균은 84.4%로 나타났다. 그 중 [i4]가 37.5%로 가장 낮았고, [i4]는 모두 중국인으로 청취 판단된 비율이 57.5%에 달하는데 이것은 한국어 모음이 중국어 모음 [i]와 모음이 비슷하기 때문에 한국인들도 비교적 중국인에 가까운 발음을 하고 있는 것이다. 각 모음 중 정확도가 가장 높은 것은 [u4]로 95.0%를 기록하였다. 각 모음별 성조 차이에 따른 두드러지는 공통점은 없었지만 1성의 정확도가 다른 성조에 비해서 낮게 나타나 KM1의 1성이 다른 성조에 비해 정확한 것으로 분석할 수 있다.

〈표 28〉 [ɑ], [i], [u] 성조별 한국인의 청취도(KM1-KM1) (단위 : %)

KM1-KM1		같게 들은 경우			다르게 들은 경우
		모두 한국인으로	모두 중국인으로	소계	소계
[ɑ]	1성	80.0	20.0	100.0	0.0
	2성	90.0	5.0	95.0	5.0
	3성	92.5	7.5	100.0	0.0
	4성	90.0	7.5	97.5	2.5
[i]	1성	62.5	35.0	97.5	2.5
	2성	80.0	17.5	97.5	2.5
	3성	65.0	35.0	100.0	0.0
	4성	37.5	57.5	95.0	5.0
[u]	1성	75.0	22.5	97.5	2.5
	2성	80.0	15.0	95.0	5.0
	3성	87.5	7.5	95.0	5.0
	4성	95.0	2.5	97.5	2.5

KM1과 KM1의 동일한 대립쌍에 대한 한국인 피실험자의 청취 판단에 대해 살펴보자. <표 29>를 보면 각 모음이 전체적으로 70%이상의 높은 정확도를 보인다. 그 중 모음 [ɚ]은 95.0%의 정확도를 보이고 있어서 한국인 실험자들은 KM1의 모음 [ɚ]이 중국인과 전혀 다른 것으로 판단하였다. 모음 [ɿ]는 57.5%로 가장 낮은 수치를 기록하여 한국인도 KM1의 [ɿ] 모음에 대해 정확하게 판단하지 못하는 것으로 나타났다. 모음 [ɑ], [ɤ], [y]는 중국인 피실험자들이 한국인으로 판단한 비율이 100.0%로 분석되었는데, 한국인 피실험자들도 각각 80.0%, 87.5%, 80.0%의 정확도를 보이며 KM1의 발음이 중국인과는 크게 다르다고 판단하고 있다. 모음 [o]와 [i]는 정확도가 각각 67.5%, 62.5%로 비교적 낮은 수준이었다. 전체적으로 KM1의 대립쌍에 대한 청취에 있어, 한국인과 중국인 피실험자는 비슷한 판단을 하고 있다.

〈표 29〉 한국인의 청취도(KM1-KM1) (단위 : %)

KM1-KM1	같게 들은 경우			다르게 들은 경우
	모두 한국인으로	모두 중국인으로	소계	소계
[ɑ]	80.0	20.0	100.0	0.0
[ɤ]	87.5	10.0	97.5	2.5
[ɚ]	95.0	0.0	95.0	5.0
[o]	67.5	32.5	100.0	0.0
[u]	75.0	22.5	97.5	2.5
[i]	62.5	35.0	97.5	2.5
[ɿ]	57.5	40.0	97.5	2.5
[ʅ]	75.0	25.0	100.0	0.0
[y]	80.0	15.0	95.0	5.0

한국인 피실험자가 KM5와 KM5의 대립쌍으로 이루어진 [ɑ1], [ɑ2], [ɑ3], [ɑ4], [i1], [i2], [i3], [i4], [u1], [u2], [u3], [u4]의 음성파일을 들은 후의 결과를 분석하였다. 모음 [ɑ], [i], [u]의 동일한 음성파일에 대한 청취실험으로 피실험자들의 학습 기간이 5년 이상인 한국인의 중국어 단모음에 대한 청취능력을 가늠해 볼 수 있고, [ɑ], [i], [u] 세 가지 모음에 대한 성조별 청취 판단의 차이를 검증해볼 수 있다.

<표 30>에서 KM5와 KM5 대립쌍의 모음을 듣고 한국인 피실험자들은 거의 대부분 동일하다고 판단하였기 때문에 청취실험에 충실하게 임했음을 알 수 있다.

각 모음의 평균정확도를 보면, 모음 [ɑ]의 전체 평균은 37.4%, 모음 [i]의 전체 평균은 11.9%, 모음 [u]의 전체 평균은 38.1%로 나타났다. 각 모음의 평균은 모두 중국인의 청취실험 결과보다 낮기 때문에 한국인 피실험자의 청취력이 중국인보다 못한 것으로 분석되었다. 위 세 모음 중 모음 [i]의 평균이 가장 낮았는데 이것은 중국인의 청취실험 결과와도 같다. 즉, 모음 [i]는 한국인과 중국인 모두 KM5의 발음에 대해 중국인과 큰 차이를 느끼지 못하며 오히려 KM5의 발음을 중국인으로 판단하고 있다. [u4]는 57.5%로 정확도가 가장 높았고, [i4]는 7.5%로 가장 낮았다. KM5의 단모음 중 모두 한국인으로 판단한 정확도의 평균은 29.1%이고, 중국인으로 판단한 것은 69.0%로 나타났다. 한국인 피실험자는 KM5의 발음이 중국인의 발음이라고 생각하고 있는 것으로 분석되었다. KM5의 대립쌍에서 성조별 공통점이나 차이점은 나타나지 않았다.

〈표 30〉 [ɑ], [i], [u] 성조별 한국인의 청취도(KM5-KM5) (단위 : %)

KM5-KM5		같게 들은 경우			다르게 들은 경우
		모두 한국인으로	모두 중국인으로	소계	소계
[ɑ]	1성	32.5	65.0	97.5	2.5
	2성	40.0	52.5	92.5	7.5
	3성	25.0	75.0	100.0	0.0
	4성	40.0	60.0	100.0	0.0
[i]	1성	22.5	77.5	100.0	0.0
	2성	17.5	80.0	97.5	2.5
	3성	17.5	80.0	97.5	2.5
	4성	7.5	92.5	100.0	0.0
[u]	1성	40.0	60.0	100.0	0.0
	2성	20.0	80.0	100.0	0.0
	3성	35.0	62.5	97.5	2.5
	4성	57.5	42.5	100.0	0.0

<표 31>은 KM5와 KM5의 동일한 대립쌍에 대한 한국인 피실험자의 청취 판단 결과이다. <표 31>을 보면 한국인 피실험자들이 동일한 음성으로 판단한 비율이 97.2%이므로 신뢰도가 매우 높다. KM5에 대한 한국인의 청취 정확도는 39.8%로 비교적 낮고 오히려 중국인으로 판단한 경우가 57.5%로 더 높게 나타났다. 다시 말하면, KM5의 모음에 대해 중국인의 발음으로 판단하고 있는 것이다. 모음 [i]는 한국인으로 판단한 비율이 22.5%, 중국인으로 판단한 비율이 70.0%로, 중국인으로 판단한 비율이 47.5% 더 높게 나타나서 한국인은 KM5의 발음에 대해 중국인의 발음으로 판단하고 있음을 알 수 있다. 모음 [o]도 27.5%를 보여 모음 [i]과 비슷한 결과를 보인다. 모음 [ɤ]의 정확도는 67.5%로 가장 높은 수치를 기록하였는데, 이것은 중국인의 청

취 결과와 비슷하다. 다시 말해서 KM5의 모음 [ɤ]에 대해 한국인과 중국인 피실험자 모두 중국인과 다르다고 생각하는 것이며, 한국인은 KM5의 음가가 중국인과 다르다고 판단을 하고 있으면서도 실제로는 정확하게 발음을 하지 못하는 현상을 잘 보여주는 예이다.

〈표 31〉 한국인의 청취도(KM5-KM5) (단위 : %)

KM5-KM5	같게 들은 경우			다르게 들은 경우
	모두 한국인으로	모두 중국인으로	소계	소계
[ɑ]	32.5	65.0	97.5	2.5
[ɤ]	67.5	32.5	100.0	0.0
[ɚ]	52.5	42.5	95.0	5.0
[o]	27.5	70.0	97.5	2.5
[u]	40.0	60.0	100.0	0.0
[i]	22.5	70.0	92.5	7.5
[ɿ]	32.5	67.5	100.0	0.0
[ʅ]	42.5	50.0	92.5	7.5
[y]	40.0	60.0	100.0	0.0

<표 32>는 KF1과 KF1의 [ɑ], [i], [u] 성조별 한국인의 청취 판단 결과이다.

KF1과 KF1의 대립쌍의 모음을 듣고 한국인 피실험자들은 중국인인지 한국인인지 정확하게 판단하기 어려웠던 것으로 보인다. 한국인의 KF1의 청취 정확도를 보면, 모음 [ɑ]의 평균은 63.8%, 모음 [i]의 평균은 38.1%, 모음 [u]의 평균은 65.0%로 모음 [i]의 평균이 가장 낮았고, 전체 평균은 55.6%를 기록하였다. 그 중 [i1]와 [i4]가 32.5%로 가장 낮았고, [u2]가 92.5%로 가장 높았다. [ɑ2]도 87.5%를 기록하여 한국인 피실험자는 중국인과 많이 차이가 나는 것으로 청취 판단하였다.

모음 [i]는 CM과 CF의 경우와 마찬가지로 한국인과 중국인의 발음이 큰 차이를 보이지 않고 있는 것으로 청취 판단하였다. 세 모음에 대한 성조의 차이를 보면 [ɑ], [i], [u] 모두 2성에서 정확도가 높게 나타났다. 정확도를 살펴보면 [ɑ2]는 87.5%, [i2]는 50.0%, [u2]는 92.5%로 다른 성조들에 비해 높으므로 KF1의 2성에 대해서 한국인 피실험자들은 중국인과 많이 다르다고 판단하고 있는 것이다.

〈표 32〉 [ɑ], [i], [u] 성조별 한국인의 청취도(KF1-KF1) (단위 : %)

KF1-KF1		같게 들은 경우			다르게 들은 경우
		모두 한국인으로	모두 중국인으로	소계	소계
[ɑ]	1성	65.0	35.0	100.0	0.0
	2성	87.5	10.0	97.5	2.5
	3성	40.0	57.5	97.5	2.5
	4성	62.5	35.0	97.5	2.5
[i]	1성	32.5	67.5	100.0	0.0
	2성	50.0	47.5	97.5	2.5
	3성	32.5	67.5	100.0	0.0
	4성	37.5	57.5	95.0	5.0
[u]	1성	70.0	30.0	100.0	0.0
	2성	92.5	7.5	100.0	0.0
	3성	37.5	62.5	100.0	0.0
	4성	60.0	40.0	100.0	0.0

KF1의 동일한 대립쌍에 대한 한국인 피실험자의 청취 판단에 대해 살펴보자.

〈표 33〉 한국인의 청취도(KF1-KF1) (단위 : %)

KF1-KF1	같게 들은 경우		다르게 들은 경우	
	모두 한국인으로	모두 중국인으로	소계	소계
[ɑ]	65.0	35.0	100.0	0.0
[ɤ]	72.5	25.0	97.5	2.5
[ɚ]	45.0	47.5	92.5	7.5
[o]	47.5	50.0	97.5	2.5
[u]	70.0	30.0	100.0	0.0
[i]	32.5	67.5	100.0	0.0
[ɿ]	65.0	35.0	100.0	0.0
[ʅ]	40.0	60.0	100.0	0.0
[y]	60.0	35.0	95.0	5.0

<표 33>을 보면 한국인 피실험자가 KF1의 각 모음에 대해 동일한 한국인 대립쌍으로 판단한 평균이 55.3%이고, 동일한 중국인 대립쌍으로 판단한 평균이 42.8%로 그 차이가 12.5%를 기록하였다. 모음 [ɤ]은 정확도가 72.5%이고 중국인으로 판단한 비율이 25.0%로 한국인이 KF1의 발음을 한국인으로 판단한 비율이 상당히 높은데 이것은 KM1과 KM5의 결과와 같다. 이것은 KM1, KM5, KF1 모두 모음 [ɤ]의 음가를 알고 있지만 실제로 정확하게 발음하지는 못하는 것이다. 모음 [u]도 정확도가 70.0%를 기록하여 한국인은 KF1의 모음을 중국인과 큰 차이가 나는 것으로 판단하고 있다. 모음 [i]를 한국인으로 판단한 비율은 32.5%이고 중국인으로 판단한 비율은 67.5%이므로 모음 [i]은 한국인과 중국인 모두 정확하게 판단하지 못하고 있다. 즉, 한국인의 모음 [i]는 중국어의 모음 [i]와 비슷하다고 분석할 수 있다.

<표 34>는 KF5와 KF5의 [ɑ], [i], [u] 성조별 한국인의 청취 판단에

관한 청취도이다. KF5와 KF5의 대립쌍의 모음을 듣고 한국인 피실험자들은 거의 대부분 동일하다고 판단하고 있다. 한국인의 KF5에 대한 각 모음의 평균정확도를 보면, 모음 [ɑ]는 72.5%, 모음 [i]는 55.0%, 모음 [u]는 74.4%로 모음 [i]가 가장 낮게 나타났는데 이것은 KF1과 같은 결과이다. 정확도를 보면, [i4]는 50.0%로 가장 낮고, [ɑ2]는 87.5%로 가장 높다. 전체 모음에 대한 평균 정확도는 67.3%이고, 중국인으로 판단된 비율은 30.4%로 중국인과 비슷한 청취실험 결과를 보여주고 있다. 또한 성조별 차이점이나 공통점은 없었다.

〈표 34〉 [ɑ], [i], [u] 성조별 한국인의 청취도(KF5-KF5) (단위 : %)

KF5-KF5		같게 들은 경우			다르게 들은 경우
		모두 한국인으로	모두 중국인으로	소계	소계
[ɑ]	1성	72.5	27.5	100.0	0.0
	2성	87.5	10.0	97.0	2.5
	3성	67.5	32.5	100.0	0.0
	4성	62.5	35.0	97.5	2.5
[i]	1성	67.5	32.5	100.0	0.0
	2성	57.5	40.0	97.5	2.5
	3성	50.0	42.5	92.5	7.5
	4성	45.0	55.0	100.0	0.0
[u]	1성	82.5	12.5	95.0	5.0
	2성	75.0	25.0	100.0	0.0
	3성	65.0	32.5	97.5	2.5
	4성	75.0	20.0	95.0	5.0

<표 35>는 KF5와 KF5의 동일한 대립쌍에 대한 한국인 피실험자의 청취 판단 결과이다.

<표 35>를 보면 한국인 피실험자들이 동일한 음성으로 들은 비율이 98.6%이므로 정확도가 매우 높다. KF5에 대한 한국인의 청취 정확도는 모음 [u]가 82.5%로 가장 높았고, 모음 [o]는 35.0%로 가장 낮았다. [ʅ]모음도 47.5%로 비교적 낮은 편에 속했다. 한국인은 KF5의 모음 [u]의 발음이 중국인과 다르다고 생각하고 있고, 모음 [o]는 중국인으로 판단한 비율이 62.5%이므로 KF5와 중국인이 비슷하게 발음하는 것으로 판단하고 있다. 모음 [i]의 정확도가 67.5%로 높은 것은 다른 청취실험과 다른 결과이다. 중국인이나 한국인은 청취실험에서 모음 [i]의 정확도가 가장 낮게 나타났는데 KF5의 경우 오히려 모음 [i]의 정확도가 높게 나타났다. 전체 정확도의 평균은 65.9%이고, 중국인으로 판단된 비율이 32.8%로 나타났다.

〈표 35〉 한국인의 청취도(KF5-KF5) (단위 : %)

KF5-KF5	같게 들은 경우			다르게 들은 경우
	모두 한국인으로	모두 중국인으로	소계	소계
[ɑ]	72.5	27.5	100.0	0.0
[ɤ]	57.5	40.0	97.5	2.5
[ɚ]	77.5	20.0	97.5	2.5
[o]	35.0	62.5	97.5	2.5
[u]	82.5	12.5	95.0	5.0
[i]	67.5	32.5	100.0	0.0
[ɿ]	77.5	22.5	100.0	0.0
[ʅ]	47.5	52.5	100.0	0.0
[y]	75.5	25.5	100.0	0.0

<그림 20>은 한국인 피실험자가 청취 판단한 KM1과 KF1의 모음 [ɑ], [i], [u] 각 성조별 차이를 그림으로 보여주고 있다. 전체적으로

KM1이 KF1보다 청취 정확도가 높게 나타나고 있다. 다시 말해서 한국인 피실험자들은 KM1의 발음이 더 한국인에 가깝다고 판단한 것이므로 KF1의 발음이 KM1보다 더 좋다고 말할 수 있는데 이것은 음향실험의 결과와도 같다. KM1은 청취 정확도가 비교적 높게 고르게 분포되어 있지만 KF1은 많은 변화를 보이고 있다. KM1과 KF1은 [ɑ1], [ɑ2], [i4], [u1], [u2]에서 거의 비슷한 결과를 보였지만 [u3], [u4]에서는 큰 차이를 보이고 있다. 그밖에 모음 [i]의 각 성조별 정확도는 KM1과 KF1이 비슷한 결과를 보인다.

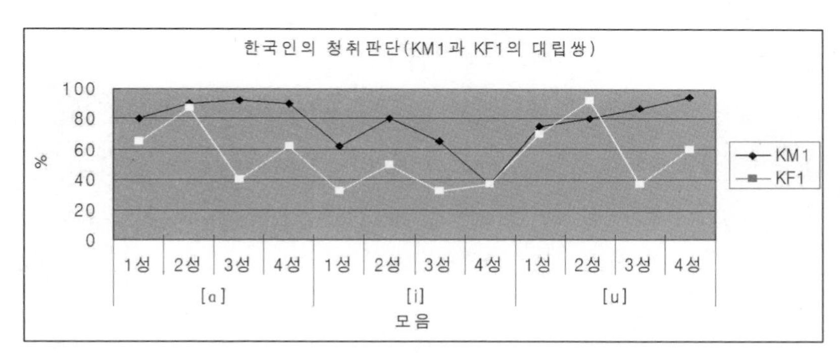

〈그림 20〉 [ɑ], [i], [u] 성조별 한국인의 청취 판단한 비율(KM1-KM1과 KF1-KF1)
(단위 : %)

<그림 21>은 한국인이 KM1의 대립쌍과 KF1의 대립쌍에서 [ɑ], [i], [u]모음에 대해 중국인으로 판단한 비율이다. 전반적으로 그 비율이 KM1의 [u4]의 2.5%에서 KF1의 [i1], [i3]의 67.5%까지 분포하였다.

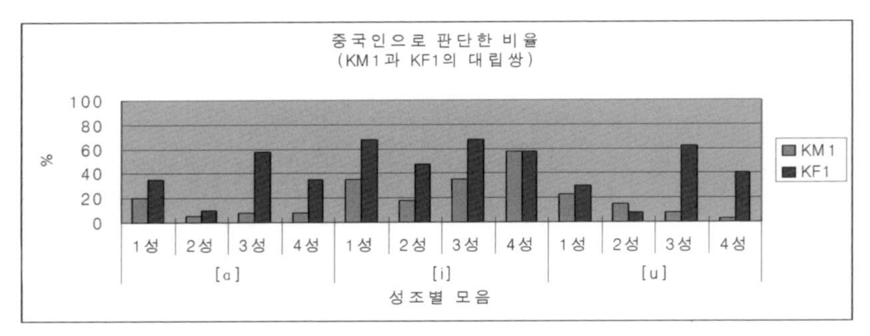

〈그림 21〉 한국인이 [ɑ], [i], [u]에 대해 중국인으로 판단한 비율(KM1-KM1과 KF1-KF1) (단위 : %)

전체적으로 볼 때, KM1보다 KF1을 중국인으로 판단한 비율이 높게 나타났다. 다시 말하면, 한국인은 KF1의 발음이 KM1보다 더 중국인의 발음에 가깝다고 판단하는 것이다. 가장 두드러지는 점은 [ɑ], [i], [u] 각 모음의 3성에서 KM1과 KF1이 중국인으로 판단된 비율이 큰 차이를 보인다. 한국인은 KF1은 모음 [ɑ], [i], [u]의 3성이 KM1보다 중국인에 가깝다고 분석할 수 있다. KM1은 2성에서 특히 중국인으로 판단되는 비율이 낮기 때문에 한국인은 중국인과 다른 발음을 하고 있는 것으로 판단하고 있다.

<그림 22>를 통해 한국인이 KM1과 KF1의 모음에 대해서 어떻게 판단했는지 살펴보자. KM1의 포락선이 KF1보다 위에 위치하고 있으므로, 한국인이 KM1 대립쌍에 대한 판단이 KF1의 대립쌍에 대한 판단보다 더 정확하다. 또, 모음 [ə], [i], [ʅ]에 대한 청취 정확도에 있어서 KM1과 KF1이 큰 차이를 보이고 있지만 모음 [u]와 [ɿ]는 동일한 결과를 보인다.

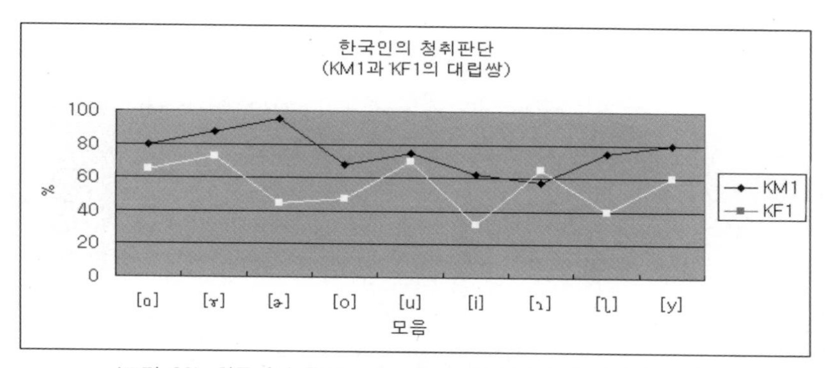

〈그림 22〉 한국인이 중국인으로 판단한 비율(KM1-KM1과 KF1-KF1)

(단위 : %)

<그림 23>은 한국인이 KM1과 KM1의 대립쌍과 KF1과 KF1의 대립쌍에 대해 중국인으로 판단한 결과이다. 중국인의 청취실험에서 모음 [i]를 제외하고 중국인으로 판단한 비율이 거의 없었던 것에 비하면 <그림 23>의 한국인의 청취실험에서는 KM1을 중국인으로 판단한 비율이 비교적 높아진 편이다. 전체적으로 KF1을 중국인으로 판단한 비율이 높고 KM1은 낮다. 모음 [i]은 한국어에도 있고 중국어에 있는 모음으로 실제 음가가 큰 차이를 보이지 않기 때문에 한국인도 중국인과 마찬가지로 KM1과 KF1이 중국인으로 판단한 비율이 높게 나타났다. 모음 [ɚ]에 대해 중국인들은 KF1, KF5, KM5가 비교적 중국인에 가까운 발음을 하고 있는 것으로 판단하였지만, 한국인은 KM1의 모음 [ɚ]이 전혀 중국인의 발음과 같지 않다고 판단하였다. KF1의 경우, 한국인이 모음 [ɚ], [o], [ɿ], [ʅ]에 대해 중국인으로 판단한 비율이 50%를 넘는 수치를 보이고 있어서 KF1의 발음이 비교적 좋은 것으로 한국인들이 판단하고 있다.

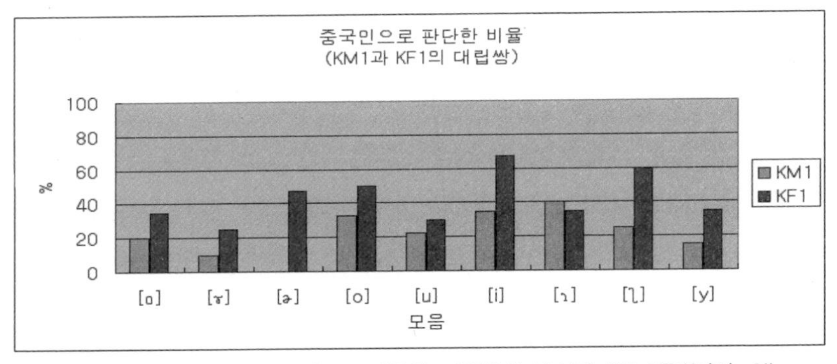

〈그림 23〉 한국인이 중국인으로 판단한 비율(KM1-KM1과 KF1-KF1)(단위 : %)

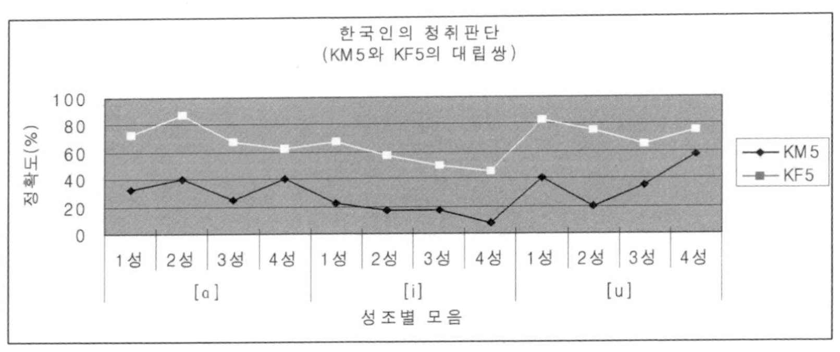

〈그림 24〉 한국인이 [ɑ], [i], [u]의 성조별 중국인으로 판단한 비율(KM5-KM5와 KF5-KF5)
(단위 : %)

<그림 24>는 한국인이 청취 판단한 KM5와 KF5의 각 대립쌍에 대한 청취실험 결과이다. KM5과 KF5의 포락선이 거의 나란하게 비슷한 형태를 보이고 있다는 특징이 있다. 즉, KM5가 KF5보다 발음이 좋은 것으로 한국인 피실험자가 판단하고 있지만, KM5와 KF5는 각 성조별 모음에 대해 공통의 문제점이 있다. 예를 들어, KM5의 [u1]의 발음이 좋지 않으면 KF5의 발음도 좋지 않고, KM5의 발음이 좋으면 KF의 발음도 좋다는 것이다. 이것은 중국인과 한국인의 청취 판단의 차이,

한국인의 중국어 학습의 문제점, 모어의 영향 등 여러 가지 요인이 작용하고 있는 것으로 판단된다.

<그림 25>는 한국인이 KM5과 KM5의 대립쌍과 KF5와 KF5의 대립쌍의 [ɑ], [i], [u]에 대해 중국인으로 판단한 비율을 나타낸 그림이다. 한국인이 KM5와 KF5의 모음에 대해 중국인으로 판단한 비율을 보면, KM5를 중국인으로 판단한 비율이 KF5보다 훨씬 높게 나타났다. 이 그림에서는 KM5와 KF5에 대해 한국인으로 판단한 비율과 비슷한 양상을 보인다. 전체적으로 KM5가 KF5보다 더 발음이 좋은 것으로 한국인들은 판단하는데 그 중 [i]모음에 대한 비율이 가장 높게 나타났다. <그림 25>에서는 각 모음의 성조에 따른 공통점이나 차이점은 발견되지 않았다.

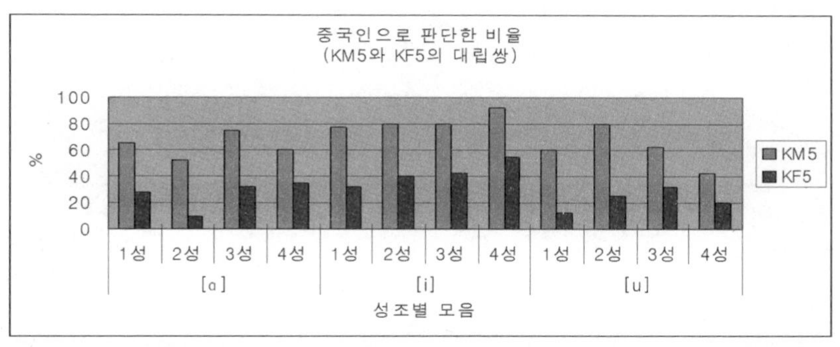

〈그림 25〉 한국인이 [ɑ], [i], [u]에 대해 중국인으로 판단한 비율(KM5-KM5와 KF5-KF5) (단위 : %)

<그림 26>은 KM5와 KM5의 대립쌍과 KF5와 KF5의 대립쌍에 대한 한국인의 청취 판단을 그림으로 나타낸 것이다. 중국인의 청취실험에서는 KM5와 KF5가 거의 비슷한 포락선의 형태를 보인 것에 반

해 <그림 26>을 보면 한국인의 청취에서는 KM5와 KF5가 규칙성이 없이 전혀 다른 모습으로 그려져 있다. 모음 [ɤ], [o], [ʅ]는 KM5와 KF5가 큰 차이를 보이지 않았는데 그 중 모음 [o]와 [ʅ]은 KM5와 KF5가 모두 한국인임을 정확하게 판단하지 못하고 있다. KM5는 정확도가 비교적 낮게 나왔기 때문에 KM5의 중국인과 발음 비슷한 것으로 한국인이 판단하고 있고, KF5는 한국인이 중국인과 전혀 다르게 판단하고 있다는 것을 알 수 있다. 이것은 중국인의 청취실험과는 다른 결과를 보여준다.

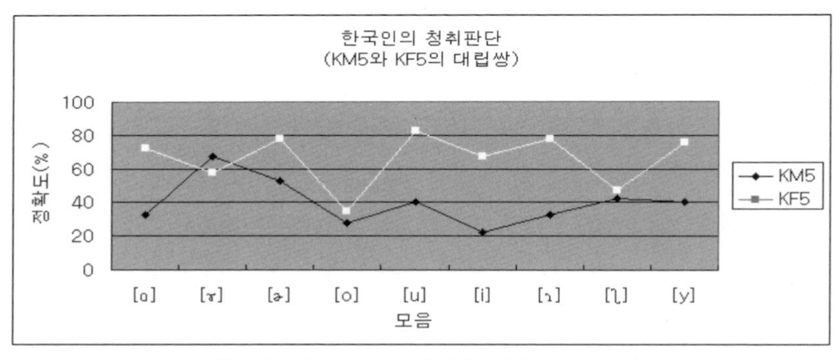

〈그림 26〉 한국인이 중국인으로 판단한 비율(KM5-KM5와 KF5-KF5)
(단위 : %)

<그림 27>은 한국인 피실험자가 KM5와 KM5, KF5와 KF5의 대립쌍을 듣고 중국인으로 판단한 비율을 나타낸 그림이다. 한국인이 KM5와 KF5의 모음에 대해 중국인으로 판단한 비율을 보면 집단의 편차가 크지 않다. 모음 [i]에 대해 중국인으로 판단한 비율이 비교적 낮고, 모음 [ɑ], [ɚ], [i], [ʅ], [y]는 중국인으로 판단한 비율이 비교적 높게 분포되어 있다.

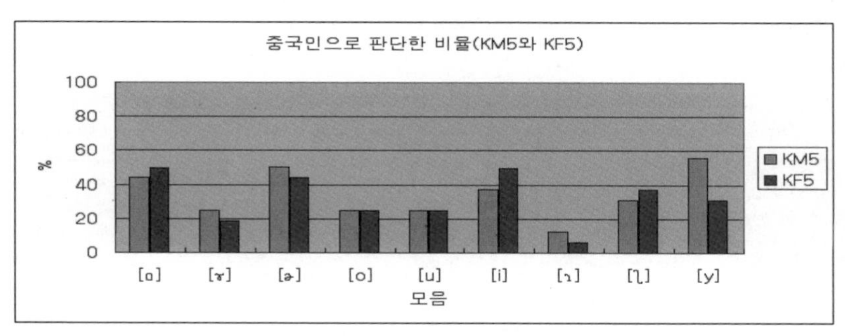

〈그림 27〉 한국인이 중국인으로 판단한 비율(KM5-KM5와 KF5-KF5)
(단위 : %)

2) 대조대상이 상이한 실험 자료

다음에서 각 모음에 대한 CM과 KM1, CM과 KM5, CF와 KF1, CF와 KF5, 그리고 KM1과 KM5, KF1과 KF5에 대한 청취 실험 결과에 대해 살펴보겠다. 분석결과에 따라 한국인과 중국인의 단모음 발음이 한국인의 청취에 있어서도 차이가 나는지, 차이가 난다면 얼마나 나는지 살펴보고자 한다.

(1) 중국인 남성과 학습 기간이 1년 미만인 한국인 남성

<표 36>은 CM-KM1에 대한 한국인의 청취 판단 결과이다. <표 37>는 CM-KM5에 대한 한국인의 청취 판단 결과이다. CM과 KM5의 대립쌍을 살펴보면 한국인 피실험자가 CM을 중국인이라고 정확하게 판단한 비율은 평균 45.0%로 분석되었다. 한국인이 CM과 KM1 대립쌍에서 중국인으로 판단한 비율이 74.7%인 것에 비하면 29.7% 낮다. 이것은 CM과 KM1의 대립쌍과 비교해서 CM과 KM5의 단모음 발음

차이가 그다지 크지 않다는 것을 의미한다.

〈표 36〉 한국인의 청취도(CM-KM1) (단위 : %)

CM1-CM1	같게 들은 경우			다르게 들은 경우		
	모두 한국인으로	모두 중국인으로	소계	CM을 중국인으로	KM1를 중국인으로	소계
[ɑ]	2.5	3.8	6.3	80.0	13.7	93.7
[ɤ]	0.0	1.3	1.3	82.5	11.2	93.7
[ɚ]	0.0	1.3	1.3	95.0	3.7	98.7
[o]	13.7	21.3	35.0	36.3	28.7	65.0
[u]	3.7	2.5	6.2	81.3	12.5	93.8
[i]	3.8	10.0	13.8	73.7	12.5	86.2
[ɿ]	6.3	12.5	18.8	56.2	25.0	81.2
[ʅ]	0.0	3.8	3.8	77.5	18.7	96.2
[y]	0.0	2.5	2.5	90.0	7.5	97.5

(2) 중국인 남성과 학습 기간이 5년 이상인 한국인 남성

각각의 모음을 살펴보면, 모음 [o]는 정확도가 26.2%로 가장 낮고, 모음 [y]는 65.0%로 가장 높다. 사실 모음 [o]의 경우는 KM5가 중국인이라는 비율이 21.3%이기 때문에 한국인은 CM과 KM5의 발음을 정확하게 판단하고 있지 못하고 있다. 그에 비해 모음 [y]는 KM5로 판단한 비율이 26.2%에 그치고 있기 때문에 CM과 KM5가 상당한 차이가 있다고 한국인 피실험자들이 판단하고 있다. 그 밖에, 모음 [ɿ]의 경우, CM을 중국인으로 판단한 비율이 26.2%인데 반해 KM5를 중국인으로 판단한 비율이 52.5%로 후자가 26.3%나 더 높게 나타났다. 이것은 한국인 피실험자도 중국인 피실험자와 마찬가지로 모음 [ɿ]의 음가를 정확하게 알지 못한다는 것을 의미한다. 모음 [ɑ]는 청취 정확도

가 33.7%를 기록했고, KM5를 중국인으로 판단한 비율도 33.7%로 거의 같기 때문에 한국인 피실험자들은 CM과 KM5를 제대로 청취 판단하지 못하고 있다. 모음 [ɚ]는 청취 정확도가 36.3%이고, CM과 KM5를 모두 중국인으로 판단한 비율이 40.0%를 보이고 있다. 그러므로 모음 [ɚ]에 대해서도 한국인 피실험자는 정확한 판단을 내리지 못하고 있음을 알 수 있다.

〈표 37〉 한국인의 청취도(CM-KM5) (단위 : %)

CM-KM5	같게 들은 경우			다르게 들은 경우		
	모두 한국인으로	모두 중국인으로	소계	CM을 중국인으로	KM5를 중국인으로	소계
[ɑ]	7.5	25.0	32.5	33.7	33.8	67.5
[ɤ]	0.0	7.5	7.5	58.7	33.8	92.5
[ɚ]	10.0	40.0	50.0	36.3	13.7	50.0
[o]	10.0	22.5	32.5	26.2	21.3	47.5
[u]	0.0	7.5	7.5	51.2	41.3	92.5
[i]	1.3	12.5	13.8	43.7	42.5	86.2
[ɿ]	0.0	16.3	16.3	31.2	52.5	83.7
[ʅ]	0.0	10.0	10.0	58.7	31.3	90.0
[y]	1.3	7.5	8.8	65.0	26.2	91.2

그 밖의 나머지 모음들은 정확도가 비교적 높았다. 모음 [ɤ]의 청취 정확도는 58.7%로 중국인 피실험자의 정확도에 비해 33.8% 정도 낮았다. 모음 [ɤ]의 경우 중국인 피실험자는 한국인과 중국인의 발음이 크게 차이가 나는 것으로 판단하였으나, 한국인 피실험자는 CM과 KF5의 대립쌍에서 큰 차이가 나지 않는 것으로 판단하고 있다. 모음 [u]의 정확도는 51.2%이고, KM5를 중국인으로 판단한 비율이 41.3%

인데, 이것은 중국인 피실험자의 청취 정확도에 비해 26.9%나 낮다. 다시 말해 중국인들은 모음 [u]에 대해 한국인과 중국인의 차이를 분명하게 인지하고 있지만, 한국인 피실험자들은 상대적으로 CM과 KM5의 차이를 정확하게 파악하지 못하고 있다. 모음 [i]의 정확도는 43.7%이고, KM5를 중국인으로 판단한 비율이 42.5%이므로 청취 판단이 정확하지 않다. 이것은 중국인들의 판단과 비교해 보면 16.3% 차이가 난다. 모음 [ʅ]은 58.7%의 정확도를 보인다.

〈표 38〉 한국인의 청취도(CM-KM1과 CM-KM5) (단위 : %)

	[ɑ]	[ɤ]	[ə˞]	[o]	[u]	[i]	[ɿ]	[ʅ]	[y]
CM-KM1	83.8	83.8	96.3	57.6	83.8	83.7	68.7	81.3	92.5
CM-KM5	58.7	66.2	76.3	48.7	58.7	56.2	47.5	68.7	72.5

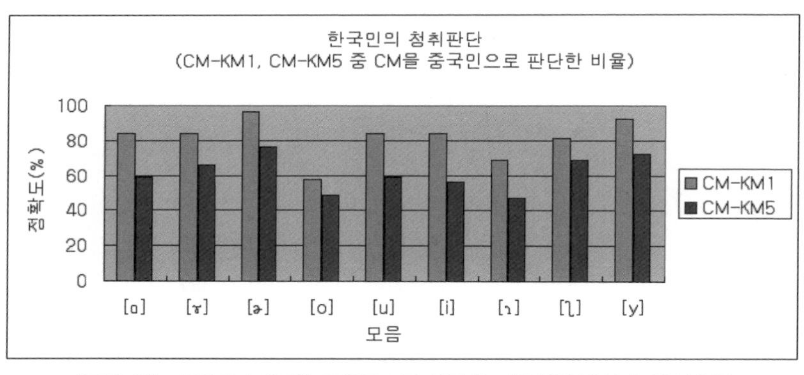

〈그림 28〉 한국인이 CM을 중국인으로 판단한 비율(CM-KM1과 CM-KM5) (단위 : %)

<표 38>과 <그림 28>은 <표 36>과 <표 37>에서 CM을 중국인으로 판단한 것, 그리고 모두 중국인으로 판단한 통계량을 합한 것이

다. <표 38>과 <그림 28>에서 한국인 피실험자가 청취 판단한 CM과 KM1, 그리고 CM과 KM5의 대립쌍을 비교해보면, CM-KM1의 정확도가 더 높게 분석되었다. 이것은 CM- KM1, CM-KM5의 대립쌍에서 KM1이 CM에 대한 차이가 KM5가 CM에 대한 차이보다 더 크다는 것으로 풀이된다. 즉, CM과 KM5의 차이보다 CM과 KM1의 발음차이가 더 크기 때문에 KM5보다 KM1의 발음이 중국인 발음과 더 거리가 있다는 것이다. 특이한 점은 포락선이 비슷한 형태를 보이고 있다는 것이다. 각각의 모음을 비교해보면, 가장 두드러지는 모음은 모음 [o]로 KM1, KM5 모두 정확도가 낮게 나타났다. 이것은 중국인의 청취 실험 결과와 비교하면 비슷한 결과이지만, 전반적으로 한국인의 정확도가 더 낮았다. 즉 모음 [o]는 한국인과 중국인 모두 정확한 음가를 알지 못하고 있는 것으로 분석된다. 모음 [ɚ]의 경우 한국인은 KM1과 KM5가 상당한 차이를 보이고 있고, KM5의 발음이 더 좋은 것으로 판단하고 있다. 한국인들의 판단대로라면 KM의 모음 [ɚ]은 학습 기간이 길어짐에 따라 더 좋아질 수 있다. 모음 [ɑ]도 KM1과 KM5의 차가 상당한 것으로 분석되었다. 모음 [u]와 [y]는 학습 기간이 길어지면 좋아지지만 더 많은 학습을 필요로 하는 것으로 분석되었다.

<표 39>와 <그림 29>는 한국인 피실험자가 CM-KM1, CM-KM5의 대립쌍에서 KM1이나 KM5를 중국인으로 판단한 비율 그림이다. <표 39>는 KM1이나 KM5가 중국인으로 판단된 비율은 <표 36>와 <표 37>에서 KM1이나 KM5를 중국인으로 판단한 것, 그리고 모두 중국인으로 판단한 통계량을 합한 것이다. <표 39>를 보면, 모음 [o]를 제외하고 모든 모음에서 KM5가 KM1보다 중국인으로 판단된 비율이 높게 나타나고 있다. 한국인은 KM5의 발음을 KM1보다 더 중국

인에 가깝게 인지하는 것으로 분석되었다. 그 중 KM5의 모음 [ɑ]와 [ɚ]은 20%이상의 높은 차이를 보인다. 이것은 한국인의 청취 판단에 의하면 KM의 [ɑ]와 [ɚ]모음은 학습 기간이 길어짐에 따라 발음이 좋아진다고 분석되었다. 나머지 모음인 [ɤ], [u], [i], [ɿ], [ʅ], [y]는 서로 비슷한 정도로 KM5의 중국인으로 판단된 비율이 높게 나타났다. 이 <표 39>와 <그림 29>를 통해 한국인은 KM에 대해 학습 기간이 길어질수록 발음이 좋은 것으로 판단하고 있다는 것을 알 수 있다.

〈표 39〉 한국인이 CM을 중국인으로 판단한 비율(CM-KM1과 CM-KM5)

(단위 : %)

	[ɑ]	[ɤ]	[ɚ]	[o]	[u]	[i]	[ɿ]	[ʅ]	[y]
CM-KM1	17.5	12.5	5.0	50.0	15.0	22.5	37.5	22.5	10.0
CM-KM5	58.8	41.3	53.7	43.8	48.8	55.0	68.8	41.3	33.7

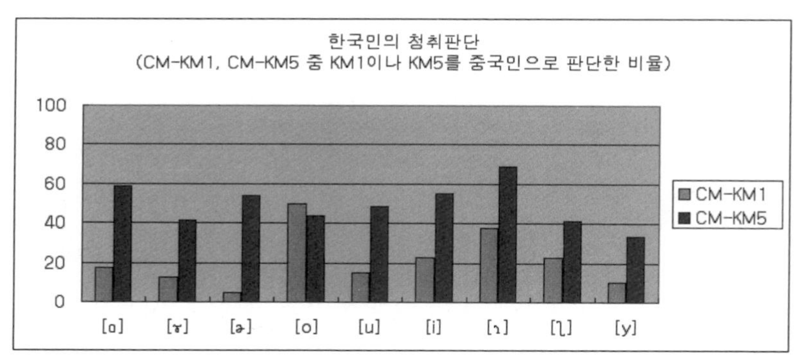

〈그림 29〉 한국인이 KM1이나 KM5를 중국인으로 판단한 비율(CM-KM1과 CM-KM5)

(단위 : %)

(3) 학습 기간별 한국인 남성

<표 40>는 한국인 피실험자가 KM1과 KM5의 대립쌍에 대해 청취

판단한 결과이다. 실험 자료는 KM1과 KM5, KM5와 KM1의 순서를 모두 채택하여 KM1-KM5나 혹은 KM5-KM1의 대립쌍만을 채택하였을 때의 오류를 최소화하였다.

한국인 피실험자가 KM1과 KM5의 대립쌍을 듣고 모두 한국인으로 판단한 비율은 3.2%로 중국인 피실험자의 24.7%보다 21.5% 낮게 나타났다. 모음 [ɑ]와 [u]는 청취 정확도가 0.0%로 두 모음 모두 한국인으로 판단된 비율이 없었다. 모음 [y]의 정확도는 7.5%로 가장 높은 수치를 나타냈다. 한국인 피실험자가 KM1과 KM5에 대해 모두 한국인이라고 판단한 비율이 3.2%라면 그 나머지 비율의 대부분은 동일하지 않은, 완전히 다른 것으로 판단하고 있다는 것을 의미한다. 한국인들이 KM1을 중국인으로 판단한 비율 중 각 모음의 평균이 18.8%로 중국인의 청취결과보다 2.5% 높았고, KM5를 중국인으로 판단한 비율인 각 모음의 평균이 73.0%로 중국인의 청취결과인 58.7%보다 14.3% 높았다. 즉, 한국인 피실험자들의 상당수가 KM5의 음성을 중국인의 음성으로 청취 판단하였다. 그 중 모음 [ɚ]은 91.2%가 한국인으로 판단하고 있는데, 중국인의 청취에서도 모음 [y]는 75%의 중국인이 KM5를 중국인으로 판단하고 있다. 즉, KM1과 KM5에서는 KM5의 [ɚ]이 KM1에 비해 월등히 중국인에 가깝다고 판단하고 있다. 모음 [o]는 KM5가 중국인으로 판단된 비율이 56.2%로 가장 낮았고, KM1이 중국인으로 판단된 비율이 22.5%로 비교적 높았다. 또, 모두 중국인으로 판단한 비율도 16.3%를 기록하고 있다. 한국인 피실험자가 KM5의 모음 [o]를 중국인으로 판단하고 있지만 다른 모음에 비해 판단 비율이 낮다. 즉, KM1과 KM5를 구분하는 것이 다른 모음에 비해 힘든 것으로 분석되었다.

〈표 40〉 한국인의 청취도(KM1-KM5의 대립쌍) (단위 : %)

	같게 들은 경우			다르게 들은 경우		
	모두 한국인으로	모두 중국인으로	소계	KM1을 중국인으로	KM5를 중국인으로	소계
[ɑ]	0.0	3.8	3.8	22.5	73.7	96.2
[ɤ]	3.7	1.3	5.0	20.0	75.0	75.0
[ɚ]	2.5	0.0	2.5	6.3	91.2	97.5
[o]	5.0	16.3	21.3	22.5	56.2	78.7
[u]	0.0	0.0	0.0	18.7	81.3	100.0
[i]	5.0	6.3	11.3	21.2	67.5	88.7
[ɿ]	1.3	6.2	7.5	20.0	72.5	92.5
[ʅ]	3.7	7.5	11.2	26.3	62.5	88.8
[y]	7.5	2.5	10.0	12.5	77.5	90.0

<그림 30>은 KM1과 KM5의 대립쌍에서 한국인 피실험자가 KM1이나 혹은 KM5를 중국인으로 판단한 비율이다. <그림 30>에서 한국인 피실험자가 KM1과 KM5 중 중국인으로 판단한 비율은 매우 큰 차이를 보이고 있다. 전체적으로 모든 모음에서 KM5가 중국인으로 판단된 비율이 KM1에 비해 현저하게 높다. 그 중 KM1과 KM5가 가장 큰 차이를 보이는 모음은 [ɚ]이다. 그밖에 모음 [ɑ], [ɤ], [u], [y]에서도 큰 차이를 보인다. 다시 말하면, KM의 경우, 한국인 피실험자들은 학습 기간이 길어질수록 전체적으로 중국인의 중국어 모음에 가까워지는 것으로 판단하고 있다.

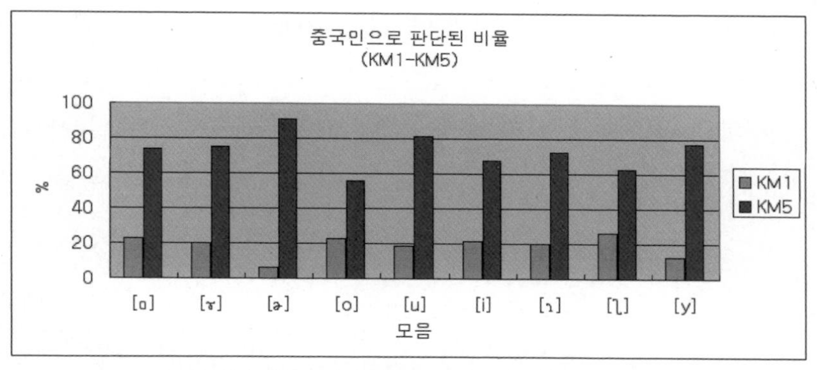

〈그림 30〉 한국인이 중국인으로 판단한 비율(KM1-KM5) (단위 : %)

(4) 중국인 여성과 학습 기간이 1년 미만인 한국인 여성

<표 41>는 CF-KF1에 대해 한국인 피실험자가 CF를 중국인이라고 판단한 비율을 나타낸 것이다. 한국인 피실험자가 정확하게 판단한 비율이 평균 61.1%로 중국인 피실험자의 65.3%와 거의 비슷하게 높은 수준을 유지하고 있다. KF1을 중국인으로 판단한 비율은 26.8%에 그치고 있다. 이것은 CF와 KF1의 분석에서 KF1의 발음이 중국인과는 차이가 난다는 것을 의미한다. 한국인 피실험자가 CF를 중국인으로 정확하게 판단한 비율은 비교적 고르게 38.7%에서 73.7%까지 분포하였다. 각각의 모음을 살펴보면, 한국인이 CF를 중국인으로 판단한 비율이 가장 낮은 것은 모음 [ʅ]로 38.7%를 기록하였다. 모음 [ʅ]의 경우 CM을 중국인으로 판단한 비율보다 KF1을 중국인으로 판단한 비율이 46.3%로 더 높게 나타났는데 이것은 중국인의 청취실험 결과와 비교하면 26.9% 차이가 있는 것으로 보아 한국인의 정확도가 중국인에 비해 상대적으로 좋지 않다고 해석할 수 있다. 모음 [ɤ]는 정확도가 73.7%로 매우 높게 나타났다. 이것은 중국인의 청취실험 결과와

1.3% 차이를 보여 거의 비슷하였다. 다시 말해, 중국인과 한국인 피실험자는 모두 CF1의 모음 [ɤ]를 중국인과 다르다고 생각하고 있다. 모음 [ʅ]의 청취 정확도는 70.0%를, 모음 [ɑ]와 [u]는 68.7%로 높게 나타났다. 모음 [ɚ]는 63.7%를, [u], [i], [y]는 모두 50.0%로 나타났다.

〈표 41〉 한국인의 청취도(CF-KF1) (단위 : %)

CF-KF1	같게 들은 경우			다르게 들은 경우		
	모두 한국인으로	모두 중국인으로	소계	CF을 중국인으로	KF1를 중국인으로	소계
[ɑ]	1.3	5.0	6.3	68.7	25.0	93.7
[ɤ]	3.7	11.3	15.0	73.7	11.3	85.0
[ɚ]	0.0	15.0	15.0	63.7	21.3	85.0
[o]	2.5	3.7	6.2	57.5	36.3	93.8
[u]	8.7	6.3	15.0	68.7	16.3	85.0
[i]	0.0	6.3	6.3	56.2	37.5	93.7
[ʅ]	2.5	8.8	11.3	70.0	18.7	88.7
[ʮ]	3.7	11.3	15.0	38.7	46.3	95.0
[y]	6.3	12.5	18.8	52.5	28.7	81.2

(5) 중국인 여성과 학습 기간이 5년 이상인 한국인 여성

여기에서는 CF와 KF5에 대한 한국인 피실험자의 청취실험 결과를 분석하고자 한다. 각 모음에 대한 피실험자의 정확도와 오류도, 또 오류도 중에서도 어떤 다른 현상이 있는지 살펴본다. 이 실험에서는 CF-KF5, KF5-CF의 순서를 모두 청취실험에 사용함으로써 한 가지의 형태, 즉 CF와 KF5이나 KF5와 CF의 순서만으로 이루어진 대립쌍에서 발생할 수 있는 실험의 오류를 최소화하였다.

<표 42>는 CF와 KF5에 대한 한국인 피실험자의 청취 판단 결과이다. <표 42>에서 CF-KF5의 대립쌍을 살펴보면 한국인 피실험자가 CF를 중국인이라고 정확하게 판단한 비율은 평균 56.7%이고, KF5를 중국인으로 판단한 비율은 32.1%로, 중국인의 청취실험과 비교하면 정확도는 8.6% 낮고, KF5를 중국인으로 판단한 비율은 9.9% 높다. 한국인 피실험자가 CF를 정확하게 중국인으로 판단한 비율은 최저 32.5%에서 최고 70.0%까지 분포하였다. 각각의 모음에서 한국인이 CF를 중국인으로 판단한 비율이 가장 낮은 것은 모음 [o]로 32.5%이다. 모음 [o]의 경우, KF5를 중국인으로 판단한 비율이 58,7%로 중국인 피실험자의 판단보다 18.1% 높다. 다시 말하면 한국인이 상대적으로 중국인보다 모음 [o]에 대해 정확하게 판단하지 못한다고 볼 수 있다. 모음 [ʅ]의 정확도는 56.2%이고, 중국인으로 판단된 비율은 37.5%로 중국인의 청취실험에 비해 11.9% 낮은 수치이다. 모음 [o]을 제외한 나머지 모음은 거의 비슷한 50~60%대를 보인다.

〈표 42〉 한국인의 청취도(CF-KF5) (단위 : %)

CF-KF5	같게 들은 경우			다르게 들은 경우		
	모두 한국인으로	모두 중국인으로	소계	CF을 중국인으로	KF5를 중국인으로	소계
[ɑ]	1.3	3.7	5.0	65.0	30.0	95.0
[ɤ]	1.3	3.7	5.0	62.5	32.5	95.0
[ɚ]	2.5	8.7	11.2	72.5	16.3	88.8
[o]	1.3	7.5	8.8	32.5	58.7	91.2
[u]	1.3	2.5	3.8	76.2	20.0	96.2
[i]	1.3	6.2	7.5	70.0	22.5	92.5

CF-KF5	같게 들은 경우			다르게 들은 경우		
	모두 한국인으로	모두 중국인으로	소계	CF을 중국인으로	KF5를 중국인으로	소계
[ɿ]	1.3	1.3	2.6	70.0	27.4	97.4
[ʅ]	1.3	5.0	6.3	56.2	37.5	93.7
[y]	0.0	8.7	8.7	66.3	25.0	91.3

<표 43>와 <그림 31>은 CF-KF1와 CF-KF5의 대립쌍에서 CF를 중국인으로 판단한 비율을 나타낸 것인데, 이것은 <표 41>과 <표 42>에서 모두 중국인으로 판단한 비율과 CF만을 중국인으로 판단한 비율을 합친 수치이다. <표 43>과 <그림 31>에서 CF와 KF1, 그리고 CF와 KF5의 대립쌍를 비교해보면, CF의 정확도가 별다른 차이를 보이지 않고 있다. 일부 모음에서는 CF-KF1의 대립쌍에서의 CF가, 또 다른 일부 모음에서는 CF-KF5의 대립쌍에서의 CF가 중국인으로 판단된 비율이 높게 나타났다. 모음 [ɑ], [ɤ], [o], [ɿ],에서는 CF-KF1의 CF가 중국인으로 판단된 비율이 높게, [ɚ], [u], [i], [ʅ], [y]모음에서는 CF-KF5의 CF를 중국인으로 판단한 비율이 높다.

〈표 43〉 한국인이 CF를 중국인으로 판단한 비율(CF-KF1과 CF-KF5) (단위 : %)

	[ɑ]	[ɤ]	[ɚ]	[o]	[u]	[i]	[ɿ]	[ʅ]	[y]
CF-KF1	73.7	85.0	78.7	61.2	75.0	62.5	78.8	50.0	65.0
CF-KF5	68.7	66.2	81.2	40.0	78.8	76.2	71.3	61.2	75.0

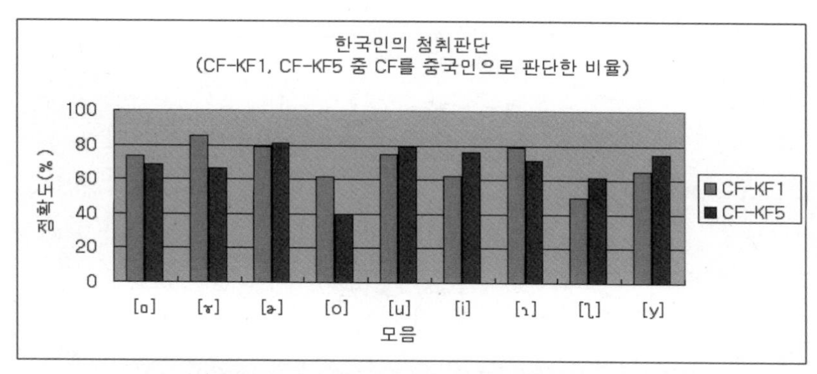

〈그림 31〉 한국인이 CF를 중국인으로 판단한 비율(CF-KF1과 CF-KF5)

(단위 : %)

<표 44>과 <그림 32>는 한국인이 CF-KF1와 CF-KF5의 대립쌍에서 KF1이나 혹은 KF5를 중국인으로 판단한 비율을 나타낸 그림이다. 이것은 <표 41>과 <표 42>에서 모두 중국인으로 판단한 비율과 CF-KF1에서 KF1을 그리고 CF-KF5에서 KF5를 중국인으로 판단한 비율을 합한 것이다.

<표 44>과 <그림 32>에서 CF-KF1와 CF-KF5의 대립쌍에 대해 살펴보면, KF1과 KF5는 거의 비슷한 결과를 보인다. KF1은 [ɚ], [i], [ʅ], [y]에서 높았고, KF5는 [ɑ], [ɤ], [o], [ɿ]에서 높아서 KF1과 KF5는 모음에서 큰 차이를 보이지 않는다. 모음 [u]은 KF1과 KF5 모두 정확도가 비슷한 정도로 낮다. 모음 [o]에 있어서 한국인 피실험자는 CF-KF1에서 KF1의 발음이 CF-KF5에서 KF5의 발음보다 훨씬 더 중국인에 가까운 것으로 판단하고 있다. 그 외에 모음 [ʅ]은 KF1과 KF5이 모두 높은 비율을 나타냈다.

〈표 44〉 한국인이 KF1이나 KF5를 중국인으로 판단한 비율(CF-KF1과 CF-KF5)

(단위 : %)

	[ɑ]	[ɤ]	[ɚ]	[o]	[u]	[i]	[ɿ]	[ʅ]	[y]
CF-KF1	30.0	22.6	36.3	40.0	22.6	43.8	17.5	57.6	41.2
CF-KF5	33.7	36.2	25.0	66.2	22.5	28.7	28.7	42.5	33.7

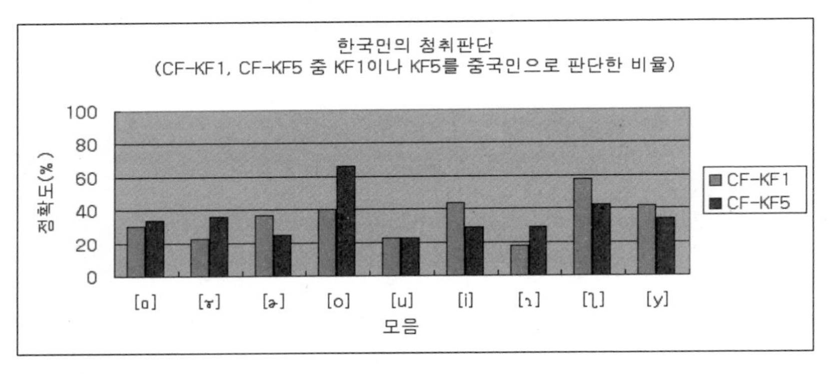

〈그림 32〉 한국인이 KF1이나 KF5를 중국인으로 판단한 비율(CF-KF1과 CF-KF5)

(단위 : %)

(6) 학습 기간별 한국인 여성

<표 45>는 한국인 피실험자가 KF1과 KF5 대립쌍의 음성에 대해 청취 판단한 결과이다. 실험 자료는 KF1과 KF5, KF5와 KF1의 순서를 모두 채택하여 KF1과 KF5나 혹은 KF5나 KF1만을 채택하였을 때의 오류를 최소화하였다.

한국인 피실험자가 KF1-KF5 대립쌍의 음성을 듣고 모두 한국인으로 판단한 비율이 6.8%로 중국인 피실험자의 정확도인 14.6%보다 7.8% 낮다. 모음 [ɿ]은 12.5%로 가장 높은 정확도를 보였고, 모음 [o]와 모음 [u]는 가장 낮은 정확도를 보였다. 모음 [ɿ]와 모음 [u]는 중국인의 청취실험결과와 일치하였다. KF1-KF5의 대립쌍에서 모두 한

국인 음성으로 판단된 비율이 낮고, 모두 중국인 음성으로 판단된 비율도 4.6%로 매우 낮기 때문에 KF1과 KF5가 서로 다른 것으로 판단된 비율을 살펴볼 필요가 있다. KF1이 중국인으로 판단된 비율은 48.9%이고, KF5와 중국인으로 판단된 비율은 39.7%이다. 즉 한국인 피실험자는 KF5보다 KF1의 모음이 더 중국인에 가까운 것으로 판단하고 있다.

〈표 45〉 한국인의 청취 판단(KF1-KF5) (단위 : %)

KF1-KF5	같게 들은 경우			다르게 들은 경우		
	모두 한국인으로	모두 중국인으로	소계	KF1을 중국인으로	KF5를 중국인으로	소계
[ɑ]	8.7	2.5	11.2	46.3	42.5	88.8
[ɤ]	5.0	3.8	8.8	28.7	62.5	91.2
[ɚ]	7.5	2.5	10.0	56.3	33.7	90.0
[o]	3.7	10.0	13.7	35.0	51.3	86.3
[u]	3.7	1.3	5.0	55.0	40.0	95.0
[i]	6.3	7.5	13.8	62.5	23.7	86.2
[ɿ]	12.5	1.3	13.8	51.2	35.0	86.2
[ʅ]	5.0	2.5	7.5	58.7	33.8	92.5
[y]	8.7	10.0	18.7	46.3	35.0	81.3

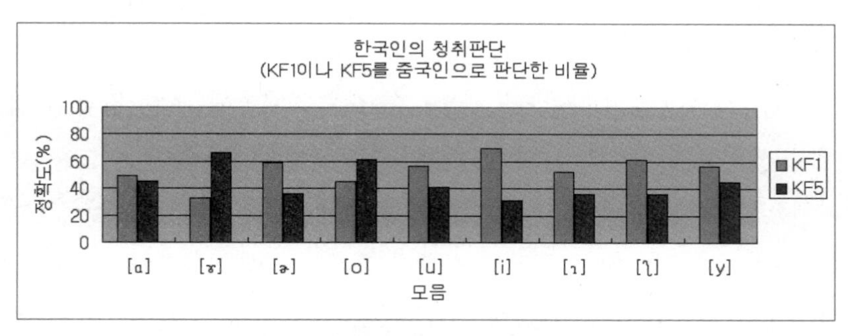

〈그림 33〉 중국인으로 판단된 비율(KF1-KF5) (단위 : %)

3) 소결

5장은 중국어 단모음 실험 자료에 대한 한국인의 청취 실험으로 그 결과는 다음과 같다.

첫째, 한국인은 중국인의 중국어 기본모음 [ɑ], [i], [u]의 성조별 대립쌍에 대한 청취 실험에서 매우 높은 정확도를 보였다.

CM-CM과 CF-CF의 대립쌍을 중국인으로 판단한 정확도가 매우 높았다. 또한 전체적으로 세 모음의 각 성조별 차이는 확인되지 않았다. 이것은 중국인들이 성조를 정확하게 실현하고 있기 때문인 것으로 보이는데 중국인 피실험자의 청취 실험에서와 동일한 결과이다.

둘째, 중국어 기본모음 [ɑ], [i], [u] 등의 성조별 차이에 대한 한국인 피실험자의 청취 실험에서 학습 기간이 1년 미만인 한국인 남성에 대한 정확도는 매우 높게 나타났지만, 학습 기간이 5년 이상인 한국인 남성에 대한 정확도는 비교적 낮았다. 기본 모음 중에서 모음 [i]는 다른 모음에 비해 판단 오류가 상대적으로 높게 나타났는데 음향실험에서 모음 [i]만 유의했던 것과 동일한 결과이며, 중국인의 청취실험에서도 확인할 수 있었다. 한국인의 청취 실험 분석 결과는 중국인의 청취 실험 결과와 약간의 수치적인 차이를 보이는데 전반적으로 중국인 피실험자보다 정확도는 낮다.

셋째, 한국인은 중국인의 중국어 단모음 대립쌍에 대한 청취 실험에서 정확도가 비교적 높았다. CM의 대립쌍에서 모두 중국인으로 판단한 비율이 상대적으로 낮은 모음으로는 [ɤ], [i], [u] 등을 들 수 있다. 모음 [ɤ]에 대한 중국인의 발음에서 음가의 변화를 확인할 수 있었음에도 불구하고 오류도가 상대적으로 높은 것은 한국인이 모음

[ɤ]의 음가를 전반적으로 부정확하게 파악했기 때문으로 분석된다. 모음 [i]는 중국인의 모음 [i]와 한국인의 모음 [i]가 유사하고 모음 [u]도 중국인 피실험자에서와 마찬가지로 공명도가 낮기 때문에 오류도가 낮은 것으로 판단할 수 있다. CF의 대립쌍에서는 각 모음에 대한 정확도가 비교적 높다.

넷째, 한국인의 중국어 단모음에 대한 한국인의 정확도는 학습 기간이 1년 미만인 한국인 남성의 대립쌍의 경우 매우 높게 나타났지만, 학습 기간이 5년 이상인 한국인 남성은 비교적 낮았다. 학습 기간이 1년 미만인 한국인 여성의 대립쌍과 학습 기간이 5년 이상인 한국인 여성의 대립쌍에서는 중국인으로 판단한 비율이 모두 약간씩 높았다. 먼저 KM1의 대립쌍에 대한 한국인의 청취 실험에서는 [i], [o], [ɿ] 등의 모음을 중국인으로 판단한 비율이 상대적으로 높다. 모음 [i]는 음향실험에서도 유의하지 않았는데, 중국인 모음 [i]와 한국인의 모음 [i]가 비슷하기 때문이다. 모음 [o]와 [ɿ]는 중국인과 동일한 결과를 보이지만 한국인의 경우는 이 두 모음을 부정확하게 판단한 것에서 비롯된 것으로 판단된다. 또한 KF1의 대립쌍에 대한 한국인의 청취 실험에서는 모음 [ɤ]와 [u]만이 비교적 높은 정확도를 보였는데, 모음 [ɤ]는 음가 변화가 없기 때문에 중국인의 [ɤ]와 비교적 분명하게 구분되지만, 모음 [u]는 공명도가 작아서 신뢰도가 낮다. 그 외의 나머지 모음들은 정확도와 오류도의 차이가 그다지 크지 않았다. 그리고 KM5의 대립쌍에 대한 한국인의 청취 실험에서는 모음 [ɤ]만 비교적 높은 정확도를 보였는데, 이것은 음가 변화의 유무와 관련된 것으로 판단된다. 마지막으로, KF5의 대립쌍에 대한 한국인의 청취 실험에서는 모음 [o]와 [ʅ]를 중국인으로 판단한 비율이 비교적 높았는데 이것은 이 두 모음의 정확한 음가를 파악하지 못해서 청취에도 오류가 생긴 것으로 보인다.

다섯째, 상이한 실험 자료인 CM-KM1의 대립쌍에서 CM을 중국인으로 판단한 한국인의 정확도는 모음 [o]를 제외하고 매우 높은데 모음 [o]는 중국인 피실험자도 청취 정확도가 낮다.

여섯째, 상이한 실험 자료인 CM-KM5의 대립쌍에 대한 한국인 피실험자의 청취 실험에서 CM을 중국인으로 판단한 정확도는 모음 [ɤ], [ʅ], [y] 등에서 상대적으로 높았고, 나머지 모음들은 낮았다. 모음 [ɤ]에 대한 높은 정확도는 음가의 변화를 그 원인으로 설명할 수 있다. 모음 [ʅ]에 대해서는 한국어에는 없는 발음으로 한국인이 그 음가를 정확하게 파악하기 쉽지 않기 때문에 학습 기간이 길어지더라도 정확한 음가를 학습하는 것에 어려움이 있는 것으로 판단된다. 모음 [y]는 한국인의 경우 음향실험에서 유의하지 않았다는 사실을 근거로 볼 때, 한국인 판단의 신뢰도가 낮다.

일곱째, 상이한 실험 자료인 KM1-KM5의 대립쌍에 대한 한국인 피실험자의 청취 실험에서 모두 한국인으로 판단한 정확도는 매우 낮았고, 대부분 KM5를 중국인으로 판단하였다. 흥미로운 점은 중국인의 청취실험에서는 모음 [o]에 대해 모두 한국인으로 판단한 비율이 비교적 높았는데, 한국인의 청취 실험에서는 모음 [o]에 대해 KM5를 중국인으로 판단한 비율이 가장 낮아 한국인의 신뢰도가 낮은 것으로 나타났다.

여덟째, 상이한 실험 자료인 CF-KF1의 대립쌍에 대한 한국인 피실험자의 청취 실험에서 CF를 중국인으로 판단한 정확도는 모음 [o], [i], [ʅ]를 제외하면 전반적으로 높았다. 모음 [o]와 [ʅ]는 중국인과 마찬가지로 한국인의 청취 실험에서도 신뢰도가 낮은 모음이고, 모음 [i]는 한국어 모음 /이/와 유사한 모음이다.

아홉째, 상이한 실험 자료인 CF-KF5의 대립쌍에 대한 한국인 피실험자의 청취 실험에서 CF를 중국인으로 판단한 정확도는 모음 [o]를 제외하면 전반적으로 높았다.

열째, 상이한 실험 자료인 KF1-KF5의 대립쌍에 대한 한국인 피실험자의 청취 실험에서 이 대립쌍을 모두 한국인으로 판단한 정확도는 매우 낮았다. 또한 KF1과 KF5를 각각 중국인으로 판단한 비율이 서로 비슷하다. 이것은 KF1의 중국어 단모음 발음과 KF5의 중국어 단모음 발음에 큰 차이가 없다는 것을 의미한다.

제4부 중국어 단모음에 대한 논의

여기에서는 음향실험(제2장)의 결과와 청취실험(제3장)의 결과를 근거로 중국어 단모음에 대한 한국인과 중국인의 차이를 고찰하고자 한다.

우선 음향실험과 청취실험의 결과의 일치 여부를 관찰하고 한국인의 중국어 모음과 중국인의 중국어 모음의 차이가 확인되면 어느 지점에서 얼마나 큰 차이를 보이는지 살펴보고자 한다. 이 결과는 두 언어의 음성 체계 차이를 종합적으로 반영하는 것이므로 한국인에 대한 중국어 모음의 교육에 직접적으로 활용할 수 있을 것으로 생각한다.

따라서 여기에서는 연구의 결과를 근거로 중국어 단모음 학습 과정에서 주의해야 할 점과 앞으로의 중국어 단모음 교육에서 강조해야 할 점들이 무엇인지에 대해서도 언급하고자 한다. 결과에 대한 분석은 [ɑ], [ɤ], [ɚ], [o], [u], [i], [ɿ], [ʅ], [y] 순을 따른다.

1. 중국어 단모음

여기에서는 중국어 단모음에 대한 중국인 및 한국인 피실험자의 음향실험 결과와 청취실험 결과를 대조하였다.

1) 모음 [ɑ]

중국어 단모음 [ɑ]는 포먼트 도표에서 남성은 f1 880Hz, f2 1290Hz, 여성은 f1 1060Hz, f2 1560Hz정도에 위치하는 중설저모음에 속하는 모음이다.

<표 1>은 모음 [ɑ]에 대한 집단별 음향실험의 포먼트 수치이고, <표 2>는 ANOVA test 및 T-test 결과이다.

한국인 남성은 중국어 모음 [ɑ]에 대해서 f1의 경우 CM-KM1-KM5의 ANOVA test 및 CM-KM1의 T-test 결과 모두 통계적으로 유의한 것으로 분석되었기 때문에 정확한 발음을 구사하지 못하는 것으로 해석할 수 있다. 즉, [ɑ]의 혀의 높이를 정확히 알지 못한다는 의미이다. 그리고 학습 기간이 길어짐에 따라 모음 [ɑ]의 발음이 좋아지고 있는 것으로 나타났는데, 이것은 한국어 /아/가 중국어의 [ɑ]보다 f1이 낮아서 중국어를 학습한 시간이 길지 않은 사람들은 한국어의 /아/를 중국의 [ɑ]와 비슷하게 생각하기 때문이며, 그 후, 학습시간이 길어짐에 따라 그 차이를 인식하게 되고, 점차적으로 f1이 한국어 /아/에서 중국어 [ɑ]에 가까워지는 현상을 보이고 있다. f2는 통계적으로 유의하지 않기 때문에 전후설 정도는 중국어와 큰 차이를 보이지 않는다고 할

수 있다. 또한 [ɑ]의 성조별 차이도 통계적으로 유의하지 않았다.

한국인 여성은 중국어 모음 [ɑ]에 있어서 f1과 f2가 모두 통계적으로 유의하지 않았기 때문에 중국어 [ɑ]에 가깝게 발음하는 것으로 나타났다. 통계적으로 유의하지는 않지만 한국인 여성의 모음 [ɑ]도 학습 기간이 길어질수록 점차 중국어 [ɑ]에 가까운 발음을 하는 것으로 나타났다.

모음 [ɑ]는 기본 모음 중의 하나이며, 개구도에 비교적 큰 영향을 미치는 모음인데 한국인들이 중국인의 발음에 가까워지기 위해서는 혀의 위치를 낮추어 입을 크게 벌려야 하는 것으로 분석할 수 있다.

〈표 1〉 중국어 단모음 [ɑ]의 집단별 포먼트 (단위 : Hz)

		CM	KM1	KM5	KM	CF	KF1	KF5	KF
[ɑ]	f1	888.84 (46.31)	750.03 (54.69)	833.24 (31.31)	760.54 (43.15)	1062.05 (97.25)	1013.48 (92.19)	961.80 (152.53)	1036.98 (86.65)
	f2	1288.61 (1.97)	1210.66 (126.16)	1260.16 (48.36)	1223.88 (60.85)	1558.44 (91.67)	1492.17 (152.73)	1407.84 (136.31)	1564.14 (77.50)

〈표 2〉 중국어 단모음 [ɑ]의 ANOVA test 및 T-test 결과(유의확률 : *p〈0.05)

		CM-KM1	CM-KM5	CM-KM1 -KM5	CF-KF1	CF-KF5	CF-KF1 -KF5
[ɑ]	f1	*0.028	0.160	*0.026	0.560	0.389	0.601
	f2	0.397	0.366	0.505	0.564	0.199	0.427

<표 3>은 청취실험에서의 모음 [ɑ]의 대립쌍별 청취도로 각 대립쌍에 대해 피실험자가 중국인으로 판단한 비율이다.

CM, KM1, KM5의 동일한 대립쌍일 경우, 중국인으로 판단한 비율

은 CM, KM5, KM1의 순으로 낮아진다. KM1의 경우 중국인 피실험자들이 중국인으로 판단한 비율이 0%이므로 중국인들이 한국인의 발음이라는 것을 정확하게 판단하고 있다는 것을 의미한다. 이 실험결과는 음향실험에서도 동일하게 관찰된다. 상이한 대립쌍의 조합에서 KM1이 중국인으로 판단된 비율이 매우 낮고, KM1과 KM5의 대립쌍에서도 KM5를 중국인으로 판단한 비율이 높다. 이 결과를 통해 학습기간이 길면 중국인에 가까운 모음을 발음해 낼 수 있다는 추론을 가능하게 한다. 전체적으로 볼 때 모음 [ɑ]의 경우, 중국인과 한국인 대립쌍의 경우, 중국인과 한국인 피실험자가 모두 비교적 정확하게 판단하고 있다. CM-KM1, CM-KM1-KM1이 유의했던 음향실험과 동일한 결과를 보이고 있다.

〈표 3〉 중국어 단모음 [ɑ]의 대립쌍별 청취도(중국인으로 판단한 비율)[1]

(단위 : %)

피실험자－중국인(한국인)					
CM-CM	CM	81.2(72.5)	CF-CF	CF	81.2(75.0)
KM1-KM1	KM1	0.0(20.0)	KF1-KF1	KF1	56.3(35.0)
KM5-KM5	KM5	43.8(65.0)	KF5-KF5	KF5	50.0(27.5)
CM-KM1	CM	90.5(83.8)	CF-KF1	CF	81.3(73.7)
	KM1	9.5(17.5)		KF1	31.2(30.0)
CM-KM5	CM	87.5(58.7)	CF-KF5	CF	65.6(68.7)
	KM5	50.1(58.8)		KF5	37.5(33.7)
KM1-KM5	KM1	9.3(26.3)	KF1-KF5	KF1	34.4(48.8)
	KM5	71.9(77.6)		KF5	68.9(45.0)

1) <표 3>은 모두 중국인으로 판단한 비율을 각 해당하는 수치에 더하였기 때문에 중국인으로 판단한 비율이 100%가 넘는 경우도 발생하게 된다. 4장 1절 안에 있는 각 항의 청취도에 동일하게 적용된다.

중국인 피실험자와 한국인 피실험자를 비교해보면 청취실험의 결과에서 약간의 차이를 발견할 수 있다. 전반적으로 모음 [ɑ]에 대한 지각에 있어서 중국인 피실험자에 비해 한국인 피실험자의 정확도가 낮다. 이것은 CM이나 KM의 중국어 단모음을 듣고 한국인들이 인지하는 능력이 부족하다는 것을 의미한다.

2) 모음 [ɤ]

중국어 단모음 [ɤ]는 포먼트 도표에서 중국인 남성의 f1은 450Hz→535Hz→600Hz, f2은 1175Hz, 여성 f1은 590Hz→640Hz→750Hz, f2는 1280Hz 정도에 위치하는 중모음에 속하는 모음이다. 모음 [ɤ]는 f1의 음가가 변화하기 때문에, 음성적으로 단모음이 아니라 이중모음으로 실현된다고 말할 수 있다.

<표 4>는 모음 [ɤ]에 대한 집단별 음향실험의 포먼트 수치이고, <표 5>는 ANOVA test 및 T-test 결과이다.

한국인 남성은 중국어 모음 [ɤ]에 대해서 ANOVA test 및 T-test 결과 f1, f2 모두 통계적으로 유의하지 않은 것으로 나타났지만 그것은 P6만으로 통계처리를 한 경우이다. 실제로 P3, P6, P9를 함께 보면, 중국인 남성은 음가가 변화하고 있지만 한국인 남성의 경우, KM1은 거의 변화하지 않고, KM5는 조금만 변화하고 있어서 중국인의 변화 정도와 비교적 큰 차이를 보인다. 다시 말해 한국인 남성은 모음 [ɤ]를 한국어 모음 /어/처럼 음가 변화가 없는 단모음으로 생각하고 발음하고 있다. 하지만, 음가 변화의 측면을 고려한다면 중국어 모음 [ɤ]와 한국어 모음 /어/는 두 모음은 전혀 다르다고 말할 수 있다.

한국인 여성도 중국어 모음 [ɤ]에 있어서 한국인 남성과 마찬가지로 ANOVA test 및 T-test 결과 f1과 f2이 모두 통계적으로 유의하지 않은 것으로 분석되었지만, 그것은 P6만으로 통계처리 했을 경우이다. 실제로 P3, P6, P9를 보면, 중국인 여성은 음가가 변하고 있고, 한국인 여성의 경우는 KM1, KM5 모두, P3에서 P6까지는 변화하고 있지만 P6에서 P9까지는 거의 변화하고 있지 않다. 그러므로 음향실험 결과 한국인 여성도 한국인 남성과는 약간의 차이가 있긴 하지만 중국인 여성의 발음과는 차이가 있는 것으로 나타났다.

〈표 4〉 중국어 단모음 [ɤ]의 집단별 포먼트 (단위 : Hz)

			CM	KM1	KM5	KM	CF	KF1	KF5	KF
[ɤ]	f1	p3	453.94 (147.78)	558.11 (68.19)	578.78 (79.71)		590.11 (68.22)	675.57 (56.95)	602.36 (37.33)	
		p6	534.02 (145.38)	592.41 (88.56)	684.34 (31.68)	544.23 (22.55)	636.74 (91.04)	777.52 (40.69)	719.57 (57.07)	755.67 (32.90)
		p9	596.65 (122.04)	587.62 (70.09)	648.63 (62.27)		752.01 (47.83)	759.87 (83.33)	(731.69) (88.44)	
	f2		1175.37 (79.15)	1096.93 (115.10)	1168.23 (39.31)	943.44 (65.20)	1277.74 (39.91)	1206.04 (79.70)	1206.04 (125.40)	1095.82 (47.40)

〈표 5〉 중국어 단모음 [ɤ]의 ANOVA test 및 T-test 결과 (유의확률 : *p〈0.05)

		CM-KM1	CM-KM5	CM-KM1 -KM5	CF-KF1	CF-KF5	CF-KF1 -KF5
[ɤ]	f1	0.596	0.225	0.273	0.071	0.253	0.102
	f2	0.407	0.899	0.473	0.236	0.399	0.555

<표 6>는 청취실험에서 모음 [ɤ]에 대한 대립쌍별 청취도로 각 대립쌍에 대해 피실험자가 중국인으로 판단한 비율이다.

CM, KM1, KM5의 동일한 대립쌍일 경우, 중국인으로 판단한 비율은 CM, KM5, KM1의 순으로 나타났다. KM1은 피실험자들이 중국인으로 판단한 비율이 0%이므로 중국인들이 한국인의 발음이라는 것을 정확하게 판단하고 있다. 이 결과는 음향실험에서도 동일하게 관찰된다. 음향 결과는 P6만 통계처리 하였을 경우 유의하지 않았지만, 중국인의 경우, P3, P6, P9의 음가가 변하고 있고, 한국인은 그러한 변화가 거의 나타나지 않고 있기 때문에 중국인들은 중국인 남성과 한국인 남성의 대립쌍에서 청취 정확도가 매우 높게 나타났다.

CM-KM1과 CM-KM5의 대립쌍에서도 한국인인지 중국인인지의 판단에 큰 차이를 보이고 있고, KM1-KM5에서는 KM5의 비율이 더 높게 나타났으므로 학습 기간이 길어질수록 모음 [ɤ]의 발음이 좋아진 것을 알 수 있다.

CF, KF1, KF5의 동일한 대립쌍에서는 중국인으로 판단한 비율이 CF, KF1, KF5의 순으로 낮아진다. CF-KF1과 CF-KF5의 대립쌍에서 중국인으로 판단한 비율에서 모든 피실험자가 CF가 훨씬 높은 기록을 보이고 있는데 이것도 음향실험에서의 음가 변화가 반영되었기 때문에 한국인과 중국인 피실험자가 비교적 정확하게 판단하고 있다. KF1-KF5의 대립쌍에 대한 정확도는 서로 큰 차이가 없기 때문에 학습 기간에 따른 발음의 차이를 볼 수가 없다.

청취실험에서 중국인 피실험자와 한국인 피실험자를 대조해 보면 약간의 차이를 보인다. 전반적으로 모음 [ɤ]에 대한 지각에 있어서 중국인 피실험자에 비해 한국인 피실험자의 정확도가 낮게 나타났는데 CM을 중국인으로 판단하거나, KM을 한국인으로 판단하는 것 등에 있어서의 정확도가 한국인이 중국인보다 낮다는 것을 의미한다. 이러한 정확도의 차이는 중국어 단모음 전체에 걸쳐 전반적으로 나타난다.

〈표 6〉 중국어 단모음 [ɤ]의 대립쌍별 청취도(중국인으로 판단한 비율)

(단위 : %)

피실험자-중국인(한국인)					
CM-CM	CM	68.8(57.5)	CF-CF	CF	87.4(72.5)
KM1-KM1	KM1	0.0(10.0)	KF1-KF1	KF1	56.3(25.0)
KM5-KM5	KM5	25.0(32.5)	KF5-KF5	KF5	50.0(40.0)
CM-KM1	CM	84.4(83.8)	CF-KF1	CF	84.3(85.0)
	KM1	6.4(12.5)		KF1	31.2(22.6)
CM-KM5	CM	75.1(66.2)	CF-KF5	CF	81.4(66.2)
	KM5	12.4(41.3)		KF5	18.6(37.5)
KM1-KM5	KM1	12.5(21.3)	KF1-KF5	KF1	50.0(32.5)
	KM5	56.2(76.3)		KF5	37.5(66.3)

3) [ɚ]모음

중국어 단모음 [ɚ]는 포먼트 도표에서 남성의 f1은 770Hz, f2는 1230Hz, 여성의 f1은 930Hz, f2는 1400Hz 정도에 위치하는 중모음에 속하는 모음이다.

<표 7>은 모음 [ɚ]에 대한 집단별 음향실험의 포먼트 수치이고 <표 8>은 모음 [ɚ]의 ANOVA test 및 T-test 결과이다.

한국인 남성은 중국어 모음 [ɚ]에 대해서 ANOVA test 결과, f1가 유의하였고 CM-KM1의 f1이 통계적으로 유의했다. 권설모음인 [ɚ]은 한국어에는 없는 모음이다. 그래서 중국어를 학습하는 학습자들이 상당한 어려움을 겪고 있는 모음 중의 하나이다. CM-KM1-KM5의 f2가 통계적으로 유의하게 나타난 것은 이런 점을 반영하고 있는 것으로

판단된다.

한국인 여성은 중국어 모음 [ɚ]에서 CF- KF1의 f1이 통계적으로 유의한 것으로 나타났다. KM1과 마찬가지로 혀의 전후설 정도를 정확하게 파악하지 못하고 있는 것이다. 또한 KF의 경우 학습 기간에 따른 차이를 볼 수 있다.

〈표 7〉 중국어 단모음 [ɚ]의 집단별 포먼트 (단위 : Hz)

		CM	KM1	KM5	CF	KF1	KF5
[ɚ]	f1	772.28 (88.48)	576.18 (34.64)	781.88 (122.37)	928.06 (23.41)	764.18 (90.63)	829.71 (61.66)
	f2	1230.09 (43.44)	1290.03 (70.26)	1146.40 (41.46)	1394.29 (102.55)	1475.93 (20.60)	1407.09 (218.95)

〈표 8〉 중국어 단모음 [ɚ]의 ANOVA test 및 T-test 결과(유의확률 : *p〈0.05)

		CM-KM1	CM-KM5	CM-KM1 -KM5	CF-KF1	CF-KF5	CF-KF1 -KF5
[ɚ]	f1	*0.023	0.918	0.052	*0.039	0.061	0.055
	f2	0.277	0.073	*0.044	0.248	0.931	0.755

<표 9>는 청취실험에서 모음 [ɚ]의 대립쌍별 청취도로 각 대립쌍에 대해 피실험자가 중국인으로 판단한 비율이다.

CM, KM1, KM5의 동일한 대립쌍일 경우, 중국인으로 판단한 비율은 CM, KM5, KM1의 순으로 낮아졌다. KM1의 경우 피실험자들이 중국인으로 판단한 비율이 0%이므로 중국인들은 한국인의 발음이라는 것을 정확하게 알고 있다. CM-KM1의 대립쌍에서는 한국인과 중국인 피실험자가 모두 CM이 중국인이라는 것을 정확하게 판단하고 있다.

<표 8>를 보면 CM-KM1의 T-test에서 f1이 유의한 것으로 나타났는데 청취실험 결과에서도 서로 다른 모음으로 판단하고 있어 동일한 결과를 보인다. KM의 모음 [ɚ]는 학습 기간이 길어질수록 발음이 좋아진다는 것을 알 수 있다. CM-KM5에서 KM5를 중국인으로 판단한 비율이 CM-KM1에서 KM1을 중국인으로 판단한 비율보다 높은 것으로 나타났고, KM1-KM5에서는 KM5의 비율이 매우 높게 나타났기 때문에 한국인 남성의 경우, 학습 기간이 길어짐에 따라 모음 [ɚ]의 발음이 좋아지는 것으로 나타났다.

CF, KF1, KF5의 동일한 대립쌍에서는 중국인으로 판단한 비율이 CF, KF1, KF5의 순으로 낮아졌는데, KM에 비해 KF1이나 KF5를 중국인으로 판단한 비율이 조금 더 높게 나타났지만 큰 차이를 보이지 않고 있어서 KF1이나 KF5의 발음은 비슷하다고 볼 수 있다. <표 8>에서 CF-KF1의 f1이 유의한 것으로 나타났는데 청취실험에서도 큰 차이가 나서 동일한 결과를 보인다. CF-KF5의 쌍에서 중국인 한국인 피실험자가 중국인으로 판단한 비율에서 CF가 높은 기록을 보이고 있긴 하지만, KF1과 KF5도 일정 수치를 나타내므로 CM만큼 확실한 차이가 있지는 않다. 특히 KF1-KF5의 대립쌍에서는 중국인 피실험자는 KF5를, 한국인 피실험자는 KF1을 더 중국인의 모음에 가까운 것으로 판단하고 있지만 그 차이가 크지는 않다.

〈표 9〉 중국어 단모음 [ɚ]의 대립쌍별 청취도(중국인으로 판단한 비율)

(단위 : %)

피실험자-중국인(한국인)					
CM-CM	CM	93.2(80.0)	CF-CF	CF	93.7(72.5)
KM1-KM1	KM1	0.0(0.0)	KF1-KF1	KF1	50.0(47.5)
KM5-KM5	KM5	50.0(42.5)	KF5-KF5	KF5	43.8(20.0)
CM-KM1	CM	90.5(96.3)	CF-KF1	CF	90.5(78.7)
	KM1	6.3(5.0)		KF1	15.7(36.3)
CM-KM5	CM	84.3(76.3)	CF-KF5	CF	84.4(81.2)
	KM5	43.7(53.7)		KF5	50.0(25.0)
KM1-KM5	KM1	9.4(6.3)	KF1-KF5	KF1	37.1(58.8)
	KM5	75.0(91.2)		KF5	62.9(36.2)

4) 모음 [o]

중국어 모음 [o]는 포먼트 도표에서 남성의 f1은 470Hz→530Hz→570Hz, f2는 715Hz→820→890Hz, 여성 f1은 515Hz→580Hz→650Hz, f2는 760Hz→1005Hz→1110Hz 정도에 위치하는 후설모음에서 중설모음 쪽으로 변화하는 모음이다. 모음 [o]는 f1과 f2의 음가가 모두 변화하기 때문에 음성적으로 단모음이 아니라 이중모음으로 실현된다. <표 10>은 모음 [o]에 대한 집단별 음향실험의 포먼트 수치이고 <표 11>은 모음 [o]의 ANOVA test 및 T-test 결과이다.

한국인 남성은 중국어 모음 [o]에 대해서 ANOVA test 및 CM-KM1의 T-test 결과 통계적으로 f1, f2 모두 유의하지 않은 것으로 분석되었지만 이것은 p6만을 분석하였기 때문이다. 실제로 중국인 남성의 모음 [o]는 음가의 변화를 동반하고, 한국인 남성은 음가의 변화를 동반하지 않기 때문에 서로 다른 모음을 발음하고 있다. 한국인 남성의 경우, 모음 [o]를 한국어 /오/와 마찬가지로 단모음으로 생각하고 있지만 중국어 모음은 음성적으로 이중모음으로 실현되고 있어서 한국어 모음인 /오/와는 매우 큰 차이를 보인다.

〈표 10〉 중국어 단모음 [o]의 집단별 포먼트 (단위 : Hz)

			CM	KM1	KM5	KM	CF	KF1	KF5	KF
[o]	f1	p3	469.11 (68.03)	510.21 (38.57)	515.65 (72.80)		514.61 (54.07)	577.28 (14.50)	537.39 (45.10)	
		p6	527.97 (46.89)	509.61 (30.83)	547.39 (69.97)	373.92 (20.69)	576.41 (61.43)	610.07 (56.50)	602.93 (41.30)	755.67 (32.90)
		p9	573.91 (83.10)	512.61 (64.74)	571.80 (78.53)		646.15 (117.72)	603.23 (37.53)	604.57 (35.79)	
	f2	p3	715.64 (93.46)	818.57 (43.14)	805.06 (71.06)		759.21 (71.99)	915.67 (28.13)	779.12 (63.31)	
		p6	822.59 (57.93)	828.29 (7.40)	866.63 (147.95)	693.81 (65.43)	1005.25 (96.81)	946.89 (75.11)	840.51 (15.75)	1095.82 (47.40)
		p9	891.27 (103.59)	836.1 (46.05)	883.19 (118.71)		1106.86 (86.74)	961.66 (78.64)	877.18 (36.28)	

한국인 여성의 중국어 모음 [o]를 보면 ANOVA test 결과는 유의하지 않고, CF와 KF5의 T-test 결과는 유의한 것으로 나타났는데 이것 또한 p6만을 분석하였기 때문이다. 실제로 한국인 여성도 한국인 남성과 마찬가지로 음가의 변화가 거의 없으므로 중국어 모음 [o]와는 전혀 다른 모음을 발음하고 있다고 해석할 수 있다.

〈표 11〉 중국어 단모음 [o]의 ANOVA test 및 T-test 결과(유의확률 : *p〈0.05)

		CM-KM1	CM-KM5	CM-KM1 -KM5	CF-KF1	CF-KF5	CF-KF1 -KF5
[o]	f1	0.601	0.710	0.687	0.523	0.569	0.734
	f2	0.874	0.656	0.821	0.456	*0.044	0.075

<표 12>는 청취실험에서 모음 [o]의 대립쌍별 청취도로 각 대립쌍에 대해 피실험자가 중국인으로 판단한 비율이다.

모음 [o]에 대한 청취실험 결과를 보면 다른 모음들과는 다른 현상이 나타난다. CM-CM의 경우, 중국인 피실험자가 중국인으로 판단한 비율이 50%에 그치고 있다. 그 이유는 바로 모음 [o]가 감탄사를 제외하고 자음이 분리된 채로 단독으로 음절을 구성하여 발음하는 경우가 없기 때문에 중국인들의 청취 정확도에 영향을 미친 것으로 판단된다. KM1-KM1과 KM5-KM5에서 중국인으로 판단한 비율이 낮은 것은 바로 음가의 변화가 동반되지 않았기 때문에 중국인들은 쉽게 한국인으로 판단할 수 있었다고 분석된다. CM-KM1이나 CM-KM5에서 CM을 중국인으로 판단한 중국인 비율이 높은 것은 모음 [o]의 음가 변화 유무에 의한 것으로 판단된다. 하지만 한국인은 청취 정확도가 떨어지는데 이것은 모음 [o]의 음가를 정확하게 알지 못해 지각에도 영향을 미친 것으로 보인다.

여성의 경우를 보면, KF1-KF1과 KF5-KF5에서 한국인 피실험자는 두 집단을 중국인으로 판단하는 비율이 더 높았는데, 이것은 바로 한국인이 모음 [o]에 대한 음가를 제대로 파악하고 있지 못하기 때문인 것으로 판단된다. CF-KF1, CF-KF5, KF1-KF5에서 중국인으로 판단한 중국인과 한국인 피실험자의 비율이 큰 차이를 보이지 않고 있는 것은 감탄사를 제외하고 모음만 단독으로 발화되는 경우가 없기 때문에 한국인이나 중국인 피실험자들이 정확하게 지각하기 힘들었을 것으로 판단된다.

〈표 12〉 중국어 단모음 [o]의 대립쌍별 청취도(중국인으로 판단한 비율)

(단위 : %)

피실험자-중국인(한국인)					
CM-CM	CM	50.0(70.0)	CF-CF	CF	75.0(70.0)
KM1-KM1	KM1	6.3(32.5)	KF1-KF1	KF1	25.0(50.0)
KM5-KM5	KM5	25.0(70.0)	KF5-KF5	KF5	25.0(62.5)
CM-KM1	CM	68.7(57.6)	CF-KF1	CF	56.4(61.2)
	KM1	6.4(50.0)		KF1	34.4(40.0)
CM-KM5	CM	71.9(48.7)	CF-KF5	CF	62.5(40.0)
	KM5	37.5(43.8)		KF5	37.5(66.2)
KM1-KM5	KM1	15.6(38.8)	KF1-KF5	KF1	43.7(45.0)
	KM5	53.1(72.5)		KF5	34.4(61.3)

5) 모음 [u]

중국어 모음 [u]는 포먼트 도표에서 중국인 남성의 f1은 410Hz, f2는 740Hz, 여성의 f1은 440Hz, f2는 760Hz 정도에 위치하는 후설고모음이다.

<표 13>은 모음 [u]에 대한 집단별 음향실험의 포먼트 수치이고 <표 14>는 모음 [u]의 ANOVA test 및 T-test 결과이다.

한국인 남성은 중국어 모음 [u]에 대한 ANOVA test 및 CM-KM1의 T-test 결과 f1은 통계적으로 유의하지 않은 것으로 나타났지만 CM-KM1의 f2는 ANOVA test에서 **p=0.004로 유의한 것으로 나타

났다. CM-KM1, CM-KM5의 T-test 에서도 각각 *p=0.032 *p=0.014를 기록하며 유의한 것으로 나타났다. 이것은 한국인 남성이 중국어 모음 [u]의 음가를 정확하게 파악하지 못하고 있다.

한국인 여성은 중국어 모음 [u]에 있어서 ANOVA test 및 T-test 결과 f1, f2 모두 통계적으로 유의하지 않았다. 이 결과에 근거하면 한국인 남성과는 달리 한국인 여성의 모음 [u]는 중국인 모음에 가깝다고 볼 수 있다. 또한 중국어 모음 [u]는 성조별 차이에 있어 통계적으로 유의하지 않았다.

한국어 모음과 비교하면 중국어 모음 [u]의 f2가 한국어 /우/보다 낮았으므로 한국어 모음에 비해 포먼트 도표에서 앞쪽에 위치한다.

〈표 13〉 중국어 단모음 [u]의 집단별 포먼트 (단위 : Hz)

		CM	KM1	KM5	KM	CF	KF1	KF5	KF
[u]	f1	411.50 (46.91)	379.21 (50.61)	448.44 (39.40)	296.86 (27.30)	443.08 (25.66)	431.88 (72.86)	438.51 (8.10)	458.88 (52.17)
	f2	738.08 (29.15)	825.06 (5.26)	838.26 (29.29)	796.87 (90.70)	760.39 (88.61)	974.86 (138.88)	750.13 (86.21)	854.10 (71.02)

〈표 14〉 중국어 단모음 [u]의 ANOVA test 및 T-test 결과(유의확률 : *p〈0.05)

		CM-KM1	CM-KM5	CM-KM1 -KM5	CF-KF1	CF-KF5	CF-KF1 -KF5
[u]	f1	0.463	0.0355	0.258	0.814	0.783	0.954
	f2	*0.032	*0.014	**0.004	0.087	0.893	0.073

<표 15>는 청취실험에서 모음 [u]의 대립쌍별 청취도로 각 대립쌍에 대해 피실험자가 중국인으로 판단한 비율이다.

CM-CM에서 중국인들은 높은 정확도를 보였지만 한국인은 제대로 구분하지 못하고 있다. KM1-KM1에서도 중국인은 KM1이 중국인이 아닌 것을 100% 판단하고 있는데 반해 한국인은 22.5%나 중국인으로 판단하고 있다. 한국인은 KM5-KM5에 대해서도 중국인으로 판단한 비율이 60.0%로 높게 나타났다. CM-KM1은 한국인 중국인 모두 정확하게 판단하고 있지만 CM-KM5에서는 한국인은 제대로 지각하지 못하고 있다. 여성의 경우는 중국인과 한국인 피실험자 모두 비교적 정확하게 지각하고 있는 것으로 나타났다.

음향실험의 결과에서는 CM-KM1, CM-KM5의 모음 [u]의 f2가 유의한 것으로 판단되었고, CM-KM1-KM5에서도 유의한 것으로 판단되었음에도 불구하고 한국인 피실험자들은 CM-KM5에 대해 제대로 판단하지 못하고 있다. 그것은 모음 [u]는 후설고모음이자 폐모음으로 공명도가 크지 않기 때문에 피실험자들이 듣고 정확하게 판단하기가 어려웠을 것으로 판단된다.

〈표 15〉 중국어 단모음 [u]의 대립쌍별 청취도(중국인으로 판단한 비율)

(단위 : %)

피실험자－중국인(한국인)					
CM-CM	CM	81.2(55.0)	CF-CF	CF	81.2(62.5)
KM1-KM1	KM1	0.0(22.5)	KF1-KF1	KF1	37.5(30.0)
KM5-KM5	KM5	25.0(60.0)	KF5-KF5	KF5	25.0(12.5)
CM-KM1	CM	75.0(83.8)	CF-KF1	CF	81.2(75.0)
	KM1	12.6(15.0)		KF1	34.3(22.6)
CM-KM5	CM	81.3(58.7)	CF-KF5	CF	84.3(78.7)
	KM5	21.9(48.8)		KF5	21.8(22.5)
KM1-KM5	KM1	46.9(18.7)	KF1-KF5	KF1	59.4(56.3)
	KM5	31.2(81.3)		KF5	43.8(41.3)

6) 모음 [i]

중국어 모음 [i]는 포먼트 도표에서 남성의 f1은 300Hz, f2는 2420Hz, 여성의 f1은 400Hz, f2는 2930Hz 정도에 위치하는 전설고모음이다.

<표 16>은 모음 [i]에 대한 집단별 음향실험의 포먼트 수치이고 <표 17>은 모음 [i]의 ANOVA test 및 T-test 결과이다. <표 17>에서 한국인 남성과 한국인 여성은 중국어 모음 [i]에 대한 ANOVA test 및 CM-KM1의 T-test 결과 f1과 f2 모두 통계적으로 유의하지 않은 것으로 나타났다. <표 16>에서 포먼트에서 큰 차이를 보이지 않는다. 그리고 모음 [i]는 성조별 차이에 있어서도 유의하지 않은 것으로 나타났다. 중국어 모음 [i]는 한국어 모음 /이/와 매우 비슷한 것으로 나타났다.

〈표 16〉 중국어 단모음 [i]의 집단별 포먼트 (단위 : Hz)

		CM	KM1	KM5	KM	CF	KF1	KF5	KF
[i]	f1	301.62 (14.90)	277.60 (58.05)	311.97 (19.94)	276.60 (29.35)	404.65 (69.60)	350.45 (64.05)	313.47 (22.40)	380.57 (35.79)
	f2	2420.57 (252.31)	2320.95 (72.40)	2336.13 (131.40)	2290.64 (164.63)	2930.47 (99.46)	2897.93 (80.88)	2951.75 (218.87)	2871.06 (73.20)

〈표 17〉 중국어 단모음 [i]의 ANOVA test 및 T-test 결과(유의확률 : *p〈0.05)

		CM-KM1	CM-KM5	CM-KM1-KM5	CF-KF1	CF-KF5	CF-KF1-KF5
[i]	f1	0.526	0.511	0.532	0.377	0.097	0.216
	f2	0.547	0.634	0.751	0.683	0.886	0.904

<표 18>는 청취실험에서 모음 [i]의 대립쌍별 청취도로 각 대립쌍

에 대해 피실험자가 중국인으로 판단한 비율이다.

남성을 보면 동일한 대립쌍에서 중국인으로 판단된 비율이 CM, KM5, KM1의 순으로 낮아졌다. 동일한 대립쌍에서 중국인은 대체로 정확하게 판단하고 있다고 할 수 있지만, KM5-KM5에서 한국인은 KM5를 중국인으로 판단하는 비율이 매우 높게 나타나 정확도가 낮다. CM-KM5에 대해서도 한국인은 제대로 구분하지 못하고 있음을 알 수 있다. 여성의 경우에서도 KF1-KF1, KF5-KF5에 대해서 중국인과 한국인 모두 제대로 인지하지 못하고 있다. 상이한 대립쌍에서는 중국인은 제대로 판단하고 있지만 한국인은 제대로 판단하지 못하고 있다. 음향실험에서 모든 쌍의 f1과 f2가 유의하지 않은 것으로 나타나서 한국인들이 제대로 발음하고 있고, 청취실험에서는 한국인 피실험자가 중국인 피실험자에 비해 정확하게 판단하지 못하고 있는 것으로 나타났다. 이것은 중국어 모음 [i]가 한국어 모음 /이/와 매우 비슷하고, 전설고모음으로 폐모음이기 때문에 청취 판단이 쉽지 않기 때문인 것으로 판단된다.

〈표 18〉 중국어 단모음 [i]의 대립쌍별 청취도(중국인으로 판단한 비율) (단위 : %)

피실험자－중국인(한국인)					
CM-CM	CM	87.5(70.0)	CF-CF	CF	81.2(70.0)
KM1-KM1	KM1	31.2(35.0)	KF1-KF1	KF1	50.0(67.5)
KM5-KM5	KM5	37.5(70.0)	KF5-KF5	KF5	50.0(32.5)
CM-KM1	CM	84.3(83.7)	CF-KF1	CF	81.2(62.5)
	KM1	31.3(22.5)		KF1	34.3(43.8)
CM-KM5	CM	71.9(56.2)	CF-KF5	CF	81.3(76.2)
	KM5	43.7(55.0)		KF5	25.0(28.7)
KM1-KM5	KM1	28.2(27.5)	KF1-KF5	KF1	40.6(70.0)
	KM5	81.3(73.8)		KF5	65.6(31.2)

7) 모음 [ɿ]

중국어 모음 [ɿ]는 포먼트 도표에서 남성의 f1은 420Hz, f2는 1350Hz, 여성의 f1은 430Hz, f2는 1670Hz 정도에 위치하는 전설고모음이다.

<표 19>는 모음 [ɿ]에 대한 집단별 음향실험의 포먼트 수치이다. <표 20>는 중국어 모음 [ɿ]의 ANOVA test 및 T-test 결과이다. 한국인 남성은 중국어 모음 [ɿ]에 대해서 ANOVA test 결과 f1과 f2 모두 통계적으로 유의하지 않았다. CM-KM1의 T-test 결과 f2가 유의한 것으로 분석되었는데 CM의 f2의 수치가 KM1보다 낮았다. 한국인 여성은 모음 [ɿ]에 f1과 f2 모두 통계적으로 유의하지 않아 중국어 [ɿ]에 가깝게 발음하는 것으로 나타났다.

한국어와 대응하는 모음이 없어서 KM과 KF의 대조는 진행하지 않았다.

〈표 19〉 중국어 단모음 [ɿ]의 집단별 포먼트 (단위 : Hz)

		CM	KM1	KM5	CF	KF1	KF5
[ɿ]	f1	422.57 (54.76)	426.17 (77.19)	455.13 (55.31)	425.72 (97.31)	450.29 (102.49)	471.08 (22.40)
	f2	1353.77 (134.76)	1601.35 (104.54)	1687.21 (180.05)	1674.54 (132.92)	1801.91 (268.63)	1652.73 (218.87)

〈표 20〉 중국어 단모음 [ɿ]의 ANOVA test 및 T-test 결과(유의확률 : *p〈0.05)

		CM-KM1	CM-KM5	CM-KM1-KM5	CF-KF1	CF-KF5	CF-KF1-KF5
[ɿ]	f1	0.951	0.509	0.795	0.778	0.525	0.824
	f2	*-0.048	0.062	0.067	0.503	0.913	0.732

<표 21>는 청취실험에서의 [ɿ]의 대립쌍별 청취도로 각 대립쌍에 대해 피실험자가 중국인으로 판단한 비율이다.

남성을 보면 동일한 대립쌍에서 중국인으로 판단된 비율이 CM, KM5, KM1의 순으로 낮게 낮아졌다. 특이한 점은 중국인 피실험자가 CM-CM에서 중국인으로 판단한 비율이 20.0%로 매우 낮게 나타났다는 것이다. 중국인이 CM의 단모음을 듣고 판단한 비율이 이렇게 낮은 것은 모음 [ɿ]가 단독으로 발화되는 경우가 없기 때문인 것으로 판단할 수 있지만, 중국인이 KM1-KM1과 KM5-KM5에 대해서는 중국인이라고 판단한 비율이 매우 낮은 것으로 보아 제대로 지각하고 있는 것으로 보인다. 한국인은 동일한 쌍에 대해서 모두 비슷한 비율을 보이고 있어서 한국인과 중국인의 모음 [ɿ]를 구분하지 못하고 있다. 대조 대상이 같거나 다를 때 모두 피실험자들이 정확하게 판단하지 못한다.

여성의 경우도 남성과 비슷한 결과를 보이는데, 중국인이 CF-CF에서 CF를 중국인으로 판단한 비율이 매우 낮게 나타났다. 특이한 점은 CF-KF5의 경우는 중국인은 제대로 판단하지 못하고 있고, 한국인은 중국인보다 더 정확하게 판단하고 있다는 것이다. 하지만, 모음 [ɿ]는 모음 단독으로 발화되는 경우가 없기 때문에 중국인과 한국인의 청취도를 모두 신뢰하기 어렵다.

음향실험에서 CM-KM1의 f2가 유의한 것을 제외하고 나머지는 모두 유의하지 않았는데 청취실험에서도 중국인과 한국인이 정확하게 판단하지 못하고 청취도가 매우 낮으므로 음향실험과 청취실험의 결과가 동일하였다.

〈표 24〉 중국어 단모음 [ʅ]의 대립쌍별 청취도(중국인으로 판단한 비율) (단위 : %)

피실험자－중국인(한국인)					
CM-CM	CM	25.0(77.5)	CF-CF	CF	56.2(57.7)
KM1-KM1	KM1	0.0(25.0)	KF1-KF1	KF1	0.0(60.0)
KM5-KM5	KM5	31.2(50.0)	KF5-KF5	KF5	37.5(52.5)
CM-KM1	CM	87.5(81.3)	CF-KF1	CF	84.4(50.0)
	KM1	6.4(22.5)		KF1	28.0(57.6)
CM-KM5	CM	62.5(68.7)	CF-KF5	CF	75.0(61.2)
	KM5	53.1(41.3)		KF5	21.9(42.5)
KM1-KM5	KM1	9.3(33.8)	KF1-KF5	KF1	37.5(61.2)
	KM5	68.8(70.0)		KF5	53.1(36.3)

9) 모음 [y]

<표 25>는 모음 [y]에 대한 집단별 음향실험의 포먼트 수치이고 <표 26>는 모음 [y]에 대한 ANOVA test 및 T-test 결과이다.

한국인 남성은 중국어 모음 [y]에 대한 ANOVA test가 유의하지 않았고, CM- KM1의 f2가 유의한 것으로 분석되었다. 모음 [y]의 f2 포먼트 수치를 보면 CM에 비해 KM1은 약 200Hz정도의 차이를 보인다.

한국인 여성은 중국어 모음 [y]에 있어서 ANOVA test 및 T-test 결과 f1과 f2 모두 통계적으로 유의하지 않았다.

모음 [y]는 한국어에 대응하는 단모음이 없어서 KM과 KF의 대조를 진행하지 않았다.

〈표 25〉 중국어 단모음 [y]의 집단별 포먼트 (단위 : Hz)

			CM	KM1	KM5	CF	KF1	KF5
[o]	f1	p6	320.52 (25.57)	326.85 (13.53)	292.05 (35.16)	388.83 (57.51)	341.39 (55.33)	350.21 (46.66)
	f2	p6	1916.21 (88.56)	2121.42 (83.85)	2177.16 (159.67)	2288.65 (100.02)	2290.85 (76.99)	2284.75 (149.08)

〈표 26〉 중국어 단모음 [y]의 ANOVA test 및 T-test 결과(유의확률 : *p〈0.05)

		CM-KM1	CM-KM5	CM-KM1-KM5	CF-KF1	CF-KF5	CF-KF1-KF5
[y]	f1	0.724	0.320	0.298	0.361	0.417	0.546
	f2	*0.033	0.069	0.072	0.977	0.972	0.998

<표 27>는 청취실험에서 모음 [y]의 대립쌍별 청취도로 각 대립쌍에 대해 피실험자가 중국인으로 판단한 비율이다.

남성의 경우 동일한 대립쌍에서 중국인으로 판단된 비율이 CM, KM5, KM1의 순으로 낮아졌고 그 청취도에서 한국인과 중국인 피실험자 모두 비교적 정확하였다.

여성의 경우 KF1-KF1, KF5-KF5의 동일한 한국인의 중국어 모음에 대해 중국인으로 판단된 비율이 비교적 높았다. 그밖에 KF1-KF5에 대한 청취도가 중국인과 한국인 피실험자의 판단이 모두 비슷하여 피실험자가 판단에 어려움을 겪고 있는 것으로 나타났다.

음향실험에서 모음 [y]는 f2가 유의하였는데, 청취실험에서도 KM1-KM1의 청취도가 중국인은 0.0%, 한국인은 15%로 매우 낮게 나타났다. 뿐만 아니라 CM-KM1과 KM1-KM5에서도 KM1에 대해 중국인으로 판단한 비율이 낮게 나타났다. 즉, 중국어 모음 [y]에 대해서 음향실험 결과와 청취실험 결과가 동일하게 나타났다.

〈표 27〉 중국어 단모음 [y]의 대립쌍별 청취도(중국인으로 판단한 비율) (단위 : %)

피실험자-중국인(한국인)					
CM-CM	CM	87.5(75.0)	CF-CF	CF	81.2(65.0)
KM1-KM1	KM1	0.0(15.0)	KF1-KF1	KF1	37.5(35.0)
KM5-KM5	KM5	56.2(60.0)	KF5-KF5	KF5	31.3(25.5)
CM-KM1	CM	81.2(92.5)	CF-KF1	CF	65.6(65.0)
	KM1	28.1(10.0)		KF1	31.3(41.2)
CM-KM5	CM	68.8(72.5)	CF-KF5	CF	87.5(75.0)
	KM5	53.1(33.7)		KF5	25.0(42.5)
KM1-KM5	KM1	3.1(15.0)	KF1-KF5	KF1	59.4(56.3)
	KM5	75.0(80.0)		KF5	37.5(45.0)

2. 중국어 단모음 교육 방향

이종진(1999)은 한국에서의 중국어 교육 현황을 살피기 위해서, 교육 현장의 상황에 대해 발음, 교재, 교수매체, 교육 환경, 원어민 강사, 중국어 교육에서의 주요 관심사, 중국어 교육 정책 등 일곱 가지로 나누어 설문조사를 실시하였는데, 이 설문조사를 통해 중국어 교육을 일선에서 담당하고 있는 교수나 교사들이 중국어 발음의 중요성을 깊이 인식하고 있다는 것을 알 수 있다. 정확한 중국어 발음 교육을 위해서 교육을 하는 당사자가 스스로 발음을 검증받으려고 노력하고 있으며, 다양한 교수매체를 사용하려는 생각을 가지고 있었을 뿐만 아니라 중국어 교재에서도 발음 부분에 대한 개편을 바라고 있는 등 중국어 학습에서 발음 교육을 가장 중요한 부분으로 생각하고 있었다. 이것을 볼 때 중국어 교육이나 학습에서 교육자들이 발음 교육의 중요성과 필요성을 절실하게 느끼고 있음을 알 수 있다. 중국어 발음 교육에 있어 중국어 단모음은 기본 중의 기본이며 나아가 중국어 발음의 전체를 좌우할 수 있는 중요한 부분 중의 하나이다. 중국어 학습을 처음으로 시작하게 되는 학습자, 이미 중국어를 학습하였으나 중국어 발음에 자신이 없는 학습자, 중국어 교육을 하고 있는 교육자 등 모두에게 꼭 필요한 부분이 단모음에 대한 음성학적 연구일 것이다.

여기에서는 중국어 발음 교육의 일환인 중국어 단모음에 국한시켜 연구를 진행하였지만 앞으로 이 연구가 전반적인 중국어 발음 교육의 기초가 될 수 있기를 기대한다.

여기에서는 음향실험을 통해서 중국인 남성과 여성, 그리고 한국인 남성과 여성의 포먼트를 추출하였고 이를 근거로 중국어 단모음에 대한 포먼트 도표를 작성하고, 중국어 단모음의 조음위치를 계량적으로 파악할 수 있었다. 그리고 각 단모음에 대한 청취실험을 통해서 중국어 단모음에 대한 한국인과 중국인의 청취도를 자세히 살펴보았다. 이 모든 연구가 중국어 단모음 교육에 기초 자료가 될 수 있다고 생각한다. 그 구체적인 교육 내용을 다음과 같이 제시한다.

첫째, 중국어 단모음의 포먼트 도표를 활용한다.

피실험자, 성별, 집단별 포먼트 도표를 시각 자료로 활용하면서 실례들을 제시함으로서 추상적으로 그려지는 발음이 아닌 시각적이고 실질적 방법을 통해 좀 더 중국인에 가까운 발음으로 개선될 수 있을 것이고, 혀의 높낮이, 혀의 전후 위치 등과 포먼트 도표를 통해 교육자 및 학습자가 스스로 본인의 발음의 정오(正誤)를 판단하고, 교육하고, 학습할 수 있을 것이다.

2부의 <그림 101>과 <그림 111>의 중국인 남성과 한국인 남성, 중국인 여성과 한국인 여성의 기본 모음에 대한 포먼트 도표를 중국어 학습자에게 제시하여 학습자들이 시각적으로 중국어와 한국어의 단모음 개구도의 차이, 그리고 한국인과 중국인의 개구도의 차이를 파악할 수 있도록 한다. 이 도표는 특히 중국어 학습 기간 차이에 따른 중국어 발음 변화를 제시해주고 있어서 중국어를 학습하고자하는 학습자들에게는 과학적이며 실질적인 근거로서의 역할을 하게 될 것이다. 이를 바탕으로 학습자들의 상황과 비교하며 중국어 단모음을 학습하는데 흥미를 가지게 하여 자칫 단조롭기 쉬운 발음 교육에 흥미를 더해줄 수 있을 것이다.

둘째, 음향실험을 통해 제시된 각각의 단모음 9개에 대한 혀의 전후 위치와 혀의 높낮이에 대한 명확하고 과학적인 기준을 교육에 이용한다.

여기에서는 단모음 9개에 대한 f1과 f2를 바탕으로 각 모음의 상대적인 음가를 신뢰 타원의 형태로 보여주고 있다. 그 중 특히 중국인의 모음 [ɤ], [o]는 단모음이 아닌 포먼트의 음가 변화가 있는 이중모음의 모습을 보여주고 있는데, 한국인의 모음 [ɤ]와 [o]를 제시하면서 비교대조 한다면 처음으로 중국어를 배우기 시작하는 학습자 혹은 지금껏 단모음처럼 발음하여왔던 한국인 학습자들이 그 차이를 분명히 인지할 수 있으며, 그것을 근거로 발음을 하고, 기존의 발음을 개선해 나가도록 노력할 것이므로 학습자들이 중국인의 발음에 가까워지는데 도움을 줄 수 있을 것이다. 뿐만 아니라, 학습 기간의 차이나 성별의 차이에 따라 모음의 발음이 달라지는 정도를 직접 보면서 학습자들이 본인의 발음에 적용하고 응용할 수 있을 것이며 이런 과정을 통해서 발음이 개선되는 교육적 효과를 기대할 수 있을 것이다. 사실, 일부 교육현장에서는 중국어 단모음에 대한 발음을 교육하고 학습할 때 명확한 기준이 없거나 명확하지 않은 기준으로 교육과 학습이 진행된다. 이러한 기준이나 근거가 없는 교육이나 학습은 교육자와 학습자를 모두 혼란에 빠뜨릴 수 있기 때문에 그 기준의 제시는 매우 중요하다.

셋째, 청취실험을 통해 한국인의 중국어 단모음 발음에 대해 중국인과 한국인이 어떻게 판단하는지에 대한 실례를 활용한다.

어떤 언어를 학습할 때, 학습하는 사람은 해당 외국어를 모어로 하는 모어 화자의 발음을 들어볼 기회는 비교적 자주 있는 편이지만, 자신이 발음하는 것을 스스로 들어보거나 제삼자인 모어 화자가 들어보거나 자신과 마찬가지로 그 언어를 학습하는 사람이 듣고 판단을 내리는 경우는 그다지 많지 않다. 여기에서는 중국어 단모음에 대한 한국인의 발음이 중국인과 한국인에게 청각적으로 어떻게 지각 되는지에 대한 자세한 자료를 제시하고 있는데 이것 또한 중국어 단모음 발음 교육에 자료로 활용할 수 있을 것이다. 예를 들어, 중국어 모음 [ɑ]의 경우, 일부 교육자나 학습자는 한국어의 /아/와 비슷하다고 생각할 수 있지만, 청취실험에서 한국인과 중국인 피실험자 모두 중국인이 발음한 것인지 한국인이 발음한 것인지 분명하게 지각하고 있다. 즉, 모음 [ɑ]의 경우, 일부 학습자, 즉 학습 기간이 1년 미만인 한국인 남성의 경우, 중국인과 전혀 다른 모음을 발음하였기 때문에(통계적으로 유의하였기 때문에) 중국인이나 한국인 피실험자들이 이를 한국인인지 중국인인지 정확하게 인지하고 있다. 또한 통계적으로 유의하지 않지만 학습 기간이 5년 이상인 한국인 남성, 학습 기간이 1년 미만인 한국인 여성, 학습 기간이 5년 이상인 한국인 여성과 중국인의 대립쌍에서도 피실험자들이 중국인과 한국인을 정확하게 지각하고 있다. 그러므로 그러한 지각의 차이를 교육에 활용하는 것도 학습자들의 중국어 모음 발음을 개선하는데 긍정적인 효과를 기대할 수 있을 것이다.

넷째, 음향실험과 청취실험을 비교하여 그 차이점이나 공통점을 교육에 활용한다.

모음 [ə]의 경우, 음향실험에서 학습 기간이 1년 미만인 한국인 남성이 통계적으로 유의한 것으로 나타났고, 청취실험에서도 한국인과 중국인 피실험자들이 모두 정확하게 한국인이라는 것을 판단하고 있는 것으로 보아서 음향실험과 청취실험이 동일한 결과를 보이고 있다.

하지만, 모음 [ʅ]의 경우, 음향실험에서 학습 기간이 1년 미만인 한국인 남성이 통계적으로 유의한 것으로 나타났지만 청취실험에서는 한국인과 중국인 피실험자들이 모두 제대로 판단하지 못하고 있다. 또한 모음 [u]의 경우 음향실험에서는 한국인 남성의 f2가 통계적으로 유의하였지만, 청취실험에서는 중국인이 한국인임을 정확하게 판단한 비율이 그다지 높지 않았다. 그리고 모음 [i]의 경우 음향실험에서도 유의하지 않았고 청취실험에서도 중국인과 한국인 피실험자가 정확하게 판단한 비율이 그다지 높지 않았다. 모음 [ʅ]는 모음 단독으로 발화되는 경우가 없어서 자음 부분을 떼어낸 모음 [ʅ]만을 청취한 후 한국인과 중국인을 정확하게 판단하기는 어려움이 있었다. 모음 [u]는 폐모음이어서 공명도가 크지 않으므로 판단하기 힘들고, 모음 [i]는 중국인의 발음과 한국인의 발음의 차이가 크지 않기 때문에 판단하기 어렵다. 그러므로 이러한 구체적인 실례들은 중국어 단모음 학습의 효과뿐만 아니라 중국어 학습 동기 유발이나 흥미 제공에 일정 정도의 역할을 할 수 있을 것이다.

중국인의 중국어는 실제 많은 교재에서 음성 자료로 사용되고 있다. 하지만 중국어를 학습하는 한국인의 발음 오류는 교육현장에서 접할 수는 있지만 실제로 음성 자료로 만들어져 활용되거나 음성 자료를 바탕으로 통계 처리해 교육이나 학습에 이용하는 경우는 매우 드물다. 실질적이고 구체적인 자료를 제시하여 중국어 학습자들에게 직접적인 교육을 진행할 필요가 있다.

제5부 중국어 모음에 대한 새로운 시각

이 글은 음향실험을 통해 중국어 단모음에 대한 음성 체계를 파악하고, 한국인의 중국어 단모음이 한국어의 음성 체계에 의해 어떻게 간섭받는지를 고찰하여, 중국어 단모음의 교육과 학습에 대한 개선 방법을 모색해보고자 하는데 목적이 있다. 이러한 목적으로 중국어 단모음을 자료로 대조 실험을 진행하였고 그 실험결과는 다음과 같다.

첫째, 중국어의 단모음은 각 성조별 포먼트 차이가 없는 것으로 분석되었다. 중국인 남녀의 모음 [ɑ], [i], [u]의 성조별 차이를 살펴본 결과 통계적으로 유의하지 않았다. 이러한 결과는 모음은 주로 포먼트의 차이를 통해서 그 변화를 알 수 있지만 성조는 주로 기본주파수인 f0과 관계가 있기 때문이다. 모음 [ɚ]의 경우, 성조에 따른 변화를 예상하기 쉽지만 이것은 성조로 인한 음가의 차이가 아니라 [ɚ2], [ɚ3], [ɚ4]를 발음할 때 혀의 높이 차이로 인해 공명강의 크기가 달라지면서 개구도가 차이를 나고 그래서 포먼트의 변화가 생겼기 때문이다.

둘째, 한국인은 학습 초기에 모어인 한국어의 영향을 많이 받는데, 중국어 모음에 대한 발음은 학습 기간이 길어짐에 따라 점점 중국인의 중국어 단모음에 근접해졌다. 이러한 현상은 기본모음인 [ɑ], [i], [u]에서 두드러졌다. 그 중 모음 [ɑ]를 보면, 한국인은 학습 초기에 한국어 모음 /아/와 차이가 거의 없지만, 학습 기간이 5년 이상 되면서 중국인의 모음 [ɑ]에 근접해가는 모습이 확인되었다.

셋째, 각 중국어 단모음에 대한 음향실험과 청취실험의 결과는 다음과 같다.

중국어 모음 [ɑ]는 청취실험의 결과에 의하면 학습 기간이 1년 미만인 한국인 남성이 발음하는 중국어 모음 [ɑ]에 대해 한국인과 중국인 모두 중국인의 [ɑ]와는 다른 것으로 지각하고 있으며, 음향실험의 결과에 의하면 중국어 모음 [ɑ]는 한국어 모음 /아/보다 혀의 위치가 낮다.

중국어 모음 [ɤ]는 청취실험에서 학습 기간이 1년 미만인 한국인 남성과 학습 기간이 5년 이상인 한국인 여성의 모음 [ɤ]에 대해 중국인은 중국인의 [ɤ]와는 매우 다른 것으로 지각하고 있었으며, 한국인은 학습 기간이 1년 미만인 남성의 모음 [ɤ]를 중국인의 [ɤ]와는 매우 다른 것으로 지각하였다. 음향실험을 통해 중국인의 모음 [ɤ]의 세 번째(P3), 여섯 번째(P6), 아홉 번째(P9) 점을 살펴본 결과, [ɯ]에서 [ɤ]로 포먼트의 변화를 확인할 수 있었는데 한국인에게서는 이런 변화가 분명하게 나타나지 않았다. 음운론적인 관점에서는 일반적으로 이 모음을 단모음으로 규정하지만, 음성적인 측면에서 f1이 안정구간–전이구간–안정구간 이렇게 세 단계를 거치는 변화가 확인되므로 이중모음이다.

중국어 모음 [ɚ]는 청취실험에서 중국인과 한국인 피실험자 모두 학습 기간이 1년 미만인 남성의 중국어 모음 [ɚ]에 대한 정확도가 높았고, 음향실험에서도 학습 기간이 1년 미만인 남성과 여성 모두 f1이 통계적으로 유의하였다. 따라서 정확한 중국어 단모음 [ɚ] 발음의 정확성을 위해서는 한국인들이 혀를 더 낮추어 개구도를 크게 해야 한다.

중국어 모음 [o]는 청취실험에서 중국인과 한국인의 정확도가 모두 낮았는데, 이것은 모음 [o]가 감탄사를 제외하고 단독으로 발음하는 경우가 없기 때문인 것으로 판단된다. 실제로, 음향실험에서 중국어 병음 'bo'를 녹음한 후 자음 'b'부분을 삭제하고 'o'부분만을 따로 잘라내어 사용하였으므로 모음 [o]의 청취실험 결과는 신뢰도가 낮다. 포먼트 세 번째(P3), 여섯 번째(P6), 아홉 번째(P9) 점에 대한 음향실험을 통해 모음 [ɤ]와 마찬가지로 [u]−[o]−[ə]로의 포먼트 변화를 확인할 수 있었는데, 한국인 남성과 여성 모두 이 포먼트 변화의 폭이 작거나 거의 차이가 없었다.

중국어 모음 [u]는 청취실험에서 한국인 피실험자들만이 학습 기간이 1년 미만인 남성의 모음 [u]에 대해 한국인이라는 것을 분명하게 지각하였고, 음향실험에서도 학습 기간의 차이와 상관없이 한국인 남성은 f2가 통계적으로 유의하였다. 이것은 한국어 /우/가 중국어 [u]보다 좁힘점이 앞 쪽에서 형성되기 때문에 한국어의 간섭현상에서 기인한 것으로 판단된다. 따라서 중국어 모음 [u]를 정확하게 발음하기 위해 한국인 남성은 혀의 뒷부분과 연구개 뒷부분에서 좁힘점이 형성될 수 있도록 해야 한다.

중국어 모음 [i]는 청취실험에서 중국인과 한국인 피실험자 모두 한국인의 /이/와 중국인의 [i]를 정확하게 판단하지 못했고 음향실험에서도 유의한 결과가 나타나지 않았다. 기술통계량 및 포먼트 도표를 통해 다른 모음과 비교할 때 포먼트 값이 한국어와 가장 비슷한 것으로 확인되었다. 그러므로 한국인이 중국어 단모음 [i]를 발음할 때는 한국어의 /이/와 유사하게 발음해도 큰 차이는 없을 것으로 판단된다.

중국어 모음 [ɿ]와 [ʅ]는 청취실험에서 중국인과 한국인 피실험자 모두 정확도가 낮았다. 이 두 모음도 모음 [o]와 마찬가지로 모음 부분만 분리해서 들을 기회가 없기 때문에 정확한 판단을 하기 어려웠을 것으로 판단된다. 음향실험에서 학습 기간이 1년 미만인 한국인 남성의 모음 [ɿ]가 유의하였고 모음 [ʅ]는 유의하지 않았다. 흥미로운 점은 포먼트 도표에서 모음 [ʅ]의 f2 모음 [ɿ]의 f2 앞쪽에 위치한다는 것이다. 모음 [ʅ]나 모음 [ɿ]는 모두 두 개의 좁힘점을 갖는데 모음 [ɿ]의 두 번째 좁힘점이 모음 [ʅ]보다 뒤쪽에 있어 모음 [ʅ]의 f2가 모음 [ɿ]보다 높게 나타나게 된다.

중국어 모음 [y]는 청취실험에서 학습 기간이 1년 미만인 남성의 모음 [y]에 대한 한국인 피실험자의 청취도가 높았다. 한국어의 /위/가 이중모음이기 때문에 학습 기간이 1년 미만인 한국인 남성의 경우 한국어의 /위/와 비슷하게 발음하기 때문인 것으로 판단된다. 음향실험에서도 학습 기간이 1년 미만인 남성의 경우 모음 [y]가 통계적으로 유의하였다.

이상의 결과를 종합하면 다음의 표와 같다.

〈표 1〉 음향실험 및 청취실험의 결과 분석표[1])

모음	음향실험				청취실험			
	KM1	KM5	KF1	KF5	KM1	KM5	KF1	KF5
[ɑ]	★f1				★(★)			
[ɤ]					★(★)			★
[ə˞]	★f1		★f1		★(★)			
[o]				f2★				
[u]	★f2	★f2			(★)			
[i]								
[ɿ]	★f2							
[ʅ]								
[y]	★f2				(★)			

넷째, 학습 기간에 따른 차이를 살펴보면, 한국인 남성의 경우 학습 기간이 길어질수록 중국인과 비슷하게 발음하지만, 한국인 여성의 경우에는 변화가 크지 않았다. 청취실험에서 학습 기간이 1년 미만인 남성의 발음에 대해 중국인과 한국인 피실험자 모두 비교적 높은 정확도를 보이고 있지만, 한국인 여성의 경우 학습 기간의 차이에 따른 정확도 차이가 크지 않은 것으로 나타났다.

다섯째, 학습 기간이 1년 미만인 한국인 남성의 모음에서 유의한 결과가 가장 많이 있었다. 전체적으로 한국인 여성의 발음이 한국인 남성보다 중국인 발음과 비슷한 것으로 나타났다. 그러나 흥미로운

1) 음향실험은 T-test 결과만을 표시하였다. 예를 들어, CM-KM1, CM-KM5, CF-KF1, CF-KF5의 유의확률만을 '★'로 표시하였고, ANOVA-test 결과인 CM-KM1-KM5나 CF-KF1-KF5의 결과는 포함시키지 않았다. 청취실험은 CM-KM1, CM-KM5, CF-KF1, CF-KF5의 쌍에서 중국인과 한국인 피실험자가 중국인을 중국인으로 판단한 비율(모두 중국인으로 판단한 비율은 제외)이 80%를 넘는 경우, 다시 말하면 두 대립쌍의 모음을 듣고 중국인을 정확하게 인지한 비율을 '★'로 표시하였다. 청취실험의 결과에서 괄호 안은 한국인 피실험자의 청취도이다.

점은 한국인 남성이 학습 기간이 늘어나면서 발음의 정확도가 크게 향상된다는 것이다. 이러한 결과는 중국어 발음을 처음에 잘못 배우면 잘 고쳐지지 않는다는 주장과 달리 교육을 통해서 개선될 수 있다는 가능성을 확인하는 것이어서 매우 고무적이다. 또 중국어 단모음에 대한 한국인 여성의 개구도가 남성의 개구도보다 크게 나타나서 한국인 여성의 단모음 발음이 중국인의 단모음 발음에 더 가까운 것으로 나타났다.

여섯째, 중국어 모음의 개구도가 한국어 모음의 개구도보다 크게 나타났다. 개구도의 크기는 한국어 단모음, 학습 기간이 1년 미만인 한국인, 학습 기간이 5년 이상인 한국인, 중국인의 순으로 크다. 개구도는 저모음인 [ɑ]와 밀접한 관계를 갖기 때문에 중국어의 개구도를 학습하기 위해서는 중국어 모음 [ɑ]의 정확한 음가를 파악하는 것이 필요하다.

일곱째, 청취실험 결과가 음향실험 결과와 반드시 일치하지는 않았다. 두 실험의 결과는 대부분 일치하였지만 일부 모음에서 차이를 보인다. 모음 [o]와 [ɿ]는 단독으로 음절을 구성하지 못하기 때문에 청취에 어려움이 있고, 모음 [ɤ]는 음가의 변화를 반영하지 않고 여섯 번째 포먼트 값만 측정하여 정확한 음가가 반영되지 않았고 모음 [u]는 폐모음으로 정확하게 청취 판단하기 어렵기 때문에 이러한 차이가 나타났다.

외국어로 원활한 의사소통을 위해서는 정확한 발음구사가 요구된다. 정확한 발음의 교육은 학습 대상언어에서 사용되는 음성 체계를 정확하게 파악하여 모어의 음성 체계와 상호 대조함으로써 언어학적 차이점을 비교 분석하는 것이 선행되어야 한다. 한국인의 중국어에 대한 학습의 과정도 학습 대상언어인 중국어의 음성 체계와 모어인 한국어의 음성 체계를 정확하게 기술하고 이를 대조 분석하여 그 둘 사이의 언어학적 차이점을 밝히는 연구가 필요하다.

일반적으로 모음 [ɤ]와 [o]는 중국어 단모음에 포함되어 왔다. 하지만 음향실험 결과 포먼트 도표에서 두 모음의 음가 변화가 확인되었기 때문에 음성학적인 측면에서 이중모음으로 규정할 필요가 있다. 이 결과는 중국어 단모음 교육에서 매우 중요한 역할을 할 수 있을 것이라 생각된다. 엄익상(2005)에서도 모음 [o]의 음가에 대해 판단을 유보하면서 음성학적인 연구 결과를 기다린다고 밝히고 있는데 이 글의 음향실험 결과가 도움이 될 수 있기를 기대한다.

여기에서는 권설모음 [ɚ]에 대해 f1과 f2만을 분석하여 깊이 있는 논의를 할 수 없었고, [ɚ2], [ɚ3], [ɚ4]의 개구도에 대한 연구도 미흡했다는 점에서 아쉬움이 있다. 앞으로 모음 [ɚ]에 대한 혀의 미세한 움직임까지도 관찰하는 폭넓고 자세한 연구가 필요할 것이다. 또, 단모음 음절 길이에 대한 연구도 필요할 것이다. 분석과정에서는 실험과 분석 과정에서 중국인의 단모음 음절과 한국인의 단모음 음절에서 길이의 차이를 발견할 수 있었다. 특히 운미에 /n/과 /ng/가 있을 경우 한국인과 중국인의 음절의 길이는 더 많은 차이가 생긴다. 또 성조가 음절 길이에 영향을 주는지, 그 영향의 성격은 무엇인지에 대한 연구도 필요하다고 생각된다. 그 밖에도 서로 다른 자음과의 연쇄와 서로 다른 환경에서 모음의 포먼트 변화를 고찰해 볼 필요가 있다.

참고문헌

1. 논문

강석근·이희천, 2001, 「한국어의 음운현상이 영어 발음 습득에 미치는 영향에 관한 연구」, 언어26-3, 한국언어학회.

고현주·이숙향, 2003, 「발화속도와 한국어 단모음의 포먼트」, 제20회 음성통신 및 신호처리 학술대회 논문집, 한국음향학회.

구희산·오연진, 2001, 「한국인 영어학습자와 영어원어민의 영어모음 발음 분석」, 한국교육문제연구소 논문집 제16호.

권경근, 2001, 「현대국어에서의 모음체계 변화의 움직임에 대하여」, 언어학 제30호, 한국언어학회.

박정구, 2003, 「중국어학 교육의 현황과 과제」, 중국문학 제40집, 한국중국어문학회.

변지원, 1996, 「한국인의 현대중국어 운모 발음 양상 분석」, 서울대학교 중어중문학과, 석사 학위 논문.

성철재, 2004, 「한국어 단모음 8개에 대한 음향분석」, 한국음향학회지 제23권 제6호.

손남호, 2003, 「표준중국어의 경계억양에 대한 연구」, 서울대학교 언어학과, 석사 학위 논문.

안나 파라돕스카, 2002, 「폴란드인의 한국어 모음의 발음과 청취에 대한 실험음성학적 연구」, 서울대학교 언어학과 박사 학위 논문.

양병곤, 1993, 「모음의 음향적 특징」, 제1회 음성학학술대회 자료집.

양병곤, 1998, 「성도 변형에 변형에 따른 모음 포먼트의 변화 고찰」, 음성과학 제3권.

엄익상, 2005, 「정확한 중국어 발음과 효과적인 지도 방안」, 중국언어연구 제20집.

오문의, 2002, 「우리나라 대학에서의 중국어 교육 자원의 활용 방안」, 중국문학 제38집.

오문의, 1989, 「現代中國語의 語音變化考」, 중국문학 제17집.

이미경, 2005, 「중국어 단모음 [a], [i], [u]에 대한 한중 발음 대조 연구」, 중국문학 제43집.

이보림・이숙향, 2004,「한국어 화자의 영어유음 지각 및 산출에 관한 연구」, 말소리 제52호.

이숙향, 1998,「한국어 운율구조와 관련한 모음 및 음절 길이」, 말소리 35~36, 대한음성학회.

이숙향・고현주・한양구・김종진, 2003,「발화속도에 따른 한국어 모음의 음향적 특성」, 한국음향학회지 제22권.

이종진, 1999,「한국의 중국어 교육 현황과 과제」, 외국어 교육연구 제2집.

이재강, 1998,「한국어와 일본어의 모음에 관한 실험음성학적 대조 분석」, 서울대학교 언어학과 박사 학위 논문.

이해우, 2002,「한어병음자모의 음성 표기에 관한 고찰」, 중국언어연구 제14집.

이현복, 1970,「국제음성학회 기본후모음의 실험적 고찰」, 한글 146.

이현복, 1971,「현대 서울말의 모음 음가」, 어학연구 제7권 제1호, 서울대학교 어학연구소.

이현복, 1971,「서울말의 모음체계」, 서울대 어학연구소, 어학연구 제7권 제2호, 서울대학교 어학연구소.

이현복, 1977,「서울말과 표준말의 음성학적 비교연구」, 한국언어학회, 언어학2.

이현복, 1980,「한국어의 모음 음가」, 말소리1.

정일진, 1977,「표준어 단순모음의 세대간 차이에 대한 실험음성학적 분석 연구」, 말소리 33~34.

조 걸・이현복, 1996,「중국어 학습에서 나타나는 한국인의 발음 오류」, SICOPS'96.

조성문, 2003,「현대 국어의 모음 체계에 대한 음향음성학적인 연구」, 한국언어문화 제24집.

학 미, 2006,「한국어와 중국어의 단모음 비교 연구」, 이화여자대학교 석사 학위 논문.

황연신・최혜원・이호영, 2003,「이중모음 /ㅢ/의 실현」, 말소리 1.

鮑怀翘, 1984,「普通話單元音分類的生理解釋」, 中國語文 第2期.

李愛軍・王霞・殷治綱, 2003,「漢語普通話和地方普通話的對比研究」, 第六屆 全國現代語音學學術會議 論文集.

林汎种, 1998,「韓漢兩語的元音對比分析」, 北京大學 博士學位論文.

石鋒, 2002,「普通話元音的再分析」, 世界漢語教學 第2期.

時秀娟, 2005,「元音格局研究方法的理解与闡釋」, 山東大學學報 第3期.

王韞佳, 2001,「建立漢語中介語語音語料庫的基本設想」, 世界漢語教學 第1期.

王韞佳, 2002,「日本學習者感知和產生普通話鼻音韻母的實驗研究」, 世界漢語教學 第2期.

王韞佳・上官雪娜, 2004,「日本學習者對漢語普通話不送气/送气輔音的加工」, 世界漢語教學 第4期.

梅麗, 2005,「日本學習者習得普通話卷舌聲母的語音變异研究」, 世界漢語教學 第1期.

Beebe, L, 1980,「Sociolinguistic variation and style-shifting in second language acquisition」, Language Learning 30.

Best, C. T, 1999,「Development of language-specific influences on speech. perception and production in pre-verbal infancy」, In the Proceeding of ICPhS99.

Bohn, O and flege, J. E, 1992,「The production of new and similar vowels by adult German learners of English」, Studies on Second Language Acquisition 14.

Cho, T and Ladefoged, P, 1999,「Variations and universals in VOT : Evidence from 18 languages」, Journal of Phonetics 27.

H. B. Lee and M. J. Zhi, 1981,「A spectrographical study of Korean vowels」, Seoul International Conference on Linguistics.

Delattre P, 1951,「The physiological interpretation of sound spectrogram」, Publication of the Modern Language Association of America 66(5).

Dickerson, L, 1975,「The learner's interlanguage as a system of variable rules」, TESOL Quarterly 9.

Ellis, R, 1985,「Sources of variability in interlanguage」, Applied Linguistics 6.

Ellis, R, 1988,「The effects of linguistic environment on the second language acquisition of grammatical rules」, Applied Linguistics 9.

Flege, J. E, 1987,「The Production of 'New' and 'Similar' Phones in a Foreign Language : Evidence for the Effect of Equivalence Classification」, Journal of Phonetics.

Flege, J. E, 1993,「Production and perception of a vowel, second-language phonetic contrast」, J. Acoust. Soc. Am. 93(3).

Flege, J. E, 1999,「The relation between L2 production and perception」, In The proceedings of ICPhS99, San Francisco.

Gatbonton, E, 1978,「Patterned phonetic variability in second language speech : A gradual diffusion model」, Canadian Modern Language Review 34.

Guion, S.G and Flege. J.E and Akahane-Yamada, R and Pruitt, J. C, 2000,「An investigation of current madels of second language speech perception : The case of Japanese adults' perception of English consonants」, J. Acoust. Soc. Am. 89(6).

Jeehyun Kim and Jung-Oh Kim, 2003, 「Japanese Adults' Perceptual Categorization of Korean Three-way Distinction」, Institute of Cognitive Science, Seoul National University.

Jie Liang and Vincent J. van Heuven, 2004, 「A perception study of tone and sentence intonation of Chinese aphasic patients」, Linguistic Colloquia 2003-2004.

Polka, L, 1991, 「Cross-language speech perception in adults : phonemic, phonetic, and acoustic contributions」, J. Acoust. Soc. Am. 89(6).

Pulleyblank and Douglas,1984, 「Vowelless Chinese? An Application of the Three-Tiered Theory of Syllable Structure」, in Proceedings of the Sixteenth International Conference on Sino-Tibetan Languages and Linguistics, vol. i, Seattle : University of Washington).

Tarone, E, 1982, 「Systematicity and attention in interlanguage」, Language Learning 32.

Tarone, E, 1983, 「On the variability of interlanguage systems」, Applied Linguistics 4

Tarone, E, 1985, 「Variability in interlanguage use : A study of style-shifting in morphology and syntax」, Language Learning 35.

Wood, S, 1982, 「X-ray and model studies of vowel articulation」, Working paper No.23 Phonetics Lab. Ph.D. thesis. University of Lund.

2. 단행본

고도홍, 2004, 『언어기관의 해부와 생리』, 小花.

김석우, 2003, 『사회과학 연구를 위한 SPSS WIN 10.0 활용의 실제』, 교육과학사.

김태웅 · 이원준 · 이한철, 2003, 『통계학의 이해』, 신영사.

류근관, 2003, 『통계학』, 법문사.

배주채, 1996, 『국어음운론개설』, 신구문화사.

배주채, 2003, 『한국어의 발음』, 삼경문화사.

변지원, 1996, 『한국인의 현대 중국어 단모음 운모 발음 양상 분석』, 수울대학교 석사 논문.
신지영, 2000, 『말소리의 이해』, 한국문화사.
신지영, 2004, 『우리말 소리의 체계』, 한국문화사.
양병곤, 2001, 『프라트를 이용한 음성분석의 이론과 실제』, 만수출판사.
엽보규・김종찬, 2001, 『普通話語音概說』, 송산출판사.
오정란, 1993, 『현대국어음운론』, 형설출판사.
이호영, 1996, 『국어음성학』, 태학사.
이호영, 1997, 『국어운율론』, 한국연구원.
이현복, 2003, 『한국어의 표준발음』, 교육과학사.
전광진, 1996, 『J. 노먼 중국언어학총론』, 동문선.
최영애, 1998, 『중국어란 무엇인가』, 통나무.
한종임, 2001, 『영어음성학과 발음지도』, 영어교육학적 접근, 한국문화사.
허성도・박종한・오문의, 1995, 『중국어학개론』, 한국방송대학교출판부.
曹劍芬, 1990, 『現代語音基础知識』, 人民教育出版社.
曹　文, 2000, 『漢語發音与糾音』, 北京大學出版社.
董同龢, 2001, 『漢語音韻學』, 中華書局.
郭錦桴, 1993, 『綜合語音學』, 福建人民出版社.
季森岭, 2003, 『普通話語音訓練教程』, 北京大學出版社.
金有景, 1981, 『普通話語音常識』, 北京出版社.
李明・石佩雯, 1986, 『漢語普通話語音辯正』, 北京語言文化出版社.
李思敬, 1986, 『漢語「儿」音史研究』, 商務印書館.
林　燾・王理嘉, 1985, 『北京語音實驗彔』, 北京大學出版社.
林　燾・王理嘉, 1992, 『語音學教程』, 北京大學出版社.
劉广徽・石佩雯, 1988, 『漢語實踐語音』, 經濟管理出版社.
魯允中, 1995, 『普通話的輕聲和儿話』, 商務印書館.
王洪君, 1999, 『漢語非線性音系學』, 北京大學出版社.
王理嘉, 1991, 『音系學基础』, 語文出版社.
王理嘉, 2003, 『漢語拼音運動与漢民族標准語』, 語文出版社.
吳宗濟・林茂燦, 1989, 『實驗語音學概要』, 高等教育出版社.
吳宗濟, 1986, 『漢語普通話單音節語圖冊』, 中國社會科學出版社.

吳宗濟, 1992, 『現代漢語語音概要』, 華語教學出版社.

趙金銘・孟子敏, 1997, 『語音研究与對外漢語教學』, 北京語言文化大學出版社.

朱　川, 1986, 『實驗語音學基础』, 華東師范大學出版社.

宋欣橋, 2004, 『普通話語音訓練教程』, 商務印書館.

Duanmu San, 2000, The Phonology of Standard Chinese, Oxford University Press.

Ellis, R, 1994, The study of Second Language Acquisition, Oxford University Press.

P. Ladefoged, 2001, A Course in Phonetics, Fourth Edition, New York, Harcourt, Inc.

Ray D. Kent and Charles Read, 2002, The Acoustic Analysis of speech, University of Wisconsin-Madison, Thomson Learning.

찾아보기

저자 이미경

대구대학교 인문교양대학 중국어중국학과 교수

중국어 음성학, 음운론과 중국어 교육 연구에 많은 관심을 기울이고 있다. 역서로 『세계 중국어 교육사』(2014), 저서로 『중국어의 신』 1권과 2권이 있으며, 「중국어 음높이의 형판 고찰」(2013), 「한국인의 중국어 성조 인지와 음성특징 고찰」(2015), 「중국인 성명의 성조 구조에 관한 소고」(2017), 「시사중국어 교수법 소고」(2018) 등 여러 편의 논문이 있다.

중국어의 모음

초판 1쇄 인쇄 2019년 12월 23일
초판 1쇄 발행 2019년 12월 30일

저 자 이미경
펴낸이 이대현
편 집 권분옥
디자인 최선주

펴낸곳 도서출판 역락
주소 서울시 서초구 동광로 46길 6-6 문창빌딩 2층
전화 02-3409-2058, 2060
팩스 02-3409-2059
등록 1999년 4월 19일 제303-2002-000014호
이메일 youkrack@hanmail.net
역락홈페이지 http://www.youkrackbooks.com

ISBN 979-11-6244-475-7 93720

* 책값은 표지에 있습니다.
* 파본은 구입처에서 교환해 드립니다.

이 도서의 국립중앙도서관 출판예정도서목록(CIP)은 서지정보유통지원시스템 홈페이지(http://seoji.nl.go.kr)와 국가자료종합목록 구축시스템(http://kolis-net.nl.go.kr)에서 이용하실 수 있습니다.(CIP제어번호 : CIP2019053500)